UTILE DULCI

P. Landry sculp.

ŒUVRES
DIVERSES
Du Sieur D***
AVEC
LE TRAITÉ
DU
SUBLIME
OU
DU MERVEILLEUX
DANS LE DISCOURS.
Traduit du Grec de Longin.

A PARIS,
Chez DENYS THIERRY, ruë Saint Jacques, à
l'Enseigne de la Ville de Paris.

M. DC. LXXIV.
AVEC PRIVILEGE DU ROI.

AU LECTEUR.

J'AVOIS medité une aſſez longue Preface, où, ſuivant la coûtume reçeuë parmi les Eſcrivains de ce temps, j'eſperois rendre un compte fort exact de mes Ouvrages, & juſtifier les libertés que j'y ay priſes. Mais depuis j'ay fait reflexion, que ces ſortes d'Avant-propos ne ſervoient ordinairement qu'à mettre en jour la vanité de l'Auteur, & au lieu d'excuſer ſes fautes, fourniſſoient ſouvent de nouvelles armes contre lui. D'ailleurs je ne crois point mes Ouvrages aſſés bons pour meriter des eloges, ni aſſés criminels pour avoir beſoin d'apologie. Je ne me loüerai donc ici ni ne me juſtifierai de rien. Le Lecteur ſçaura ſeulement que je lui donne une edition de mes Satires plus correcte que les précedentes, deux Epiſtres nouvelles, l'Art Poëtique en vers, & quatre Chants du Lutrin. J'y ay ajoûté auſſi la Traduction du Traité que le Rheteur Longin a compoſé du Sublime ou du Merveilleux dans le Diſcours. J'ay fait originairement cette Traduction pour m'inſtruire, plûtoſt que dans le deſſein de la donner au Public. Mais j'ay creu qu'on ne ſeroit pas fâché de la voir ici à la ſuite de la Poetique, avec laquelle ce Traité a quelque rapport, & où j'ay meſme inſeré pluſieurs préceptes qui en ſont tirés. J'avois deſſein d'y joindre auſſi quelques Dialogues en proſe que j'ay compoſez : mais des conſiderations particulieres m'en ont empeſché. J'eſpere en donner quelque jour un volume à part. Voilà tout ce que j'ai à dire au Lecteur. Encore ne ſçai-je ſi je ne lui en ay point déja trop dit ; & ſi en ce peu de paroles je ne ſuis point tombé dans le defaut que je voulois éviter.

DISCOURS
AU ROI.

EUNE & vaillant Heros, dont la haute
Sagesse
N'est point le fruit tardif d'une lente
vieillesse,
Et qui seul, sans Ministre, à l'exemple
des Dieux,
Soûtiens tout par Toi-même & vois tout par tes yeux.
GRAND ROI, si jusqu'ici, par un trait de pru-
dence,
J'ay demeuré pour Toi dans un humble silence;
Ce n'est pas que mon cœur vainement suspendu
Balance pour t'offrir un encens qui t'est dû.
Mais je sçai peu loüer, & ma Muse tremblante
Fuit d'un si grand fardeau la charge trop pesante;
Et de si hauts exploits mal-propre à discourir,
Touchant à tes lauriers craindroit de les flestrir.
Ainsi, sans m'aveugler d'une vaine manie,
Je mesure mon vol à mon foible genie;

A

Plus sage en mon respect, que ces hardis Mortels
Qui d'un indigne encens profanent tes Autels ;
Qui dans ce champ d'honneur, où le gain les ameine,
Osent chanter ton Nom sans force & sans haleine,
Et qui vont tous les jours, d'une importune voix,
T'ennuyer du recit de tes propres Exploits.

 L'un en stile pompeux habillant une Eglogue,
De ses rares vertus Te fait un long prologue,
Et mesle, en se vantant soi-mesme à tout propos,
Les loüanges d'un Fat à celles d'un Heros.

 L'autre en vain se lassant à polir une rime,
Et reprenant vingt fois le rabot & la lime,
Grand & nouvel effort d'un Esprit sans pareil!
Dans la fin d'un Sonnet, te compare au Soleil.

 Sur le haut Helicon leur veine méprisée,
Fut toûjours des neuf Sœurs la fable & la risée :
Calliope jamais ne daigna leur parler,
Et Pegase pour eux refuse de voler.
Cependant à les voir enflez de tant d'audace,
Te promettre en leur nom les faveurs du Parnasse ;
On diroit qu'ils ont seuls l'oreille d'Apollon,
Qu'ils disposent de tout dans le sacré Vallon.
C'est à leurs doctes mains, si l'on veut les en croire,
Que Phebus a commis tout le soin de ta gloire :
Et ton Nom du Midi jusqu'à l'Ourse vanté,
Ne devra qu'à leurs vers son immortalité.
Mais plûtost sans ce Nom, dont la vive lumiere
Donne un lustre éclatant à leur veine grossiere :
Ils verroient leurs écrits honte de l'Univers,
Pourir dans la poussiere à la merci des vers.

SATIRES.

A l'ombre de ton Nom ils trouvent leur azile,
Comme on void dans les champs un arbrisseau debile
Qui sans l'heureux appui qui le tient attaché,
Languiroit tristement sur la terre couché.
   Ce n'est pas que ma plume injuste & temeraire,
Veüille blâmer en eux le dessein de Te plaire.
Et parmi tant d'Auteurs, je veux bien l'avoüer,
Apollon en connoist qui Te peuvent loüer.
Oui je sçai, qu'entre ceux qui t'adressent leurs veilles,
Parmi les Pelletiers on compte des Corneilles;
Mais je ne puis souffrir, qu'un Esprit de travers
Qui pour rimer des mots pense faire des vers,
Se donne en Te loüant une gesne inutile.
Pour chanter un Auguste, il faut estre un Virgile:
Et j'approuve les soins du Monarque guerrier,
Qui ne pouvoit souffrir, qu'un Artisan grossier
Entreprist de tracer d'une main criminelle,
Un portrait reservé pour le pinceau d'Apelle.
   Moi donc, qui connois peu Phebus & ses douceurs:
Qui suis nouveau sevré sur le Mont des neuf Sœurs:
Attendant que pour Toi l'âge ait meuri ma Muse,
Sur de moindres sujets je l'exerce & l'amuse:
Et tandis que ton bras des peuples redouté,
Va la foudre à la main rétablir l'Equité,
Et retient les Méchans par la peur des supplices;
Moi, la plume à la main, je gourmande les Vices,
Et gardant pour moi-mesme une juste rigueur,
Je confie au papier les secrets de mon cœur.
Ainsi, dés qu'une fois ma verve se réveille:
Comme on void au printemps la diligente Abeille,

A ij

Qui du butin des fleurs va compoſer ſon miel;
Des ſottiſes du temps je compoſe mon fiel.
Je vais de toutes parts où me guide ma veine,
Sans tenir en marchant une route certaine,
Et ſans geſner ma plume en ce libre métier,
Je la laiſſe au hazard courir ſur le papier.
   Le mal eſt qu'en rimant, ma Muſe un peu legere
Nomme tout ſon nom, & ne ſçauroit rien taire.
C'eſt là ce qui fait peur aux eſprits de ce temps,
Qui tout blancs au dehors, ſont tout noirs au dedans.
Ils tremblent qu'un Cenſeur, que ſa verve encourage,
Ne vienne en ſes Ecrits démaſquer leur viſage,
Et foüillant dans leurs mœurs en toute liberté,
N'aille du fond du Puits tirer la verité.
Tous ces gens éperdus au ſeul nom de Satire,
Font d'abord le procés à quiconque oſe rire.
Ce ſont eux que l'on voit, d'un diſcours inſenſé,
Publier dans Paris que tout eſt renverſé;
Au moindre bruit qui court, qu'un Auteur les menace,
De joüer des Bigots la trompeuſe grimace.
Pour eux un tel Ouvrage eſt un monſtre odieux;
C'eſt offenſer les loix, c'eſt s'attaquer aux Cieux:
Mais bien que d'un faux zele ils maſquent leur foibleſſe,
Chacun voit qu'en effet la Verité les bleſſe.
En vain d'un lâche orgueil leur eſprit reveſtu
Se couvre du manteau d'une auſtere vertu:
Leur cœur qui ſe connoiſt, & qui fuit la lumiere,
S'il ſe mocque de Dieu, craint Tartuffe & Moliere.
   Mais pourquoy ſur ce point ſans raiſon m'écarter?
GRAND ROI, c'eſt mon defaut, je ne ſçaurois flater.

Je ne sçai point au Ciel placer un Ridicule,
D'un Nain faire un Atlas, ou d'un lâche un Hercule;
Et sans cesse en Esclave à la suite des Grands,
A des Dieux sans vertu prodiguer mon encens.
On ne me verra point, d'une veine forcée,
Mesmes, pour te loüer, déguiser ma pensée:
Et quelque grand que soit ton pouvoir souverain,
Si mon cœur en ces vers ne parloit par ma main;
Il n'est espoir de biens, ni raison ni maxime,
Qui pûst en ta faveur m'arracher une rime.
   Mais lors que je Te voi, d'une si noble ardeur,
T'appliquer sans relâche aux soins de ta Grandeur,
Faire honte à ces Rois que le travail étonne,
Et qui sont accablez du faix de leur Couronne:
Quand je voi ta Sagesse, en ses justes projets,
D'une heureuse abondance enrichir tes Sujets:
Fouler aux pieds l'orgueil & du Tage & du Tibre:
Nous faire de la mer une campagne libre;
Et tes braves Guerriers, secondant ton grand Cœur,
Rendre à l'Aigle éperdu sa premiere vigueur:
La France sous tes Loix maistriser la fortune;
Et nos vaisseaux domptant l'un & l'autre Neptune,
Nous aller chercher l'or, malgré l'onde & le vent,
Aux lieux, où le Soleil se forme en se levant:
Alors, sans consulter si Phebus l'en avouë,
Ma Muse toute en feu me previent, & Te louë.
   Mais bientost la Raison arrivant au secours,
Vient d'un si beau projet interrompre le cours:
Et me fait concevoir, quelque ardeur qui m'emporte,
Que je n'ai ni le ton, ni la voix assez forte.

Aussi-tost je m'effraye, & mon esprit troublé
Laisse-là le fardeau dont il est accablé :
Et sans passer plus loin, finissant mon Ouvrage,
Comme un Pilote en mer, qu'épouvante l'Orage,
Dés que le bord paroist, sans songer où je suis,
Je me sauve à la nage, et j'aborde où je puis.

SATIRE I.

AMON ce grand Auteur dont la Muse fertile,
Amusa si long temps, & la Cour & la Ville :
Mais qui n'estant vestu que de simple bureau,
Passe l'Esté sans linge, & l'Hyver sans manteau :
Et de qui le corps sec, & la mine affamée,
N'en sont pas mieux refaits pour tant de renommée ;
Las de perdre en rimant & sa peine & son bien,
D'emprunter en tous lieux, & de ne gagner rien,
Sans habits, sans argent, ne sçachant plus que faire,
S'en est enfui chargé de sa seule misere,
Et bien loin des Sergens, des Clercs, & du Palais,
Va chercher un repos qu'il ne trouva jamais :
Sans attendre qu'ici, la Justice ennemie
L'enferme en un cachot le reste de sa vie ;
Ou que d'un bonnet verd le salutaire affront
Flétrisse les lauriers qui luy couvrent le front.
Mais le jour qu'il partit plus defait & plus bléme,
Que n'est un Penitent sur la fin d'un Caresme,
La colere dans l'ame, & le feu dans les yeux,
Il distila sa rage en ces tristes adieux.
Puisqu'en ce lieu jadis aux Muses si commode,
Le merite & l'esprit ne sont plus à la mode,

*Qu'un Poëte, dit-il, s'y voit maudit de Dieu,
Et qu'ici la Vertu n'a plus ni feu ni lieu ;
Allons du moins chercher quelque antre ou quelque roche,
D'où jamais ni l'Huissier, ni le Sergent n'approche,
Et sans lasser le Ciel par des vœux impuissans,
Mettons-nous à l'abri des injures du temps :
Tandis que libre encor, malgré les destinées,
Mon corps n'est point courbé sous le faix des années :
Qu'on ne voit point mes pas sous l'âge chanceler,
Et qu'il reste à la Parque encore dequoy filer.
C'est là, dans mon malheur le seul conseil à suivre :
Que George vive ici, puisque George y sçait vivre,
Qu'un million comptant par ses fourbes acquis,
De Clerc jadis Laquais a fait Comte & Marquis.
Que Jaquin vive ici, dont l'adresse funeste
A plus causé de maux que la guerre & la peste :
Qui de ses revenus écrits par alphabet,
Peut fournir aisément un Calepin complet.
Qu'il regne dans ces lieux, il a droit de s'y plaire.
Mais moi, vivre à Paris ! Eh, qu'y voudrois-je faire ?
Je ne sçai ni tromper, ni feindre, ni mentir,
Et quand je le pourrois, je n'y puis consentir.
Je ne sçai point en lâche essuyer les outrages
D'un Faquin orgueilleux qui vous tient à ses gages :
De mes Sonnets flateurs lasser tout l'Univers,
Et vendre au plus offrant mon encens & mes vers.
Pour un si bas emploi ma Muse est trop altiere.
Je suis rustique & fier, & j'ay l'ame grossiere.
Je ne puis rien nommer, si ce n'est par son nom :
J'appelle un chat un chat, & Rôlet un frippon.*

SATIRES.

De servir un Amant, je n'en ai pas l'adresse :
J'ignore ce grand Art qui gagne une maistresse,
Et je suis à Paris, triste, pauvre & reclus,
Ainsi qu'un corps sans ame, ou devenu perclus.
 Mais pourquoy, dira-t-on, cette vertu sauvage,
Qui court à l'Hospital, & n'est plus en usage ?
La richesse permet une juste fierté ;
Mais il faut estre souple avec la pauvreté.
C'est par là qu'un Autheur, que presse l'indigence,
Peut des astres malins corriger l'influence ;
Et que le sort burlesque, en ce siecle de fer,
D'un Pedant, quand il veut, sçait faire un Duc & Pair.
Ainsi de la Vertu, la Fortune se joüe.
Tel aujourd'hui triomphe au plus haut de sa roüe,
Qu'on verroit de couleurs bizarrement orné,
Conduire le carrosse où l'on le voit traîné ;
Si dans les droits du Roi sa funeste science,
Par deux ou trois avis, n'eust ravagé la France.
Je sçay qu'un juste effroi l'éloignant de ces lieux,
L'a fait pour quelques mois disparoistre à nos yeux :
Mais en vain, pour un temps, une taxe l'exile :
On le verra bien-tost pompeux en cette Ville,
Marcher encor chargé des dépoüilles d'autrui,
Et joüir du Ciel même irrité contre lui.
Tandis que Pelletier crotté jusqu'à l'échine,
S'en va chercher son pain de cuisine en cuisine :
Sçavant en ce métier si cher aux beaux Esprits
Dont Monmaur autrefois fit leçon dans Paris.
 Il est vray que du ROI la bonté secourable
Jette enfin sur la Muse un regard favorable,

B

Et reparant du sort l'aveuglement fatal,
Va tirer desormais Phebus de l'Hospital.
On doit tout esperer d'un Monarque si juste.
Mais sans un Mecenas, à quoi sert un Auguste?
Et fait comme je suis, au siecle d'aujourd'hui,
Qui voudra s'abaisser à me servir d'appui?
Et puis, comment percer cette foule effroyable
De Rimeurs affamez dont le nombre l'accable?
Qui, dés que sa main s'ouvre y courent les premiers,
Et ravissent un bien qu'on devoit aux derniers.
Comme on voit les Frelons, troupe lâche & sterile,
Aller piller le miel que l'Abeille distile.
Cessons donc d'aspirer à ce prix tant vanté,
Qui donne la faveur à l'importunité.
Saint Amand n'eut du Ciel que sa veine en partage:
L'habit, qu'il eut sur lui, fut son seul heritage:
Un lit & deux placets composoient tout son bien:
Ou, pour en mieux parler, Saint Amand n'avoit rien.
Mais quoi, las de traisner une vie importune
Il engagea ce rien, pour chercher la Fortune:
Et tout chargé de vers qu'il devoit mettre au jour,
Conduit d'un vain espoir il parut à la Cour.
Qu'arriva-t-il enfin de sa Muse abusée?
Il en revint couvert de honte & de risée,
Et la fiévre au retour terminant son destin,
Fit par avance en lui ce qu'auroit fait la faim.
Un Poëte à la Cour fut jadis à la mode:
Mais des Fous aujourd'hui, c'est le plus incommode:
Et l'esprit le plus beau, l'Auteur le plus poli,
N'y parviendra jamais au sort de l'Angeli.

SATIRES.

Faut-il donc deſormais joüer un nouveau rôle?
Dois-je, las d'Apollon, recourir à Bartole,
Et feüilletant Loüet allongé par Brodeau,
D'une robe à longs plis balayer le Barreau?
Mais à ce ſeul penſer, je ſens que je m'égare.
Moi? que j'aille crier dans ce païs barbare,
Où l'on voit tous les jours l'innocence aux abois
Errer dans les détours d'un Dedale de loix,
Et dans l'amas confus des chicanes énormes;
Ce qui fut blanc au fond rendu noir par les formes.
Où Patru gagne moins qu'Vot & le Mazier;
Et dont les Cicerons ſe font chez Péfournier.
Avant qu'un tel deſſein m'entre dans la penſée,
On pourra voir la Seine à la Saint Jean glacée,
Arnaud à Charenton devenir Huguenot,
Saint Sorlin Janſeniſte, & Saint Pavin devot.
 Quittons donc pour jamais une Ville importune,
Où l'Honneur eſt en guerre avecque la Fortune:
Où le Vice orgueilleux s'érige en Souverain,
Et va la mitre en teſte & la croſſe à la main:
Où la Science triſte, affreuſe, & delaiſſée,
Eſt par tout des bons lieux comme infame chaſſée:
Où le ſeul art en vogue, eſt l'art de bien voler:
Où tout me choque: enfin où je n'oſe parler.
 Et quel homme ſi froid ne ſeroit plein de bile,
A l'aſpect odieux des mœurs de cette Ville?
Qui pourroit les ſouffrir? & qui, pour les blaſmer,
Malgré Muſe & Phebus n'apprendoit à rimer?
Non, non, ſur ce ſujet, pour écrire avec grace,
Il ne faut point monter au ſommet du Parnaſſe:

Et sans aller rêver dans le double Vallon,
La colere suffit, & vaut un Apollon.
Mais quoi, dira quelqu'un, vous entrez en furie:
A quoi bon ces grands mots? Doucement je vous prie;
Ou bien montez en chaire, & là comme un Docteur,
Allez de vos sermons endormir l'Auditeur;
C'est là que bien ou mal, on a droit de tout dire.
    Ainsi parle un esprit qu'irrite la Satire,
Qui contre ses defauts croit estre en seureté,
En raillant d'un Censeur la triste austerité:
Qui fait l'homme intrepide, & tremblant de foiblesse,
Attend pour croire en Dieu que la fiévre le presse;
Et riant hors de là du sentiment commun,
Presche que trois sont trois, & ne font jamais Un.
Car enfin de penser qu'un Dieu tourne le monde,
Et regle les ressorts de la machine ronde,
Ou qu'il est une vie au delà du trépas,
C'est là ce qu'il faut croire, & ce qu'il ne croit pas.
    Pour moi qui suis plus simple, & que l'enfer étonne,
Qui crois l'ame immortelle, & que c'est Dieu qui tonne:
Il vaut mieux, pour jamais me bannir de ce lieu.
Je me retire donc. Adieu, Paris, Adieu.

SATIRE II.
A M. MOLIERE.

ARE & fameux Esprit dont la fertile veine
Ignore en écrivant le travail & la peine ;
Pour qui tient Apollon tous ses thresors ouverts,
Et qui sçais à quel coin se marquent les bons vers.
Dans les combats d'esprit, sçavant Maistre d'escrime,
Enseigne moi, Moliere, où tu trouves la Rime
On diroit, quand tu veux, qu'elle te vient chercher :
Jamais au bout du vers on ne te voit broncher ;
Et sans qu'un long détour t'arreste, ou t'embarrasse,
A peine as tu parlé, qu'elle même s'y place.
Mais moi qu'un vain caprice, une bizarre humeur,
Pour mes pechez, je croi, fit devenir Rimeur :
Dans ce rude métier, où mon esprit se tuë,
En vain pour la trouver, je travaille, & je suë.
Souvent j'ai beau rêver du matin jusqu'au soir :
Quand je veux dire blanc, la quinteuse dit noir :
Si je veux d'un Galant dépeindre la figure,
Ma plume pour rimer trouve l'Abbé de P*** :
Si je pense exprimer un Auteur sans defaut,
La raison dit Virgile, & la rime Quinaut.

B iij

Enfin quoi que je faſſe, ou que je veüille faire,
La bizarre toûjours vient m'offrir le contraire.
De rage quelquefois ne pouvant la trouver,
Triſte, las, & confus, je ceſſe d'y réver :
Et maudiſſant vingt fois le Demon qui m'inſpire,
Je fais mille ſermens de ne jamais écrire :
Mais quand j'ay bien maudit & Muſes & Phebus,
Je la voi qui paroiſt, quand je n'y penſe plus.
Auſſi-toſt, malgré moi, tout mon feu ſe rallume :
Je reprends ſur le champ le papier & la plume,
Et de mes vains ſermens perdant le ſouvenir,
J'attens de vers en vers qu'elle daigne venir.
Encor, ſi pour rimer, dans ſa verve indiſcrette,
Ma Muſe au moins ſouffroit une froide epithete :
Je ferois comme un autre ; & ſans chercher ſi loin,
J'aurois toûjours des mots, pour les coudre au beſoin.
Si je loüois Philis, En miracles feconde ;
Je trouverois bientoſt, A nulle autre ſeconde.
Si je voulois vanter un objet Nompareil ;
Je mettrois à l'inſtant, Plus beau que le Soleil.
*Enfin parlant toûjours d'*Aſtres *&* de Merveilles,
De Chef-d'œuvres des Cieux, *de* Beautez ſans pareilles,
Avec tous ces beaux mots ſouvent mis au hazard,
Je pourrois aiſément, ſans genie, & ſans art,
Et transpoſant cent fois & le Nom & le Verbe,
Dans mes vers recouſus mettre en pieces Malherbe :
Mais mon eſprit tremblant ſur le choix de ſes mots,
N'en dira jamais un, s'il ne tombe à propos :
Et ne ſçauroit ſouffrir, qu'une phraſe inſipide
Vienne à la fin d'un vers remplir la place vuide :

Ainsi, recommençant un ouvrage vingt fois,
Si j'écris quatre mots, j'en effaceray trois.
 Maudit soit le premier dont la verve insensée
Dans les bornes d'un vers renferma sa pensée,
Et donnant à ses mots une étroite prison,
Voulut avec la rime enchaîner la Raison.
Sans ce métier fatal au repos de ma vie,
Mes jours pleins de loisir couleroient sans envie,
Je n'aurois qu'à chanter, rire, boire d'autant ;
Et comme un gras Chanoine, à mon aise, & content,
Passer tranquillement, sans souci, sans affaire,
La nuit à bien dormir, & le jour à rien faire.
Mon cœur exempt de soins, libre de passion,
Sçait donner une borne à son ambition,
Et fuiant des grandeurs la presence importune,
Je ne vais point au Louvre adorer la Fortune :
Et je serois heureux, si pour me consumer,
Un Destin envieux ne m'avoit fait rimer.
 Mais depuis le moment que cette frenesie
De ses noires vapeurs troubla ma fantaisie,
Et qu'un Demon jaloux de mon contentement,
M'inspira le dessein d'écrire poliment ;
Tous les jours malgré moi, cloüé sur un Ouvrage,
Retouchant un endroit, effaçant une page,
Enfin passant ma vie en ce triste métier,
J'envie en écrivant le sort de Pelletier.
 Bienheureux Scutari ! dont la fertile plume
Peut tous les mois sans peine enfanter un volume.
Tes écrits, il est vrai, sans force & languissans,
Semblent estre formez en dépit du bon sens:

Mais ils trouvent pourtant, quoy qu'on en puisse dire,
Un Marchand pour les vendre, & des Sots pour les lire.
Et quand la Rime enfin se trouve au bout des vers,
Qu'importe que le reste y soit mis de travers ?
Malheureux mille fois celuy, dont la manie
Veut aux regles de l'Art asservir son genie.
Un Sot en écrivant fait tout avec plaisir :
Il n'a point en ses vers l'embarras de choisir :
Et toûjours amoureux de ce qu'il vient d'écrire,
Ravi d'étonnement, en soi-même il s'admire.
Mais un esprit sublime, en vain veut s'élever
A ce degré parfait qu'il tâche de trouver :
Et toûjours mécontent de ce qu'il vient de faire,
Il plaist à tout le monde, & ne sçauroit se plaire.
Et tel, dont en tous lieux chacun vante l'esprit,
Voudroit pour son repos n'avoir jamais écrit.
   Toi donc qui vois les maux où ma Muse s'abîme,
De grace, enseigne moi l'Art de trouver la Rime :
Ou, puisqu'enfin tes soins y seroient superflus,
Moliere, enseigne moy l'Art de ne rimer plus.

Satire

SATIRE III.

QUEL sujet inconnu vous trouble et
vous altere ?
D'où vous vient aujourd'hui cet air
sombre & severe,
Et ce visage enfin plus pasle qu'un
Rentier,
A l'aspect d'un Arrest qui retranche un quartier ?
Qu'est devenu ce teint, dont la couleur fleurie
Sembloit d'Ortolans seuls, et de Bisques nourrie :
Où la joye en son lustre attiroit les regards,
Et le vin en rubis brilloit de toutes parts ?
Qui vous a pû plonger dans cette humeur chagrine ?
A-t-on par quelque Edit reformé la cuisine ?
Ou quelque longue pluie, inondant vos vallons,
A-t-elle fait couler vos vins et vos melons ?
Répondez donc du moins, ou bien je me retire.
   P. Ah ! de grace, un moment, souffrez que je respire.
Je sors de chez un Fat, qui pour m'empoisonner,
Je pense, exprés chez lui m'a forcé de disner.
Je l'avois bien prévû. Depuis prés d'une année,
J'éludois tous les jours sa poursuite obstinée.
Mais hier il m'aborde, & me serrant la main :
Ah ! Monsieur, m'a-t-il dit, je vous attens demain.
N'y manquez pas au moins. J'ay quatorze Bouteilles
D'un vin vieux... Boucingo n'en a point de pareilles :

C

Et je gagerois bien que chez le Commandeur,
Villandri priseroit sa séve, & sa verdeur.
Moliere avec Tartuffe y doit joüer son rôle:
Et Lambert, qui plus est, m'a donné sa parole.
C'est tout dire en un mot, & vous le connoissez.
Quoy Lambert ? Oüi Lambert. A demain : C'est assez.
   Ce matin donc, seduit par sa vaine promesse
J'y cours, midi sonant, au sortir de la Messe.
A peine estois-je entré, que ravi de me voir,
Mon homme en m'embrassant, m'est venu recevoir :
Et montrant à mes yeux une allegresse entiere,
Nous n'avons m'a-t-il dit, ni Lambert ni Moliere,
Mais puisque je vous voy, je me tiens trop content.
Vous estes un brave homme : Entrez, on vous attend.
A ces mots, mais trop tard, reconnoissant ma faute :
Je le suis en tremblant, dans une chambre haute,
Où, malgré les volets, le Soleil irrité
Formoit un poësle ardent, au milieu de l'Esté.
Le couvert estoit mis dans ce lieu de plaisance :
Où j'ay trouvé d'abord, pour toute connoissance,
Deux nobles Campagnards, grands lecteurs de Romans,
Qui m'ont dit tout Cirus, dans leurs longs complimens.
J'enrageois. Cependant on apporte un potage.
Un Coq y paroissoit en pompeux équipage,
Qui changeant sur ce plat & d'estat & de nom,
Par tous les Conviez s'est appellé Chappon.
Deux assiettes suivoient, dont l'une estoit ornée
D'une Langue en ragoust de persil couronnée :
L'autre d'un Godiveau tout brûlé par dehors,
Dont un beurre gluant inondoit tous les bords.

SATIRES.

On s'affied: mais d'abord, noftre troupe ferrée
Tenoit à peine au tour d'une table quarrée,
Où chacun, malgré foi, l'un fur l'autre porté,
Faifoit un tour à gauche, & mangeoit de cofté.
Jugez en cet eftat, fi je pouvois me plaire,
Moi qui ne conte rien ni le vin, ni la chere:
Si l'on n'eft plus au large affis en un feftin,
Qu'aux Sermons de Chaiffaigne, ou de l'Abbé Cotin.
 Nôtre Hofte, cependant, s'adreffant à la troupe:
Que vous femble, a-t-il dit, du gouft de cette foupe?
Sentez-vous le citron dont on a mis le jus,
Avec des jaunes d'œuf meflez dans du verjus?
Ma foi, vive Mignot, & tout ce qu'il apprefte.
Les cheveux cependant me dreffoient à la tefte:
Car Mignot, c'eft tout dire, & dans le monde entier,
Jamais Empoifonneur ne fceut mieux fon métier.
J'approuvois tout pourtant de la mine & du gefte,
Penfant qu'au moins le vin dûft reparer le refte.
Pour m'en éclaircir donc, j'en demande. Et d'abord,
Un Laquais effronté m'apporte un Rouge bord,
D'un Auvernat fumeux, qui meflé de Lignage,
Se vendoit chez Crenet, pour vin de l'Hermitage;
Et qui rouge en couleur, mais fade & doucereux,
N'avoit rien qu'un gouft plat, & qu'un déboire affreux.
A peine ay-je fenti cette liqueur traîtreffe,
Que de ces vins meflez j'ay reconnu l'adreffe.
Toutesfois avec l'eau que j'y mets à foifon,
J'efperois adoucir la force du poifon.
Mais qui l'auroit penfé? pour comble de difgrace;
Par le chaud qu'il faifoit nous n'avions point de glace.

C ij

 Point de glace, bon Dieu! dans le fort de l'Esté
Au mois de Juin! Pour moi j'estois si transporté,
Que donnant de fureur tout le festin au Diable,
Je me suis veu vingt fois prest à quitter la table;
Et dûst-on m'appeller & fantasque & bouru,
J'allois sortir enfin: quand le Rost a paru.
 Sur un Liévre flanqué de six poulets étiques,
S'élevoient trois Lapins, animaux domestiques,
Qui dés leur tendre enfance élevez dans Paris,
Sentoient encor le chou, dont ils furent nourris.
Au tour de cet amas de viandes entassées,
Regnoit un long cordon d'Alouettes pressées,
Et sur les bords du plat, six Pigeons étalez
Presentoient pour renfort leurs squelettes brûlez.
A costé de ce plat paroissoient deux Salades,
L'une de pourpier jaune, & l'autre d'herbes fades,
Dont l'huile de fort loin saisissoit l'odorat,
Et nageoit dans des flots de vinaigre rosat.
Tous mes sots à l'instant, changeant de contenance,
Ont loüé du festin la superbe ordonnance:
Tandis que mon Faquin, qui se voyoit priser,
Avec un ris mocqueur, les prioit d'excuser.
Sur tout certain Hableur, à la gueule affamée,
Qui vint à ce festin, conduit par la fumée:
Et qui s'est dit Profés dans l'ordre des Costeaux,
A fait en bien mangeant, l'éloge des morceaux.
Je riois de le voir, avec sa mine étique,
Son rabat jadis blanc, & sa perruque antique,
En Lapins de garenne eriger nos Clapiers,
Et nos Pigeons Cauchois, en superbes Ramiers:

SATIRES.

Et pour flater nostre Hoste, observant son visage,
Composer sur ses yeux, son geste & son langage.
  Quand nostre Hoste charmé, m'avisant sur ce point:
Qu'avez-vous donc, dit-il, que vous ne mangez point?
Je vous trouve aujourd'hui l'ame toute inquiette,
Et les morceaux entiers restent sur vostre assiette.
Aimez-vous la muscade? on en a mis par tout.
Ah! Monsieur, ces Poulets sont d'un merveilleux goust.
Ces Pigeons sont dodus, mangez sur ma parole.
J'aime à voir aux Lapins cette chair blanche & molle.
Ma foy, tout est passable, il le faut confesser;
Et Mignot aujourd'hui s'est voulu surpasser.
Quand on parle de sauce il faut qu'on y raffine.
Pour moy, j'ayme sur tout que le poivre y domine:
J'en suis fourni, Dieu sçait, & j'ai tout Pelletier
Roulé dans mon Office en cornets de papier.
A tous ces beaux discours, j'estois comme une piere,
Ou comme la Statuë est au festin de Piere;
Et sans dire un seul mot, j'avalois au hazard,
Quelque aîle de poulet, dont j'arrachois le lard.
  Cependant mon Hableur, avec une voix haute,
Porte à mes Campagnards la santé de nostre Hoste:
Qui tous deux pleins de joye, en jettant un grand cri,
Avec un rouge bord acceptent son deffi.
Un si galand exploit réveillant tout le monde,
On a porté par tout des verres à la ronde,
Où les doigts des Laquais dans la crasse tracez
Témoignoient par écrit qu'on les avoit rincez.
Quand un des conviez d'un ton melancholique,
Lamentant tristement une chanson bacchique;

Tous mes Sots à la fois ravis de l'écouter,
Détonnant de concert, se mettent à chanter.
La Musique sans doute estoit rare & charmante:
L'un traîne en longs fredons une voix glapissante,
Et l'autre l'appuiant de son aigre fausset,
Semble un violon faux qui jure sous l'archet.

  Sur ce point, un Jambon d'assez maigre apparence,
Arrive sous le nom de Jambon de Mayence.
Un Valet le portoit, marchant à pas contez,
Comme un Recteur suivi des quatre Facultez.
Deux Marmitons crasseux revestus de serviettes,
Lui servoient de Massiers, & portoient deux assiettes,
L'une de champignons, avec des ris de veau,
Et l'autre de pois vers, qui se noyoient dans l'eau.
Un spectacle si beau surprenant l'assemblée,
Chez tous les conviez la joye est redoublée:
Et la troupe à l'instant, cessant de fredonner,
D'un ton gravement fou s'est mise à raisonner.
Le vin au plus müet fournissant des paroles,
Chacun a debité ses maximes frivoles,
Reglé les interests de chaque Potentat,
Corrigé la Police, & reformé l'Estat;
Puis delà s'embarquant dans la nouvelle guerre,
A vaincu la Hollande, ou battu l'Angleterre.
Enfin, laissant en paix tous ces peuples divers,
De propos en propos on a parlé de vers.
Là tous mes Sots enflez d'une nouvelle audace,
Ont jugé des auteurs en Maistres du Parnasse.
Mais nostre Hoste sur tout, pour la justesse & l'art,
Elevoit jusqu'au Ciel Theophile & Ronsard.

SATIRES.

Quand un des Campagnards relevant sa moustache,
Et son feutre à grands poils ombragé d'un pennache,
Impose à tous silence, & d'un ton de Docteur,
Morbleu! dit-il, la Serre est un charmant Auteur!
Ses vers sont d'un beau stile, & sa prose est coulante.
La Pucelle est encore une œuvre bien galante,
Et je ne sçai pourquoi je baaille en la lisant.
Le Païs sans mentir, est un bouffon plaisant :
Mais je ne trouve rien de beau dans ce Voiture.
Ma foi, le jugement sert bien dans la lecture.
A mon gré, le Corneille est joly quelquefois.
En verité pour moi, j'ayme le beau François.
Je ne sçai pas pourquoy, l'on vante l'Alexandre ;
Ce n'est qu'un glorieux qui ne dit rien de tendre :
Les Heros chez Quinaut parlent bien autrement,
Et jusqu'à je vous hais, tout s'y dit tendrement.
On dit qu'on l'a drapé dans certaine Satire,
Qu'un jeune homme... Ah! je sçai ce que vous voulez dire,
A répondu nostre Hoste, Un Auteur sans defaut,
La raison dit Virgile, & la Rime Quinaut.
Justement. A mon gré, la piece est assez plate :
Et puis blasmer Quinaut ... Avez-vous veu l'Astrate?
C'est là ce qu'on appelle un Ouvrage achevé.
Sur tout l'Anneau Royal me semble bien trouvé.
Son sujet est conduit d'une belle maniere,
Et chaque Acte en sa piece est une piece entiere ;
Je ne puis plus souffrir ce que les autres font.
  Il est vray que Quinaut est un Esprit profond :
A repris certain Fat, qu'à sa mine discrete
Et son maintien jaloux j'ay reconnu Poëte.

Mais il en est pourtant, qui le pourroient valoir.
Ma foy, ce n'est pas vous qui nous le ferez voir,
A dit mon Campagnard, avec une voix claire,
Et déja tout boüillant de vin & de colere.
Peut-estre, a dit l'Auteur paslissant de couroux :
Mais vous, pour en parler, vous y connoissez-vous ?
Mieux que vous mille fois, dit le Noble en furie.
Vous ? Mon Dieu, mêlez-vous de boire je vous prie,
A l'Autheur sur le champ aigrement reparti.
Je suis donc un Sot ? Moi ? vous en avez menti :
Reprend le Campagnard, & sans plus de langage,
Lui jette, pour deffi son assiette au visage :
L'autre esquive le coup, & l'assiette volant
S'en va frapper le mur & revient en roulant.
A cet affront, l'Auteur se levant de la table,
Lance à mon Campagnard un regard effroyable :
Et chacun vainement se ruant entre-deux,
Nos braves s'accrochant se prennent aux cheveux.
Aussi-tost sous leurs pieds les tables renversées,
Font voir un long débris de bouteilles cassées :
En vain à lever tout les Valets sont fort prompts,
Et les ruisseaux de vin coulent aux environs.
 Enfin, pour arrester cette lutte barbare,
De nouveau l'on s'efforce, on crie, on les separe,
Et leur premiere ardeur passant en un moment,
On a parlé de paix & d'accommodement.
Mais tandis qu'à l'envi tout le monde y conspire,
J'ai gagné doucement la porte sans rien dire:
Avec un bon serment, que si pour l'avenir,
En pareille cohuë on me peut retenir,

SATIRES.

Je consens d'un bon cœur, pour punir ma folie,
Que tous les vins pour moy deviennent vins de Brie,
Qu'à Paris le gibier manque tous les Hyvers,
Et qu'à peine au mois d'Aoust, l'on mange des pois verds.

D

SATIRE IV.

A Monsieur l'Abbé le Vayer.

'OU vient, cher le Vayer, que l'Homme le moins sage
Croit toûjours seul avoir la sagesse en partage:
Et qu'il n'est point de Fou, qui par belles raisons
Ne loge son Voisin aux Petites-Maisons ?
 Un Pedant enyvré de sa vaine science,
Tout herissé de Grec, tout bouffi d'arrogance,
Et qui de mille Autheurs retenus mot pour mot,
Dans sa teste entassez, n'a souvent fait qu'un Sot ;
Croit qu'un livre fait tout, & que sans Aristote
La raison ne voit goute, & le bon sens radote.
 D'autre part un Galant, de qui tout le métier
Est de courir le jour de quartier en quartier,
Et d'aller à l'abri d'une perruque blonde,
De ses froides douceurs fatiguer le beau monde ;
Condamne la Science, & blâmant tout écrit,
Croit qu'en lui l'Ignorance est un titre d'esprit:
Que c'est des gens de Cour le plus beau privilege.
Et renvoye un Sçavant dans le fond d'un College.
 Un Bigot orgueilleux, qui dans sa vanité,
Croit duper jusqu'à Dieu par son zele affecté,

Couvrant tous ses defauts d'une sainte apparence,
Damne tous les humains, de sa pleine puissance.
  Un Libertin d'ailleurs, qui sans ame & sans foi,
Se fait de son plaisir une suprême loi,
Tient que ces vieux propos, de Demons & de flammes,
Sont bons pour étonner des enfans & des femmes,
Que c'est s'embarasser de soucis superflus,
Et qu'enfin tout Devot a le cerveau perclus.
  En un mot qui voudroit épuiser ces matieres.
Peignant de tant d'Esprits les diverses manieres:
Il compteroit plûtost, combien dans un Printemps,
Desnaud & l'Antimoine ont fait mourir de gens:
Et combien la Neveu devant son mariage,
A de fois au public vendu son pucelage.
Mais sans errer en vain dans ses vagues propos,
Et pour rimer ici ma pensée en deux mots:
N'en déplaise à cès Fous nommez Sages de Grece;
En ce monde il n'est point de parfaite Sagesse,
Tous les hommes sont fous & malgré tous leurs soins,
Ne different entre eux que du plus & du moins.
Comme on void qu'en un Bois, que cent routes separent.
Les voyageurs sans guide assez souvent s'égarent;
L'un à droit l'autre à gauche; & courant vainement,
La mesme erreur les fait errer diversement.
Chacun suit dans le monde une route incertaine,
Selon que son erreur le jouë & le promene;
Et tel y fait l'habile, & nous traite de Fous,
Qui sous le nom de Sage est le plus Fou de tous.
Mais quoi que sur ce point la Satire publie:
Chacun veut en Sagesse eriger sa Folie,

Et se laissant regler à son esprit tortu,
De ses propres defauts se fait une vertu.
Ainsi, cela soit dit pour qui veut se connêtre ;
Le plus sage est celui qui ne pense point l'estre :
Qui toûjours pour un autre enclin vers la douceur,
Se regarde soi-mesme en severe censeur,
Rend à tous ses defauts une exacte justice,
Et fait sans se flater le procez à son vice :
Mais chacun pour soi-mesme est toûjours indulgent.

   Un avare idolatre & fou de son argent,
Au milieu de ses biens rencontrant l'indigence,
Appelle sa folie une rare Prudence,
Et met toute sa gloire, & son souverain bien :
A grossir un tresor qui ne lui sert de rien.

   Dites-moy, pauvre Esprit, ame basse & venale,
Ne vous souvient-il point du tourment de Tantale,
Qui dans le triste estat où le Ciel l'a reduit,
Meurt de soif au milieu d'un fleuve qui le fuit ?
Vous riez : Sçavez-vous que c'est vostre peinture,
Et que c'est vous par là que la Fable figure ?
Chargé d'or & d'argent, loin de vous en servir,
Vous brûlez d'une soif, qu'on ne peut assouvir :
Vous nagez dans les biens : mais vostre ame alterée
Se fait de sa richesse une chose sacrée ;
Et tous ces vains tresors que vous allez cacher
Sont pour vous un depost où vous n'osez toucher.
Quoy donc ? de vostre argent ignorez-vous l'usage ?

   Sans mentir l'avarice est une estrange rage,
Dira cet autre Fou, qui prodigue du sien,
A trois fois en dix ans devoré tout son bien,

Et dont l'ame inquiete à soi-mesme importune,
Se fait un embarras de sa bonne fortune.
Qui des deux en effet est le plus aveuglé ?
 L'un & l'autre à mon sens ont le cerveau troublé,
Répondra chez Fredoc, ce Marquis sage & prude,
Et qui sans cesse au jeu, dont il fait son étude,
Attendant son destin, d'un quatorze, ou d'un sept,
Voit sa vie, ou sa mort sortir de son cornet.
Que si d'un Sort fâcheux la maligne inconstance
Vient par un coup fatal faire tourner la chance :
Vous le verrez bien-tost les cheveux herissez,
Et les yeux vers le Ciel, de fureur élancez,
Ainsi qu'un Possedé que le Prestre exorcise,
Féter dans ses sermens tous les Saints de l'Eglise.
Qu'on le lie, ou je crains, à son air furieux,
Que ce nouveau Titan n'escalade les Cieux.
 Mais laissons-le plûtost en proye à son caprice,
Sa folie, aussi bien, lui tient lieu de supplice.
Il est d'autres erreurs, dont l'aimable poison,
D'un charme bien plus doux enyvre la raison,
L'esprit dans ce nectar heureusement s'oublie :
Ariste veut rimer, & c'est là sa folie :
Mais bien que ses durs vers d'epithetes enflez,
Soient des moindres grimauds chez Ménage siflez :
Lui-mesme il s'applaudit, & d'un esprit tranquille,
Prend le pas au Parnasse au dessus de Virgile.
Que feroit-il, helas ! si quelque Audacieux
Alloit pour son malheur luy defiller les yeux ;
Lui faisant voir ses vers & sans force & sans graces,
Montez sur deux grands mots comme sur deux echasses ;

Ses termes sans raison l'un de l'autre écartez,
Et ses froids ornemens à la ligne plantez?
Qu'il maudiroit le jour, ou son ame insensée
Perdit l'heureuse erreur qui charmoit sa pensée!

 Jadis certain Bigot, d'ailleurs homme sensé,
D'un mal assez bizarre eut le cerveau blessé:
S'imaginant sans cesse, en sa douce manie,
Des Esprits bien-heureux entendre l'harmonie:
Enfin un Medecin fort expert en son art,
Le guerit par adresse, ou plûtost par hazard:
Mais voulant de ses soins exiger le salaire,
Moi? vous payer? luy dit le Bigot en colere,
Vous, dont l'art infernal, par des secrets maudits,
En me tirant d'erreur m'oste du Paradis.

 J'approuve son couroux. Car puis qu'il faut le dire,
Souvent de tous nos maux la Raison est le pire.
C'est elle qui farouche, au milieu des plaisirs,
D'un remords importun vient brider nos desirs.
La Fâcheuse a pour nous des rigueurs sans pareilles:
C'est un Pedant qu'on a, sans cesse à ses oreilles,
Qui toûjours nous gourmande, & loin de nous toucher,
Souvent comme Joli, perd son temps à prescher.
En vain certains Rêveurs nous l'habillent en Reine,
Veulent sur tous nos sens la rendre Souveraine,
Et s'en formant en terre une Divinité.
Pensent aller par elle à la felicité.
C'est elle, disent-ils, qui nous montre à bien vivre.
Ces discours, il est vray, sont fort beaux dans un Livre.
Je les estime fort: mais je trouve en effet,
Que le plus Fou souvent est le plus satisfait.

SATIRE V.

A MONSIEUR LE MARQUIS d'Angeau.

A Nobleſſe, d'Angeau, n'eſt pas une chimere;
Quand, ſous l'étroite loi d'une vertu ſevere,
Un homme iſſu d'un ſang fecond en Demidieux,
Suit, comme toi, la trace où marchoient ſes Ayeux.
Mais je ne puis ſouffrir qu'un Fat, dont la moleſſe
N'a rien pour s'appuyer qu'une vaine nobleſſe,
Se pare inſolemment du merite d'autrui,
Et me vante un honneur qui ne vient pas de lui.
Je veux que la valeur de ſes Ayeux antiques,
Ait fourni de matiere aux plus vieilles Chroniques,
Et que l'un des Capets, pour honorer leur nom,
Ait de trois fleurs de Lis doté leur écuſſon.
Que ſert ce vain amas d'une inutile gloire?
Si de tant de Heros celebres dans l'Hiſtoire,
Il ne peut rien offrir aux yeux de l'Univers,
Que de vieux parchemins, qu'ont épargnez les vers:
Si tout ſorti qu'il eſt d'une ſource divine,
Son cœur dément en luy ſa ſuperbe origine:

Et n'ayant rien de grand qu'une sotte fierté,
S'endort dans une lâche & molle oisiveté ?
　　Cependant à le voir, avec tant d'arrogance,
Vanter le faux éclat de sa haute naissance ;
On diroit que le Ciel est soûmis à sa loi,
Et que Dieu l'a paistri d'autre limon que moi.
　　Dites-nous, grand Heros, Esprit rare & sublime,
Entre tant d'animaux, qui sont ceux qu'on estime ?
On fait cas d'un Coursier, qui fier & plein de cœur
Fait paroistre en courant sa boüillante vigueur :
Qui jamais ne se lasse, & qui dans la carriere
S'est couvert mille fois d'une noble poussiere :
Mais la posterité d'Alfane & de Bayard,
Quand ce n'est qu'une rosse, est venduë au hazard ;
Sans respect des Ayeux dont elle est descenduë,
Et va porter la malle, ou tirer la charuë :
Pourquoi donc voulez-vous, que par un sot abus,
Chacun respecte en vous un Honneur qui n'est plus ?
On ne m'éblouït point d'une apparence vaine.
La Vertu, d'un cœur noble est la marque certaine.
Si vous estes sorti de ces Heros fameux ;
Montrez-nous cette ardeur qu'on vit briller en eux,
Ce zele pour l'honneur, cette horreur pour le vice.
Respectez-vous les loix ? Fuïez-vous l'injustice ?
Sçavez-vous sur un mur repousser des assauts,
Et dormir en plein champ le harnois sur le dos ?
Je vous connois pour Noble à ces illustres marques :
Alors soiez issu des plus fameux Monarques ;
Venez de mille Ayeux ; & si ce n'est assez,
Feüilletez à loisir tous les siecles passez.

　　　　　　　　　　　　　　　　Voyez

Voyez de quel Guerrier il vous plaiſt de deſcendre ;
Choiſiſſez de Ceſar, d'Achile, ou d'Alexandre :
En vain un laſche eſprit voudroit vous démentir,
Et ſi vous n'en ſortez, vous en devez ſortir.
Mais fuſſiez-vous iſſu d'Hercule en droite ligne,
Si vous ne faites voir qu'une baſſeſſe indigne,
Ce long amas d'Ayeux, que vous diffamez tous,
Sont autant de témoins, qui parlent contre vous,
Et tout ce grand éclat de leur gloire ternie,
Ne ſert plus que de jour à voſtre ignominie.
En vain tout fier d'un Sang, que vous deshonorez,
Vous dormez à l'abri de ces Noms reverez.
En vain vous-vous couvrez des vertus de vos Peres :
Ce ne ſont à mes yeux, que de vaines chimeres :
Je ne voy rien en vous, qu'un laſche, un impoſteur,
Un traiſtre, un ſcelerat, un perfide, un menteur,
Un fou, dont les accés vont juſqu'à la furie,
Et d'un tronc fort illuſtre, une branche pourrie.

   Je m'emporte peut-eſtre : & ma Muſe en fureur
Verſe dans ſes diſcours trop de fiel & d'aigreur :
Il faut avec les Grands un peu de retenuë.
Hé bien, je m'adoucis. Voſtre race eſt connuë.
Depuis quand ? Répondez : Depuis mille ans entiers ;
Et vous pouvez fournir deux fois ſeize quartiers,
C'eſt beaucoup : Mais enfin, les preuves en ſont claires ;
Tous les livres ſont pleins des Titres de vos Peres :
Leurs noms ſont échapez du naufrage des temps :
Mais qui m'aſſurera, qu'en ce long cercle d'ans
A leurs fameux Epoux vos Ayeules fidelles,
Aux douceurs des Galands furent toûjours rebelles ?

Et comment sçavez-vous, si quelque Audacieux
N'a point interrompu le cours de vos Ayeux ;
Et si leur sang tout pur avecque leur noblesse,
Est passé jusqu'à vous de Lucrece en Lucrece ?
 Que maudit soit le jour, où cette vanité
Vint ici de nos mœurs soüiller la pureté.
Dans les temps bienheureux du monde en son enfance,
Chacun mettoit sa gloire en sa seule innocence :
Chacun vivoit content, & sous d'égales loix :
Le merite y faisoit la Noblesse & les Rois ;
Et sans chercher l'appui d'une naissance illustre,
Un Heros de soi-mesme empruntoit tout son lustre.
Mais enfin, par le temps le Merite avili
Vid l'Honneur en roture, & le Vice ennobli ;
Et l'Orgueil d'un faux titre appuiant sa foiblesse,
Maistrisa les humains sous le nom de Noblesse.
De là vinrent en foule & Marquis & Barons :
Chacun pour ses vertus n'offrit plus que des noms.
Aussi-tost maint Esprit fecond en resveries,
Inventa le Blazon avec les Armoiries,
De ses termes obscurs fit un langage à part,
Composa tous ces mots de Cimier *&* d'Ecart,
De Pal, *de* Contrepal *de* Lambel *& de* Face,
Et tout ce que Segond dans son Mercure entasse.
Une vaine folie enyvrant la raison,
L'Honneur triste & honteux ne fut plus de saison.
Alors, pour soûtenir son rang & sa naissance,
Il falut étaler le luxe & la dépence ;
Il falut habiter un superbe palais,
Faire par les couleurs distinguer ses Valets,

Et traînant en tous lieux de pompeux équipages,
Le Duc & le Marquis se reconnut aux Pages.

Bien-tost pour subsister, la Noblesse sans bien,
Trouva l'art d'emprunter, & de ne rendre rien;
Et bravant des Sergens la timide cohorte,
Laissa le Creancier se morfondre à sa porte.
Mais pour comble, à la fin le Marquis en prison
Sous le faix des procés vit tomber sa Maison.
Alors, pour subvenir à sa triste indigence,
Le Noble, du Faquin rechercha l'alliance;
Et trafiquant d'un nom jadis si precieux,
Par un lasche contract vendit tous ses Ayeux.
Et corrigeant ainsi la fortune ennemie,
Rétablit son honneur à force d'infamie.

Car si l'éclat de l'or ne releve le sang,
En vain on fait briller la splendeur de son rang:
L'amour de vos Ayeux passe en vous pour manie,
Et chacun pour parent vous fuit & vous renie.
Mais quand un homme est riche, il vaut toûjours son prix:
Et l'eust-on veu porter la mandille à Paris,
N'eust-il de son vrai nom ni Titre ni Memoire,
D'Hozier lui trouvera cent Ayeux dans l'Histoire.

Toi donc, qui de merite & d'honneurs revestu,
Des écueils de la Cour as sauvé ta Vertu.
D'Angeau, qui dans le rang où ton Prince t'appelle,
Le vois toûjours orné d'une gloire nouvelle,
Et plus brillant par Soi, que par l'éclat des Lys,
Dédaigner tous ces Rois dans la pourpre amollis:
Fuir d'un honteux loisir la douceur importune:
A ses sages conseils asservir la Fortune;

Et de tout son bon-heur ne devant rien qu'à soi,
Montrer à l'Univers, ce que c'est qu'estre Roi :
Si tu veux te couvrir d'un éclat legitime ;
Va par mille beaux faits meriter son estime ;
Sers un si noble Maistre ; & fais voir qu'aujourd'hui,
La France a des Sujets qui sont dignes de lui.

SATIRE VI.

UI frappe l'air, bon Dieu! de ces lugubres cris?
Est-ce donc pour veiller qu'on se couche à Paris?
Et quel fâcheux Demon durant les nuits entieres,
Rassemble ici les Chats de toutes les goutieres?
J'ai beau sauter du lit plein de trouble & d'effroi,
Je pense qu'avec eux tout l'Enfer est chez-moi.
L'un miaule en grondant, comme un Tygre en furie;
L'autre roule sa voix comme un Enfant qui crie.
Ce n'est pas tout encor. Les Souris & les Rats
Semblent, pour m'éveiller, s'entendre avec les Chats:
Plus importuns pour moi, durant la nuit obscure,
Que jamais, en plein jour, ne fut l'Abbé de P***
 Tout conspire à la fois à troubler mon repos:
Et je me plains ici du moindre de mes maux.
Car à peine les Coqs, commençant leur ramage,
Auront de cris aigus frappé le Voisinage:
Qu'un affreux Serrurier, que le Ciel en courroux
A fait pour mes pechez trop voisin de chez-nous,
Avec un fer maudit, qu'à grand bruit il appreste
De cent coups de marteau me va fendre la teste.
J'entens déja partout les charettes courir,
Les Massons travailler, les boutiques s'ouvrir:

E iij

Tandis que dans les airs mille cloches émuës,
D'un funebre concert font retentir les nuës ;
Et se meslant au bruit de la gresle et des vents,
Pour honorer les Morts, font mourir les Vivans.

    Encor, je benirois la Bonté souveraine,
Si le Ciel à ces maux avoit borné ma peine :
Mais si seul en mon lit, je peste avec raison ;
C'est encor pis vingt fois en quittant la maison.
En quelque endroit que j'aille, il faut fendre la presse
D'un peuple d'importuns, qui fourmillent sans cesse :
L'un me heurte d'un ais, dont je suis tout froissé :
Je vois d'un autre coup mon chapeau renversé.
Là d'un Enterrement la funebre ordonnance,
D'un pas lugubre & lent vers l'Eglise s'avance :
Et plus loin des Laquais, l'un l'autre s'agaçans,
Font aboyer les chiens, & jurer les passans.
Des Paveurs en ce lieu me bouchent le passage ;
Là je trouve une croix de funeste presage :
Et des Couvreurs grimpez au toit d'une maison,
En font pleuvoir l'ardoise, & la tuile à foison.
Là sur une charette une poûtre branlante
Vient menaçant de loin la foule qu'elle augmente :
Six chevaux attelez à ce fardeau pesant,
Ont peine à l'émouvoir sur le pavé glissant :
D'un carrosse en passant, il accroche une rouë ;
Et du choc le renverse en un grand tas de bouë.
Quand un autre à l'instant s'efforçant de passer,
Dans le mesme embaras se vient embarasser :
Vingt carrosses bien-tost arrivant à la file,
Y sont en moins de rien suivis de plus de mille :

SATIRES.

Et pour surcroist de maux, un Sort malencontreux
Conduit en cet endroit un grand troupeau de bœufs.
Chacun pretend passer : l'un mugit, l'autre jure :
Des Mulets en sonnant augmentent le murmure :
Et bien-tost cent Chevaux dans la foule appellez,
De l'embaras qui croist ferment les défilez ;
Et par tout des Passans enchaînant les brigades,
Au milieu de la Paix, font voir les barricades.
On n'entend que des cris poussez confusément,
Dieu, pour s'y faire oüir, tonneroit vainement.
　Moi donc, qui dois souvent en certain lieu me rendre,
Le jour déja baissant, & qui suis las d'attendre,
Ne sçachant plus tantost à quel Saint me voüer,
Je me mets au hazard de me faire roüer.
Je saute vingt ruisseaux, j'esquive, je me pousse ;
Guenaud sur son cheval en passant m'éclabousse,
Et n'osant plus paroistre en l'estat où je suis,
Sans songer où je vais, je me sauve où je puis.
Tandis que dans un coin en grondant je m'essuie,
Souvent, pour m'achever, il survient une Pluie.
On diroit que le Ciel qui se fond tout en eau,
Veüille inonder ces lieux d'un deluge nouveau.
Pour traverser la ruë, au milieu de l'orage,
Un ais sur deux pavez forme un étroit passage :
Le plus hardi Laquais n'y marche qu'en tremblant :
Il faut pourtant passer sur ce pont chancelant,
Et les nombreux torrens qui tombent des goutieres,
Grossissant les ruisseaux, en ont fait des rivieres.
J'y passe en trébuchant ; mais malgré l'embaras,
La frayeur de la nuit precipite mes pas.

Car si tost que du Soir les ombres pacifiques
D'un double cadenas font fermer les boutiques,
Que retiré chez lui, le paisible Marchand
Va revoir ses billets & compter son argent ;
Que dans le Marché-neuf tout est calme & tranquille,
Les Voleurs à l'instant s'emparent de la Ville.
Le bois le plus funeste & le moins frequenté,
Est aux prix de Paris, un lieu de seureté.
Malheur donc à celui qu'une affaire impreveuë
Engage un peu trop tard au détour d'une ruë.
Bientost quatre Bandits lui serrant les costez :
La bourse : il faut se rendre : ou bien non, resistez :
Afin que vostre mort, de tragique memoire,
Des massacres fameux aille grossir l'histoire.
Pour moi qu'une ombre étonne, accablé de sommeil,
Tous les jours je me couche avecque le Soleil.

Mais en ma chambre à peine ai-je éteint la lumiere
Qu'il ne m'est plus permis de fermer la paupiere.
Des Filoux effrontez, d'un coup de pistolet,
Ebranlent ma fenestre, & percent mon volet.
J'entens crier partout, au meurtre, on m'assassine ;
Ou, le feu vient de prendre à la maison voisine.
Tremblant & demi mort je me leve à ce bruit,
Et souvent sans pourpoint, je cours toute la nuit.
Car le feu, dont la flâme en ondes se déploye,
Fait de nostre cartier une seconde Troye ;
Où maint Grec affamé, maint avide Argien,
Au travers des charbons, va piller le Troyen.
Enfin, sous mille crocs la maison abysmée,
Entraîne aussi le feu qui se perd en fumée

Je me retire donc encore pasle d'éffroi ;
Mais le jour est venu quand je rentre chez moi.
Je fais pour reposer un effort inutile :
Ce n'est qu'à prix d'argent, qu'on dort en cette Ville :
Il faudroit dans l'enclos d'un vaste logement,
Avoir loin de la ruë un autre appartement.

   Paris est pour un riche, un païs de Cocagne :
Sans sortir de la ville, il trouve la campagne :
Il peut dans son jardin tout peuplé d'arbres verds,
Receler le Printemps au milieu des Hyvers :
Et foulant le parfum de ses plantes fleuries
Aller entretenir ses douces réveries.

   Mais moi, grace au Destin, qui n'ai ni feu ni lieu,
Je me loge où je puis, & comme il plaist à Dieu.

SATIRE VII.

USE changeons de stile, & quittons la Satire :
C'est un méchant mestier que celui de médire :
A l'Auteur qui l'embrasse, il est toûjours fatal.
Le mal qu'on dit d'autrui, ne produit que du mal.
Maint Poëte aveuglé d'une telle manie,
En courant à l'honneur trouve l'ignominie.
Et tel mot, pour avoir réjoui le Lecteur,
A cousté bien souvent des larmes à l'Auteur.
 Un Eloge ennuyeux, un froid Panegyrique,
Peut pourrir à son aise au fond d'une boutique ;
Ne craint point du public les jugemens divers,
Et n'a pour ennemis que la poudre & les vers.
Mais un Auteur malin, qui rit, & qui fait rire,
Qu'on blâme en le lisant, & pourtant qu'on veut lire ;
Dans ses plaisans accés qui se croit tout permis,
De ses propres Rieurs se fait des ennemis.
Un Discours trop sincere aisément nous outrage,
Chacun dans ce miroir pense voir son visage,
Et tel, en vous lisant, admire chaque trait,
Qui dans le fond de l'ame, & vous craint & vous hait.
 Muse, c'est donc en vain que la main vous demange.
S'il faut rimer ici, rimons quelque loüange ;

Et cherchons un Heros parmi cet Univers,
Digne de nostre encens, & digne de nos vers.
Mais à ce grand effort en vain je vous anime :
Je ne puis, pour loüer, rencontrer une rime.
Dés que j'y veux resver, ma veine est aux abois :
J'ay beau frotter mon front, j'ay beau mordre mes doigts,
Je ne puis arracher du creux de ma cervelle,
Que des vers plus forcez que ceux de la Pucelle :
Je pense estre à la gesne, & pour un tel dessein,
La plume & le papier resistent à ma main.
Mais quand il faut railler, j'ai ce que je souhaite,
Alors certes alors, je me connois Poëte :
Phebus, dés que je parle, est prest à m'exaucer ;
Mes mots viennent sans peine, & courent se placer.
Faut-il peindre un frippon fameux dans cette Ville ?
Ma main, sans que j'y réve, écrira Saumaville.
Faut-il d'un Sot parfait montrer l'original ?
Ma plume au bout du vers d'abord trouve Sofal.
Je sens que mon esprit travaille de genie.
Faut-il d'un froid Rimeur dépeindre la manie ?
Mes vers comme un torrent, coulent sur le papier :
Je rencontre à la fois Perrin, & Pelletier,
Bardou, Mauroy, Boursaut, Colletet, Titreville,
Et pour un que je veux, j'en trouve plus de mille.
Aussi-tost je triomphe, & ma Muse en secret,
S'estime & s'applaudit du beau coup qu'elle a fait.
C'est en vain qu'au milieu de ma fureur extréme,
Je me fais quelquefois des leçons à moi-mesme.
En vain je veux au moins faire grace à quelqu'un
Ma plume auroit regret d'en épargner aucun,

Et si tost qu'une fois la verve me domine,
Tout ce qui s'offre à moi passe par l'étamine.
Le Merite pourtant m'est toûjours precieux :
Mais tout Fat me déplaist & me blesse les yeux.
Je le poursuis par tout, comme un chien fait sa proie
Et ne le sens jamais, qu'aussi-tost je n'aboie.
Enfin sans perdre temps en de si vains propos,
Je sçai coudre une rime au bout de quelques mots :
Souvent j'habille en vers une maligne prose :
C'est par là que je vaux, si je vaux quelque chose.
Ainsi, soit que bien-tost, par une dure loi,
La Mort d'un vol affreux vienne fondre sur moi :
Soit que le Ciel me garde un cours long & tranquille
A Rome ou dans Paris, aux champs ou dans la ville
Deust ma Muse par là choquer tout l'univers,
Riche, gueux, ou content, je veux faire des Vers.

Pauvre Esprit, dira-t-on, que je plains ta folie !
Modere ces boüillons de ta melancolie ;
Et garde qu'un de ceux que tu penses blâmer,
N'éteigne dans ton sang cette ardeur de rimer.

Hé quoi ? lors qu'autrefois Horace aprés Lucile,
Exhaloit en bons mots les vapeurs de sa bile,
Et vangeant la Vertu par des traits éclatans,
Alloit oster le masque aux vices de son temps ;
Ou bien quand Juvenal, de sa mordante plume,
Faisant couler des flots de fiel & d'amertume,
Gourmandoit en couroux tout le peuple Latin,
L'un ou l'autre fit-il une tragique fin ?
Et que craindre, aprés tout, d'une fureur si vaine ?
Personne ne connoist ni mon nom ni ma veine :

On ne voit point mes vers, à l'envi de Montreüil,
Grossir impunément les feüillets d'un Recüeil.
A peine quelquefois je me force à les lire,
Pour plaire à quelque Ami que charme la Satire :
Qui me flate peut-estre, & d'un air imposteur,
Rit tout haut de l'Ouvrage, & tout bas de l'Auteur.
Enfin, c'est mon plaisir, je me veux satisfaire :
Je ne puis bien parler, & ne sçaurois me taire ;
Et dés qu'un mot plaisant vient luire à mon esprit,
Je n'ay point de repos qu'il ne soit en écrit :
Je ne resiste point au torrent qui m'entraîne.
Mais c'est assez parlé. Prenons un peu d'haleine.
Ma main, pour cette fois, commence à se lasser.
Finissons. Mais demain, Muse, à recommencer.

SATIRE VIII.
A MONSIEUR M**.
Docteur de Sorb.

E tous les Animaux qui s'élevent dans
l'air,
Qui marchent sur la Terre, ou nagent
dans la Mer,
De Paris au Perou, du Japon jusqu'à
Rome,
Le plus sot animal, à mon avis, c'est l'Homme.
Quoi? dira-t-on d'abord, un ver, une Fourmi,
Un Insecte rampant qui ne vit qu'à demi,
Un Taureau qui rumine, une Chevre qui broute,
Ont l'esprit mieux tourné que n'a l'Hôme? Oüi sans doute
Ce discours te surprend, Docteur, je l'apperçoi.
L'Homme de la Nature est le chef & le Roi,
Bois, prez, champs, animaux, tout est pour son usage,
Et lui seul a, dis-tu, la Raison en partage.
Il est vrai, de tout temps la Raison fut son lot:
Mais delà je conclus que l'Homme est le plus sot.

Ces propos, diras-tu, sont bons dans la Satire,
Pour égayer d'abord un Lecteur qui veut rire.
Mais il faut les prouver. En forme. J'y consens.
Répon-moi donc, Docteur, & mets-toi sur les bancs.

Qu'est-ce que la Sagesse ? Une Egalité d'ame,
Que rien ne peut troubler, qu'aucun desir n'enflâme,
Qui marche en ses conseils à pas plus mesurez,
Qu'un Doyen au Palais ne monte les degrez.
Or cette Egalité, dont se forme le Sage,
Qui jamais moins que l'Homme en a connu l'usage ?
La Fourmi tous les ans traversant les guerets,
Grossit ses magazins des tresors de Cerés ;
Et dés que l'Aquilon ramenant la froidure,
Vient de ses noirs frimats attrister la Nature,
Cet Animal tapi dans son obscurité
Joüit l'Hyver des biens conquis durant l'Esté :
Mais on ne la voit point, d'une humeur inconstante,
Paresseuse au Printemps, en Hyver diligente,
Affronter en plein champ les fureurs de Janvier,
Ou demeurer oisive au retour du Belier.
Mais l'Homme sans arrest, dans sa course insensée,
Voltige incessamment de pensée en pensée,
Son cœur toûjours flottant entre mille embaras,
Ne sçait ni ce qu'il veut, ni ce qu'il ne veut pas.
Ce qu'un jour il abhorre, en l'autre il le souhaite.
Moi ? j'irois épouser une Femme coquette ?
J'irois par ma constance aux affronts endurci,
Me mettre au rang des Saints qu'a celebrez Bussi ?
Assez de Sots sans moi feront parler la ville :
Disoit le mois passé ce Marquis indocile,
Qui depuis quinze jours dans le piege arresté,
Entre les bons Maris pour exemple cité,
Croit que Dieu, tout exprés, d'une coste nouvelle,
A tiré pour lui seul une Femme fidelle.

Voilà l'Homme en effet : il va du blanc au noir ;
Il condamne au matin ses sentimens du soir ;
Importun à tout autre, à soi-mesme incommode,
Il change à tous momens d'esprit comme de mode ;
Il tourne au moindre vent, il tombe au moindre choc ;
Aujourd'huy dans un casque & demain dans un froc.

Cependant à le voir plein de vapeurs legeres,
Soi-mesme se bercer de ses propres chimeres,
Lui seul de la Nature est la base & l'appui,
Et le dixiéme Ciel ne tourne que pour lui.
De tous les Animaux il est, dit-il, le Maistre.
Qui pourroit le nier ? poursuis-tu. Moi peut-estre.
Mais sans examiner, si vers les antres sourds,
L'Ours a peur du Passant, ou le Passant de l'Ours :
Et si, sur un edit des Pastres de Nubie,
Les Lions de Barca vuideroient la Lybie :
Ce Maistre pretendu qui leur donne des lois,
Ce Roi des animaux, combien a-t-il de Rois ?
L'Ambition, l'Amour, l'Avarice, ou la Haine
Tiennent comme un Forçat son esprit à la chaîne.
Le Sommeil sur ses yeux commence à s'épancher :
Debout, dit l'Avarice, il est temps de marcher.
Hé laissez-moi. Debout. Un moment. Tu repliques ?
A peine le Soleil fait ouvrir les Boutiques.
N'importe, leve toi. Pourquoi faire aprés tout ?
Pour courir l'Ocean de l'un à l'autre bout ;
Chercher jusqu'au Japon la porcelaine & l'ambre ;
Rapporter de Goa le poivre & le gingembre.
Mais j'ay des biens en foule, & je puis m'en passer.
On n'en peut trop avoir ; & pour en amasser,

*Il ne faut épargner ni crime ni parjure:
Il faut souffrir la faim, & coucher sur la dure:
Eust-on plus de trésors que n'en perdit Gallet,
N'avoir en sa maison ni meubles ni valet:
Parmi les tas de blé vivre de seigle & d'orge,
De peur de perdre un liard, souffrir qu'on vous égorge
Et pourquoi cette épargne enfin ? L'ignores-tu ?
Afin qu'un Heritier bien nourri, bien vestu,
Profitant d'un trésor en tes mains inutile,
De son train quelque jour embarasse la ville.
Que faire ? il faut partir, les Matelots sont prests.
Ou si pour l'entraîner l'Argent manque d'attraits,
Bien-tost l'Ambition, avec meilleure escorte,
Dans le sein du repos, vient le prendre à main forte,
L'envoie en furieux, au milieu des hazards,
Se faire estropier sur les pas des Cesars,
Et cherchant sur la breche une mort indiscrette,
De sa folle valeur embellir la Gazette.
Tout-beau, dira quelqu'un, raillés plus à propos;
Ce vice fut toûjours la vertu des Heros.
Quoi donc à vostre avis, fut-ce un fou qu'Alexandre?
Qui ? cet écervelé qui mit l'Asie en cendre?
Ce fougueux l'Angely qui de sang alteré,
Maistre du monde entier, s'y trouvoit trop serré ?
L'enragé qu'il estoit, né Roi d'une Province
Qu'il pouvoit gouverner en bon & sage Prince,
S'en alla follement, &) pensant estre Dieu,
Courir comme un Bandit qui n'a ni feu ni lieu,
Et traînant avec soi les horreurs de la guerre,
De sa vaste folie emplir toute la Terre.*

G

Heureux! si de son temps, pour cent bonnes raisons,
La Macedoine eust eu des petites-Maisons,
Et qu'un sage Tuteur l'eust en cette demeure,
Par avis de Parens, enfermé de bonne heure!
    Mais sans nous égarer dans ces digressions;
Traiter, comme Senaut, toutes les Passions;
Et les distribuant par classes & par titres,
Dogmatizer en vers, & rimer par chapitres;
Laissons-en discourir La Chambre ou Coeffeteau:
Et voions l'Homme enfin par l'endroit le plus beau.
Lui seul vivant, dit-on, dans l'enceinte des villes
Fait voir d'honnestes mœurs, des coustumes civiles,
Se fait des Gouverneurs, des Magistrats, des Rois,
Observe une police, obeït à des lois.
Il est vrai. Mais pourtant, sans lois & sans police,
Sans craindre Archers, Prevost, ni Suppost de Justice
Void-on les Loups brigans, comme nous inhumains,
Pour détrousser les Loups, courir les grands chemins
Jamais pour s'agrandir, vid-on dans sa manie,
Un Tigre en factions partager l'Hyrcanie?
L'Ours a-t'il dans les bois la guerre avec les Ours?
Le Vautour dans les airs fond-il sur les Vautours?
A-t-on veu quelquefois dans les plaines d'Afrique,
Déchirant à l'envi leur propre Republique,
Lions contre Lions, Parens contre Parens,
Combatre follement pour le choix des Tyrans?
L'Animal le plus fier qu'enfante la Nature,
Dans un autre Animal respecte sa figure,
De sa rage avec lui modere les accés,
Vit sans bruit, sans debats, sans noise, sans procés.

SATIRES.

Un Aigle ſur un champ pretendant droit d'aubeine
Ne fait point appeller un Aigle à la huitaine.
Jamais contre un Renard chicanant un Poulet,
Un Renard de ſon ſac n'alla chercher Rolet.
Jamais la Biche en rut, n'a pour fait d'impuiſſance
Traîné du fond des bois un Cerf à l'Audience,
Et jamais Juge entr'eux ordonnant le congrés,
De ce burleſque mot n'a ſali ſes arreſts.
On ne connoiſt chez eux ni Placets, ni Requeſtes,
Ni haut, ni bas Conſeil, ni Chambre des Enqueſtes
Chacun l'un avec l'autre en toute ſeureté,
Vit ſous les pures loix de la ſimple Equité.
L'Homme ſeul, l'Homme ſeul en ſa fureur extréme,
Met un brutal honneur à s'égorger ſoi-meſme.
C'eſtoit peu que ſa main conduite par l'Enfer,
Euſt paiſtri le ſalpeſtre, euſt aiguiſé le fer :
Il faloit que ſa rage à l'Univers funeſte,
Allaſt encor de Loix embroüiller un Digeſte ;
Cherchaſt pour l'obſcurcir des Gloſes, des Docteurs ;
Accablaſt l'Equité ſous des monceaux d'Auteurs ;
Et pour comble de maux apportaſt dans la France,
Des Harangueurs du temps l'envieuſe éloquence.
 Doucement, diras-tu. Que ſert de s'emporter ?
L'Homme a ſes paſſions, on n'en ſçauroit douter,
Il a comme la Mer ſes flots & ſes caprices ;
Mais ſes moindres vertus balancent tous ſes vices.
N'eſt-ce pas l'Homme enfin, dont l'art audacieux
Dans le tour d'un compas a meſuré les Cieux ;
Dont la vaſte Science embraſſant toutes choſes,
A foüillé la Nature, en a percé les cauſes ?

Les Animaux ont-ils des Univerſitez?
Void-on fleurir chez eux des quatre Facultez?
Y void-on des Sçavans en Droit, en Medecine,
Endoſſer l'écarlate, & ſe fourer d'hermine?
Non ſans doute; & jamais chez eux un Medecin
N'empoiſonna les bois de ſon art aſſaſſin:
Jamais Docteur armé d'un argument frivole,
Ne s'enroüa chez eux ſur les bancs d'une Ecole.
Mais ſans chercher au fond, ſi noſtre eſprit deceu
Sçait rien de ce qu'il ſçait, s'il a jamais rien ſceu,
Toi-meſme, répon-moi. Dans le Siecle où nous ſommes,
Eſt-ce au pied du ſçavoir qu'on meſure les Hommes?
Veux-tu voir tous les Grands à ta porte courir,
Dit un pere à ſon Fils, dont le poil va fleurir:
Pren-moi le bon parti; laiſſe-là tous les livres:
Cent francs au denier cinq combien font-ils? Vingt livres.
C'eſt bien dit. Va, tu ſçais tout ce qu'il faut ſçavoir:
Que de biens, que d'honneurs ſur toi s'en vont pleuvoir!
Exerce toi, mon Fils, dans ces hautes Sciences;
Prens au lieu d'un Platon, le Guidon des Finances;
Sçache quelle Province enrichit les Traitans:
Combien le ſel au Roi peut fournir tous les ans:
Endurcy-toi le cœur; ſois Arabe, Corſaire,
Injuſte, violent, ſans foi, double, fauſſaire;
Ne va point ſottement faire le genereux:
Engraiſſe-toy, mon Fils, du ſuc des Malheureux;
Et trompant de Colbert la prudence importune,
Va par tes cruautez meriter la Fortune.
Auſſi-toſt tu verras Poëtes, Orateurs,
Rheteurs, Grammairiens, Aſtronômes, Docteurs,

Dégrader les Heros pour te mettre en leurs places,
De tes titres pompeux enfler leurs dedicaces,
Te prouver à toi-mesme en Grec, Hebreu, Latin,
Que tu sçais de leur art, & le fort & le fin.
Quiconque est riche est tout: sans Sagesse il est sage:
Il a sans rien sçavoir la Science en partage;
Il a l'esprit, le cœur, le merite, le rang,
La vertu, la valeur, la dignité, le sang:
Il est aimé des Grands, il est cheri des Belles:
Jamais Sur-intendant ne trouva de Cruelles:
L'or mesme à la laideur donne un teint de beauté:
Mais tout devient affreux avec la Pauvreté.
C'est ainsi qu'à son Fils, un Usurier habile
Trace vers la richesse une route facile:
Et souvent tel y vient qui sçait pour tout secret,
Cinq & quatre font neuf, ostez deux, reste sept.
Aprés cela, Docteur, va paslir sur la Bible,
Va marquer les écüeils de cette Mer terrible,
Perce la sainte horreur de ce Livre divin,
Confonds dans un Ouvrage & Luther & Calvin:
Débroüille des vieux Temps les quereles celebres,
Eclaircy des Rabins les sçavantes tenebres ;
Afin qu'en ta vieillesse, un livre en maroquin
Aille offrir ton travail à quelque heureux Faquin,
Qui pour digne loyer de la Bible éclaircie,
Te paye en l'acceptant d'un, Je vous remercie.
Ou, si ton cœur aspire à des honneurs plus grands;
Quitte-là le bonnet, la Sorbonne & les bancs;
Et prenant desormais un employ salutaire,
Mets-toy chez un Banquier, ou bien chez un Notaire:

G iij

Laisse-là Saint Thomas s'accorder avec Scot,
Et conclus avec-moi, qu'un Docteur n'est qu'un Sot.
Un Docteur? diras-tu, parlez de vous, Poëte:
C'est pousser un peu loin vostre Muse indiscrete.
Mais sans perdre en discours le temps hors de saison,
L'Homme, venez au fait, n'a-t-il pas la Raison?
N'est-ce pas son flambeau, son Pilote fidele?
Oüi: Mais de quoi lui sert, que sa voix le rappelle,
Si sur la foi des vents tout prest à s'embarquer,
Il ne voit point d'écüeil qu'il ne l'aille choquer?
Et que sert à C*** la raison qui lui crie,
N'écry plus; guery toi d'une vaine furie;
Si tous ces vains conseils, loin de la reprimer,
Ne font qu'accroistre en lui la fureur de rimer?
Tous les jours de ses vers, qu'à grand bruit il recite,
Il met chez lui voisins, parens, amis en fuite.
Car lors que son Demon commence à l'agiter,
Tout, jusqu'à sa Servante, est prest à deserter.
Un Asne pour le moins instruit par la Nature,
A l'instint qui le guide obeit sans murmure:
Ne va point follement de sa bizarre voix,
Défier aux chansons les oiseaux dans les bois.
Sans avoir la Raison il marche sur sa route,
L'homme seul, qu'elle éclaire, en plein jour ne voit goutte
Reglé par ses avis fait tout à contre-temps,
Et dans tout ce qu'il fait, n'a ni raison ni sens.
Tout lui plaist & déplaist, tout le choque & l'oblige.
Sans raison il est gay, sans raison il s'afflige.
Son esprit au hazard aime, évite, poursuit,
Défait, refait, augmente, oste, éleve, détruit.

SATIRES.

Et void-on comme lui, les Ours, ni les Pantheres
S'effraier fottement de leurs propres chimeres?
De fantômes en l'air combatre leurs defirs,
Et de vains argumens chicaner leurs plaifirs?
Jamais l'Homme, dis-moi, vid-il la Befte folle
Sacrifier à l'Homme, adorer fon idole,
Lui venir, comme au Dieu des Saifons & des Vents,
Demander à genoux la pluie, ou le beau temps?
Non. Mais cent fois la Befte a veu l'Hôme hypochondre,
Adorer le metal que lui-mefme il fit fondre:
A veu dans un païs les timides Mortels
Trembler aux pieds d'un Singe affis fur leurs autels;
Et fur les bords du Nil, les Peuples imbecilles,
L'encenfoir à la main, chercher les Crocodiles.
 Mais pourquoi, diras-tu, cet exemple odieux;
Que peut fervir ici l'Egypte & fes faux Dieux?
Quoi? me prouverez-vous par ce difcours profane,
Que l'Homme, qu'un Docteur eft au deffous d'un Afne?
Un Afne, le joüet de tous animaux;
Un ftupide Animal, fujet à mille maux;
Dont le nom feul en foi comprend une Satire?
Oüi d'un Afne: & qu'a-t-il qui nous excite à rire?
Nous-nous mocquons de lui: mais s'il pouvoit un jour,
Docteur, fur nos defauts s'exprimer à fon tour:
Si, pour nous reformer, le Ciel prudent & fage
De la parolle enfin lui permettoit l'ufage:
Qu'il pûft dire tout haut, ce qu'il fe dit tout bas,
Ah! Docteur, entre nous, que ne diroit-il pas?
Et que peut-il penfer? lors que dans une ruë,
Au milieu de Paris il promene fa veuë:

Qu'il void de toutes parts les Hommes bigarrez,
Les uns gris, les uns noirs, les autres chamarrez?
Que dit-il quand il void, avec la Mort en trousse,
Courir chez un Malade un Assassin en housse:
Qu'il trouve de Pedans un Escadron fouré,
Suivi par un Recteur de Bedeaux entouré:
Ou qu'il voit la Justice en grosse compagnie,
Mener tuer un Homme avec ceremonie.
Que pense-t-il de nous? lors que sur le Midi
Un hazard au Palais le conduit un Jeudi;
Lors qu'il entend de loin, d'une gueule infernale
La Chicane en fureur mugir dans la grand' Sale?
Que dit-il quand il void les Juges, les Huissiers,
Les Clercs, les Procureurs, les Sergens, les Greffiers?
O! que si l'Asne alors, à bon droit misanthrope,
Pouvoit trouver la voix qu'il eut au temps d'Esope,
De tous costez, Docteur, voiant les Hommes fous,
Qu'il diroit de bon cœur, sans en estre jaloux,
Content de ses chardons, & secoüant la teste,
Ma foi, non plus que nous l'Homme n'est qu'une Beste.

SATIRE

SATIRE IX.

'EST à vous, mon Esprit, à qui je
veux parler :
Vous avez des defauts que je ne puis
celer.
Assez & trop long-temps ma lasche com-
plaisance
De vos jeux criminels a nourri l'insolence :
Mais puisque vous poussez ma patience à bout,
Une fois en ma vie il faut vous dire tout.
On croiroit, à vous voir dans vos libres caprices
Discourir en Caton des vertus & des vices,
Décider du merite & du prix des Auteurs,
Et faire impunément la leçon aux Docteurs,
Qu'estant seul à couvert des traits de la Satire,
Vous avez tout pouvoir de parler & d'écrire.
Mais moi qui dans le fond sçais bien ce que j'en crois,
Qui conte tous les jours vos defauts par mes doigts ;
Je ris, quand je vous vois si foible & si sterile
Prendre sur vous le soin de reformer la ville,
Dans vos discours chagrins plus aigre & plus mordant,
Qu'une femme en furie, ou Gautier en plaidant.
Mais répondez un peu. Quelle verve indiscrete,
Sans l'aveu des neuf Sœurs, vous a rendu Poëte ?
Sentiez-vous, dites-moi, ces violens transports
Qui d'un esprit divin font mouvoir les ressorts ?

H

Qui vous a pû souffler une si folle audace?
Phebus a-t-il pour vous applani le Parnasse?
Et ne sçavez-vous pas, que sur ce Mont sacré
Qui ne vole au sommet tombe au plus bas degré,
Et qu'à moins d'estre au rang d'Horace ou de Voiture
On rampe dans la fange avec l'Abbé de P***?
   Que si tous mes efforts ne peuvent reprimer
Cet ascendant malin qui vous force à rimer,
Sans perdre en vains discours, tout le fruit de vos veilles
Osez chanter du Roi les augustes merveilles:
Là, mettant à profit vos caprices divers,
Vous verriez tous les ans fructifier vos vers;
Et par l'espoir du gain vostre Muse animée,
Vendroit au poids de l'or une once de fumée.
Mais en vain, direz-vous, je pense vous tenter
Par l'éclat d'un fardeau trop pesant à porter.
Tout Chantre ne peut pas, sur le ton d'un Orphée,
Entonner en grands vers, la Discorde étouffée:
Peindre Bellonne en feu tonnant de toutes parts,
Et le Belge effrayé fuiant sur ses ramparts.
Sur un ton si hardi, sans estre temeraire,
Racan pourroit chanter au defaut d'un Homere.
Mais pour Cotin & moi, qui rimons au hazard:
Que l'amour de blâmer fit Poëtes par art:
Quoi qu'un tas de Grimauds vante nostre éloquence,
Le plus seur est pour nous, de garder le silence.
Un Poëme insipide & sottement flateur
Deshonore à la fois le Heros & l'Auteur:
Enfin de tel projets passent nostre foiblesse.
   Ainsi parle un Esprit languissant de mollesse,

Qui sous l'humble dehors d'un respect affecté
Cache le noir venin de sa malignité.
Mais deussiez-vous en l'air voir vos aisles fonduës,
Ne valoit-il pas mieux vous perdre dans les nuës,
Que d'aller sans raison, d'un stile peu Chrestien,
Faire insulte en rimant à qui ne vous dit rien,
Et du bruit dangereux d'un livre temeraire,
A vos propres perils enrichir le Libraire ?
 Vous-vous flatez peut-estre en vostre vanité :
D'aller comme un Horace à l'immortalité :
Et déja vous croyez, dans vos rimes obscures,
Aux Saumaizes futurs preparer des tortures.
Mais combien d'Ecrivains d'abord si bien receus,
Sont de ce fol espoir honteusement deceus ?
Combien, pour quelques mois, ont veu fleurir leur livre,
Dont les vers en paquet se vendent à la livre ?
Vous pourrez voir un temps vos Escrits estimez,
Courir de main en main par la ville semez :
Puis delà tout poudreux, ignorez sur la terre,
Suivre chez l'Epicier Neuf-Germain & la Serre :
Ou de trente feuillets reduits peut-estre à neuf,
Parer demi rongez les rebords du Pont-neuf.
Le bel honneur pour vous, en voiant vos Ouvrages
Occuper le loisir des Laquais & des Pages,
Et souvent dans un coin renvoiez à l'écart,
Servir de second tôme aux airs du Savoyard !
 Mais je veux que le Sort, par un heureux caprice,
Fasse de vos Escrits prosperer la malice :
Et qu'enfin vostre Livre, aille au gré de vos vœux,
Faire sifler Cotin chez nos derniers Neveux ;

Que vous sert-il qu'un jour l'avenir vous estime,
Si vos vers aujourd'hui vous tiennent lieu de crime,
Et ne produisent rien, pour fruit de leurs bons mots,
Que l'effroi du Public, & la haine des Sots?
Quel Demon vous irrite, & vous porte à médire?
Un Livre vous déplaist. Qui vous force à le lire?
Laissez mourir un Fat dans son obscurité.
Un Auteur ne peut-il pourrir en seureté?
Le Jonas inconnu seche dans la poussiere:
Le David imprimé n'a point veu la lumiere:
Le Moïse commence à moisir par les bords:
Quel mal cela fait-il? ceux qui sont morts sont morts.
Le tombeau contre vous ne peut-il les deffendre?
Et qu'ont fait tant d'Auteurs pour remuer leur cendre?
Que vous a fait Perrain, Bardin, Mauroy, Bursaut,
Colletet, Pelletier, Titreville, Quinaut,
Dont les noms en cent lieux, placez cõme en leurs niches,
Vont de vos vers malins remplir les hemistiches?
Ce qu'ils font vous ennuie. O le plaisant détour!
Ils ont bien ennuié le Roi, toute la Cour;
Sans que le moindre Edit, ait pour punir leur crime,
Retranché les Auteurs, ou suprimé la Rime.
Escrive qui voudra: chacun à ce métier
Peut perdre impunément de l'encre & du papier.
Un Roman, sans blesser les loix ni la coûtume,
Peut conduire un Heros au douziéme volume:
Delà vient que Paris void chez lui de tout temps,
Les Auteurs à grands flots déborder tous les ans:
Et n'a point de Portail, où, jusques aux corniches,
Tous les Piliers ne soient enveloppez d'affiches.

SATIRES.

Vous seul plus dégoûté, sans pouvoir, & sans nom,
Viendrez regler les droits, & l'estat d'Apollon :
Mais vous, qui rafinez sur les Escrits des autres,
De quel œil pensez-vous qu'on regarde les vostres?
Il n'est rien en ce temps à couvert de vos coups ;
Mais sçavez-vous aussi, comme on parle de vous?
 Gardez-vous, dira l'un, de cet Esprit critique :
On ne sçait bien souvent quelle mouche le pique :
Mais c'est un jeune fou qui se croit tout permis,
Et qui pour un bon mot va perdre vingt amis.
Il ne pardonne pas aux vers de la Pucelle,
Et croit regler le monde au gré de sa cervelle.
Jamais dans le Barreau trouva-t-il rien de bon?
Peut-on si bien prescher qu'il ne dorme au Sermon?
Mais lui qui fait icy le Regent du Parnasse,
N'est qu'un gueux revestu des dépoüilles d'Horace.
Avant luy Juvenal avoit dit en Latin,
Qu'on est assis à l'aise aux Sermons de Cotin.
L'un & l'autre avant lui s'estoient plaints de la Rime :
Et c'est aussi sur eux qu'il rejette son crime :
Il cherche à se couvrir de ces noms glorieux :
J'ay peu leu ces Auteurs : mais tout n'iroit que mieux,
Quand de ces Medisans l'engeance toute entiere
Iroit la teste en bas rimer dans la riviere.
 Voilà comme on vous traite : & le monde effrayé
Vous regarde déja comme un homme noié.
En vain quelque Rieur prenant vostre deffense,
Veut faire au moins de grace adoucir la sentence :
Rien n'appaise un Lecteur toûjours tremblant d'effroi,
Qui void peindre en autrui ce qu'il remarque en soi.

Vous ferez-vous toûjours des affaires nouvelles ?
Et faudra-t-il sans cesse essuyer des querelles ?
N'entendrai-je qu'Auteurs se plaindre & murmurer ?
Jusqu'à quand vos fureurs doivent-elles durer ?
Répondez, mon Esprit ; ce n'est plus raillerie :
Dites.... Mais, direz-vous : pourquoi cette furie ?
    Quoi ? pour un maigre Auteur, que je gloze en passant,
Est-ce un crime aprés tout, & si noir & si grand ?
Et qui voiant un Fat s'applaudir d'un Ouvrage,
Où la droite raison trébuche à chaque page,
Ne s'écrie aussi-tost : L'impertinent Auteur !
L'ennuieux Escrivain ! le maudit Traducteur !
A quoi bon mettre au jour tous ces discours frivoles,
Et ces riens enfermez dans de grandes paroles ?
    Est-ce donc là médire, ou parler franchement ?
Non, non, la Médisance y va plus doucement.
Si l'on vient à chercher, pour quel secret mystere,
Alidor à ses frais bastit un Monastere,
Alidor, dit un Fourbe, il est de mes amis.
Je l'ai connu Laquais, avant qu'il fust Commis.
C'est un homme d'honneur, de pieté profonde,
Et qui veut rendre à Dieu, ce qu'il a pris au Monde.
    Voilà joüer d'adresse, & médire avec art,
Et c'est avec respect enfoncer le poignard.
Un Esprit né sans fard, sans basse complaisance,
Fuit ce ton radouci que prend la médisance :
Mais de blâmer des vers ou durs ou languissans ;
De choquer un Auteur qui choque le bon sens,
De railler d'un Plaisant qui ne sçait pas nous plaire ;
C'est ce que tout Lecteur eut toûjours droit de faire.

SATIRES.

   Tous les jours à la Cour, un Sot de qualité
Peut juger de travers avec impunité:
A Malherbe, à Racan, preferer Theophile,
Et le clinquant du Tasse, à tout l'or de Virgile.
   Un Clerc, pour quinze sous, sans craindre le hola,
Peut aller au Parterre attaquer Attila:
Et si le Roi des Huns ne lui charme l'oreille,
Traiter de Visigoths tous les vers de Corneille.
   Il n'est valet d'Auteur, ni copiste à Paris,
Qui la balance en main ne pese les Escrits.
Dés que l'impression fait éclôre un Poëte,
Il est esclave né de quiconque l'achete:
Il se soûmet lui-mesme aux caprices d'autrui,
Et ses Escrits tous seuls doivent parler pour lui.
Un Auteur à genoux, dans une humble Préface,
Au Lecteur qu'il ennuie, a beau demander grace ;
Il ne gagnera rien sur ce Juge irrité,
Qui lui fait son procés de pleine autorité.
   Et je serai le seul qui ne pourrai rien dire ?
On sera ridicule, & je n'oserai rire ?
Et qu'ont produit mes vers de si pernicieux,
Pour armer contre moi tant d'Auteurs furieux ?
Loin de les décrier, je les ai fait paroistre ;
Et souvent, sans ces vers qui les ont fait connoistre,
Leur talent dans l'oubli demeureroit caché.
Et qui sçauroit sans moi que Cotin a presché ?
La Satire ne sert qu'à rendre un Fat illustre :
C'est une ombre au tableau, qui lui donne le lustre.
En les blâmant enfin, j'ay dit ce que j'en croi,
Et tel, qui m'en reprend, en pense autant que moi.

Il a tort, *dira l'un*, Pourquoi faut-il qu'il nomme?
Attaquer P***! ah! c'est un si bon homme:
Balzac en fait l'Eloge en cent endroits divers.
Il est vrai, s'il m'eust creu, qu'il n'eust point fait de vers.
Il se tuë à rimer. Que n'écrit-il en prose?
Voilà ce que l'on dit : & que dis-je autre chose ?
En blâmant ses Escrits, ai-je d'un stile affreux,
Distilé sur sa vie un venin dangereux ?
Ma Muse, en l'attaquant, charitable & discrete,
Sçait de l'Homme d'honneur distinguer le Poëte.
Qu'on vante en luy la foi, l'honneur, la probité:
Qu'on prise sa candeur & sa civilité:
Qu'il soit doux, complaisant, officieux, sincere,
On le veut j'y souscris, & suis prest de me taire ;
Mais que pour un modele on montre ses Escrits,
Qu'il soit le mieux renté de tous les beaux Esprits:
Comme Roi des Auteurs, qu'on l'éleve à l'Empire ;
Ma bile alors s'échauffe, & je brûle d'écrire :
Et s'il ne m'est permis de le dire au papier ;
J'irai creuser la terre, & comme ce Barbier,
Faire dire aux roseaux, par un nouvel organe,
Midas, le Roi Midas a des oreilles d'Asne.

Quel tort lui fais-je enfin ? ai-je par un escrit,
Petrifié sa veine, & glacé son esprit?
Quand un Livre au Palais se vend & se debite,
Que chacun par ses yeux juge de son merite:
Que Billaine l'étale au deuxiéme Pilier:
Le dégoust d'un Censeur peut-il le décrier?
En vain contre le Cid un Ministre se ligue.
Tout Paris pour Chimene a les yeux de Rodrigue.
L'Academie

SATIRES.

L'Academie en corps a beau le censurer,
Le Public revolté s'obstine à l'admirer :
Mais lors que P*** met une œuvre en lumiere,
Chaque Lecteur d'abord lui devient un Liniere.
En vain il a receu l'encens de mille Auteurs,
Son livre en paroissant dément tous ses flateurs.
Ainsi sans m'accuser, quand tout Paris le jouë
Qu'il s'en prenne à ses vers que Phebus desavouë :
Qu'il s'en prenne à sa Muse Allemande en François.
Mais laissons P*** pour la derniere fois.
 La Satire, dit-on, est un mestier funeste,
Qui plaist à quelques gens, & choque tout le reste ;
La suite en est à craindre, en ce hardi métier
La peur plus d'une fois fit repentir Regnier.
Quittez ces vains plaisirs, dont l'appas vous abuse :
A de plus doux emplois occupez vostre Muse :
Et laissez à Feüillet * reformer l'Univers.
Et sur quoi donc faut-il que s'exercent mes vers ?
Iray-je dans une Ode, en phrases de Malherbe,
Troubler dans ses roseaux le Danube superbe :
Délivrer de Sion le peuple gemissant :
Faire trembler Memphis, ou pasllir le Croissant ;
Et passant du Jourdain les ondes alarmées,
Cueillir, mal à propos, les palmes Idumées ?
Viendrai-je, en une Eglogue, entouré de troupeaux,
Au milieu de Paris enfler mes chalumeaux,
Et dans mon cabinet assis au pied des haistres,
Faire dire aux Echos des sottises champestres ?
Faudra-t-il de sens froid, & sans estre amoureux,
Pour quelque Iris en l'air, faire le langoureux ;

* Fameux Predicateur.

I

Lui prodiguer les noms de Soleil & d'Aurore,
Et toûjours bien mangeant mourir par metaphore?
Je laisse aux doucereux ce langage affeté,
Où s'endort un Esprit de mollesse hebeté.

La Satire en leçons, en nouveautez fertile,
Sçait seule assaisonner le plaisant & l'utile,
Et d'un vers qu'elle épure aux rayons du bon sens,
Détrompe les Esprits des erreurs de leur temps :
Elle seule bravant l'orgueil & l'injustice,
Va jusques sous le dais faire paslir le Vice;
Et souvent, sans rien craindre, à l'aide d'un bon mot,
Va vanger la Raison des attentats d'un Sot.
C'est ainsi que Lucile, appuié de Lelie,
Fit justice en son temps des Cotins d'Italie,
Et qu'Horace jettant le sel à pleines mains,
Se joüoit aux dépens des Pelletiers Romains.
C'est elle qui m'ouvrant le chemin qu'il faut suivre,
M'inspira dés quinze ans la haine d'un sot livre,
Et sur ce Mont fameux, où j'osai la chercher,
Fortifia mes pas & m'apprit à marcher :
C'est pour elle en un mot, que j'ai fait vœu d'écrire.

Toutefois, s'il le faut, je veux bien m'en dédire :
Et pour calmer enfin tous ces flots d'ennemis,
Reparer en mes vers les maux qu'ils ont commis.
Puisque vous le voulez, je vais changer de stile,
Je le déclare donc : Quinaut est un Virgile :
Boursaut comme un Soleil en nos ans a paru :
Pelletier écrit mieux qu'Ablancourt ni Patru :
Cotin à ses Sermons traînant toute la Terre,
Fend les flots d'Auditeurs, pour aller à sa chaire :

Saufal eſt le Phenix des Eſprits relevez :
Perrin .... *Bon, mon eſprit, courage, pourſuivez :*
Mais ne voiez-vous pas que leur Troupe en furie,
Va prendre encor ces vers pour une raillerie ?
Et Dieu ſçait auſſi-toſt, que d'Auteurs en couroux,
Que de Rimeurs bleſſez s'en vont fondre ſur vous !
Vous les verrez bien-toſt feconds en impoſtures,
Amaſſer contre vous des volumes d'injures,
Traiter en vos eſcrits chaque vers d'attentat,
Et d'un mot innocent faire un crime d'eſtat.
Vous aurez beau vanter le Roi dans vos ouvrages,
Et de ce Nom ſacré ſanctifier vos pages :
Qui mépriſe Cotin, n'eſtime point ſon Roi,
Et n'a, ſelon Cotin, ni Dieu, ni foi, ni loi.
  Mais quoi ? répondrez-vous : Cotin nous peut-il nuire ?
Et par ſes cris enfin que ſçauroit-il produire ?
Interdire à mes vers, dont peut-eſtre il fait cas,
L'entrée aux penſions, où je ne pretens pas ?
Non, pour loüer un Roi, que tout l'Univers loüe,
Ma langue n'attend point que l'argent la dénoüe,
Et ſans eſperer rien de mes foibles écrits,
L'honneur de le loüer m'eſt un trop digne prix.
On me verra toûjours ſage dans mes caprices,
De ce meſme pinceau, dont j'ay noirci les vices,
Et peint du nom d'Auteur, tant de Sots reveſtus,
Lui marquer mon reſpect & tracer ſes vertus.
  Je vous croi : mais pourtant on crie, on vous menace.
Je crains peu, direz-vous, les Braves du Parnaſſe.
Hé, mon Dieu ! craignez tout d'un Auteur en couroux,
Qui peut ... Quoi ? Je m'entens. Mais encor ? Taiſez-vous.

DISCOURS
SUR
LA SATIRE.

Uand je donnai la premiere fois mes Satires au Public, je m'estois bien préparé au tumulte que l'impression de mon Livre a excité sur le Parnasse. Je sçavois que la nation des Poëtes, & sur tout des mauvais Poëtes, est une nation farouche qui prend feu tres-aisément, & que ces Esprits avides de loüanges ne digereroient pas facilement une raillerie, quelque douce qu'elle pûst estre. Aussi, oserai-je dire à mon avantage, que j'ai regardé avec des yeux assez Stoïques les libelles diffamatoires qu'on a publiez contre moi. Quelques calomnies dont on ait voulu me noircir; quelques faux bruits qu'on ait semez de ma personne; j'ay pardonné sans peine ces petites vengeances, au déplaisir d'un Auteur irrité, qui se voioit attaqué par l'endroit le plus sensible d'un Poëte, je veux dire, par ses ouvrages.

Mais j'avouë, que j'ay esté un peu surpris du chagrin bizarre de certains Auteurs, qui au lieu de se divertir d'une querelle du Parnasse, dont ils pouvoient estre spectateurs indifferens, ont mieux aimé prendre parti, & s'affliger avec les Ridicules, que de se réjoüir avec les honnestes gens. C'est pour les consoler que j'ay composé la Satire précedente, où je pense avoir montré assez clairement, que sans blesser l'Estat ni sa conscience, on peut trouver de méchans vers, méchans, & s'ennuier de plein droit à la lecture d'un sot Livre. Mais, puisque ces Messieurs ont parlé de la liberté que je me suis donnée de nommer, comme d'un attentat inoüi & sans exemple, & que des exemples ne se peuvent pas mettre en rimes; il est bon d'en dire ici un mot, pour les instruire d'une chose qu'eux seuls veulent ignorer, & leur faire voir, qu'en comparaison de tous mes Confreres les Satiriques j'ai esté un Poëte fort retenu.

Et pour commencer par Lucilius Satirique premier du nom; quelle liberté, ou plûtost quelle licence, ne s'est-il point donnée dans ses Ouvrages? Ce n'étoit pas seulement des Poëtes & des Auteurs qu'il attaquoit: c'estoit des gens de la premiere qualité de Rome: c'estoit des personnes consulaires. Cependant Scipion & Lælius ne jugerent pas ce Poëte, tout déterminé Rieur qu'il estoit, indigne de leur amitié, & vraisemblablement dans les occasions ils ne lui refuserent pas leurs conseils sur ses escrits non plus qu'à Terence: ils ne s'aviserent point de prendre le parti de Lupus & de Metellus, qu'il avoit joüez dans ses Satires, & ils ne creurent pas luy donner rien du leur, en lui abandonnant tous les Ridicules de la Republique.

num Lælius, aut qui
Duxit ab oppreſſâ meritum Carthagine nomen,
Ingenio offenſi, aut læſo doluere Metello,
Famoſiſve Lupo cooperto verſibus?

En effet Lucilius n'épargnoit ni petits ni grands, & ſouvent des Nobles & des Patriciens, il deſcendoit juſqu'à la lie du peuple,

Primores populi arripuit, populumque tributim.

On me dira que Lucilius vivoit dans une Republique, où ces ſortes de libertez peuvent eſtre permiſes. Voions donc Horace qui vivoit ſous un Empereur, dans les commencemens d'une Monarchie, où il eſt bien plus dangereux de rire qu'en un autre temps. Qui ne nomme-t-il point dans ſes Satires ? & Fabius le grand cauſeur, & Tigellius le Fantaſque, & Naſidienus le ridicule, & Tanaïs le chaſtré, & tout ce qui vient au bout de ſa plume. On me répondra que ce ſont des noms ſuppoſez. O la belle réponſe! comme ſi ceux qu'il attaque n'eſtoient pas des gens connus d'ailleurs : comme ſi l'on ne ſçavoit pas que Fabius eſtoit un Chevalier Romain qui avoit compoſé un Livre de droit : que Tigellius fut en ſon temps un Muſicien cheri d'Auguſte : que Naſidienus Rufus eſtoit un ridicule celebre dans Rome : que Tanaïs eſtoit un affranchi de Mecenas. Certainement il faut que ceux qui parlent de la ſorte n'ayent pas fort leu les Anciens, & ne ſoient pas fort inſtruits des affaires de la Cour d'Auguſte. Horace ne ſe contente pas d'appeller les gens par leur nom : il a si peur qu'on ne les méconnoisse, qu'il a soin de rapporter jusqu'à leur surnom, jusqu'au métier qu'ils faisoient, jusqu'aux charges qu'ils avoient exercées. Voiez, par exemple, comme il parle d'Aufidius Luscus Preteur de Fondi :

Fundos Aufido Lusco Prætore libenter
Linquimus, insani ridentes præmia Scribæ,
Prætextam & latum clavum, &c.

Nous abandonnasmes, dit-il, *avec joye, le Bourg de Fondi, dont estoit Preteur un certain Aufidius Luscus : mais ce ne fut pas sans avoir bien ri de la folie de ce Preteur, auparavant Commis, qui faisoit le Senateur & l'homme de qualité.* Peut-on désigner un homme plus précisément, & les circonstances seules ne suffisoient-elles pas pour le faire reconnoistre ? On me dira peut-estre, qu'Aufidius estoit mort alors : Mais Horace parle là d'un voiage fait depuis peu. Et puis comment mes Censeurs répondront-ils à cet autre passage ?

Turgidus Alpinus jugulat dum Memnona, dumque
Diffingit Rheni luteum caput : hæc ego ludo.

Pendant, dit Horace, *que ce Poëte enflé d'Alpinus égorge Memnon dans son Poëme, & s'embourbe dans la description du Rhin, je me joüe en ces Satires.* Alpinus vivoit donc du temps qu'Horace se joüoit en ces Satires ; & si Alpinus, en cet endroit, est un nom supposé, l'Auteur du Poëme de Memnon pouvoit-il s'y méconnoistre ? Horace, dira-t-on, vivoit sous le regne du plus doux de tous les Empereurs : Mais vivons-nous sous un regne moins doux ? Et veut-on
qu'un

qu'un Prince qui a tant de qualitez communes avec Auguste, soit moins dégoûté que lui des méchans Livres, & plus rigoureux envers ceux qui les blâment?

Examinons pourtant Perse, qui écrivoit sous le regne de Neron. Il ne raille pas simplement les Ouvrages des Poëtes de son temps : il attaque les vers de Neron mesme. Car enfin tout le monde sçait & toute la Cour de Neron le sçavoit, que ces quatre vers, *Torva Mimalloneis*, &c. dont Perse fait une raillerie si amere dans sa premiere Satire, estoient des vers de Neron. Cependant on ne remarque point que Neron, tout Neron qu'il estoit, ait fait punir Perse; & ce Tyran ennemi de la raison, & amoureux, comme on sçait, de ses Ouvrages, fut assez galant homme pour entendre raillerie sur ses vers, & ne creut pas que l'Empereur, en cette occasion, deust prendre les interests du Poëte.

Pour Juvenal qui florissoit sous Trajan : il est un peu plus respectueux envers les grands Seigneurs de son siecle. Il se contente de répandre l'amertume de ses Satires, sur ceux du regne precedent : mais à l'égard des Auteurs, il ne les va point chercher hors de son siecle. A peine est-il entré en matiere, que le voilà en mauvaise humeur contre tous les Escrivains de son temps. Demandez à Juvenal ce qui l'oblige de prendre la plume. C'est qu'il est las d'entendre & la *Thezeide* de Codrus, & l'*Oreste* de celui-ci, & *le Telephe* de cet autre, & tous les Poëtes enfin, comme il dit ailleurs, qui recitoient leurs vers au mois d'Aoust, *& Augusto recitantes mense Poëtas*. Tant il est vrai que le

K

droit de blâmer les Auteurs est un droit ancien, passé en coûtume parmi tous les Satiriques, & souffert dans tous les siecles. Que s'il faut venir des anciens aux modernes; Regnier qui est presque nostre seul Poëte Satirique, a esté veritablement un peu plus discret que les autres. Cela n'empesche pas neanmoins qu'il ne parle hardiment de Gallet ce celebre joüeur qui *assignoit ses Creanciers sur sept & quatorze*, & du sieur de Provins *qui avoit changé son balandran en manteau court*, & du Cousin *qui abandonnoit sa maison de peur de la reparer*, & de Pierre du Puys, & de plusieurs autres.

Que répondront à cela mes Censeurs ? Pour peu qu'on les presse, ils chasseront de la Republique des Lettres tous les Poëtes Satiriques, comme autant de perturbateurs du repos public. Mais que diront-ils de Virgile, le sage, le discret Virgile, qui dans une Eglogue, où il n'est pas question de Satire, tourne d'un seul vers deux Poëtes de son temps en ridicule ?

Qui Bavium non odit, amet tua carmina Mævi : dit un Berger Satirique dans cette Eglogue. Et qu'on ne me dise point que Bavius & Mævius en cet endroit sont des noms supposez; puisque ce seroit donner un trop cruel démenti au docte Servius qui asseure positivement le contraire. En un mot, qu'ordonneront mes Censeurs de Catulle, de Martial, & de tous les Poëtes de l'antiquité, qui n'en ont pas usé avec plus de discretion que Virgile ? Que penseront-ils de Voiture, qui n'a point fait conscience de rire aux dépens du celebre Neuf-Germain, quoi qu'également recommandable par l'antiquité de sa barbe, & par la nouveauté de fa Poëfie? Le banniront-ils du Parnaffe, lui & tous les Poëtes de l'antiquité, pour établir la feureté des Sots & des Ridicules? Si cela eft, je me confolerai aifément de mon exil: il y aura du plaifir à eftre relegué en fi bonne compagnie. Raillerie à part, ces Meffieurs veulent-ils eftre plus fages que Scipion & Lælius, plus delicats qu'Augufte, plus cruels que Neron? Mais eux qui font fi rigoureux envers les Critiques; d'où vient cette clemence qu'ils affectent pour les méchans Auteurs? Je voy bien ce qui les afflige: ils ne veulent pas eftre détrompez: il leur fâche d'avoir admiré ferieufement des Ouvrages, que mes Satires expofent à la rifée de tout le monde, & de fe voir condamnez à oublier dans leur vieilleffe, ces mefmes vers qu'ils ont autresfois appris par cœur, comme des chefs-d'œuvres de l'Art. Je les plains fans doute: mais quel remede? Faudra-t-il, pour s'accommoder à leur gouft particulier renoncer au fens commun? Faudrat-il applaudir indifferemment à toutes les impertinences qu'un Ridicule aura répanduës fur le papier? & au lieu qu'en certains païs on condamnoit les méchans Poëtes à effacer eux-mefmes leurs Efcrits avec la Langue, les Livres deviendront-ils deformais un azile inviolable, où toutes les fottifes auront droit de Bourgeoifie, où l'on n'ofera toucher fans profanation? J'aurois bien d'autres chofes à dire fur ce fujet. Mais comme j'ay déja traité de cette matiere, dans ma derniere Satire; il eft bon d'y renvoier le Lecteur.

EPISTRE I.

AU ROI

RAND ROI, c'est vainement qu'ab-
jurant la Satire
Pour toi seul desormais j'avois fait vœu
d'écrire.
Dés que je prens la plume, Apollon
éperdu
Semble me dire: Arreste; insensé que fais-tu?
Où vas-tu t'embarquer? regagne les rivages.
Cette mer où tu cours est celebre en naufrages.
  Ce n'est pas que ma main, comme une autre à ton char,
GRAND ROI, ne pûst lier Alexandre &) Cesar;
Ne pûst, sans se peiner, dans quelque Ode insipide,
T'exalter aux dépens &) de Mars &) d'Alcide:

K iij

EPISTRE AU ROI.

Te livrer le Bosphore, & d'un vers incivil
Proposer au Sultan de te ceder le Nil.
Mais pour te bien loüer, une Raison severe
Me dit, qu'il faut sortir de la route vulgaire :
Qu'aprés avoir joüé tant d'Auteurs differens,
Phebus mesme auroit peur, s'il entroit sur les rangs:
Que par des vers tout neufs, avoüez du Parnasse,
Il faut de mes dégousts justifier l'audace ;
Et si ma Muse enfin n'est égale à mon Roi,
Que je preste aux Cotins des armes contre moi.

 Est-ce là cét Auteur, l'effroi de la Pucelle,
Qui devoit des bons vers nous tracer le modele :
Ce Censeur, diront-ils, qui nous reformoit tous ?
Quoi ? ce Critique affreux n'en sçait pas plus que nous.
N'avons-nous pas cent fois, en faveur de la France,
Comme lui, dans nos vers, pris Memphis & Bizance.
Sur les bords de l'Euphrate abattu le Turban,
Et coupé, pour rimer, les Cedres du Liban ?
De quel front aujourd'hui vient-il sur nos brisées,
Se revestir encor de nos phrazes usées ?

 Que répondrois-je alors ? Honteux &) rebutté
J'aurois beau me complaire en ma propre beauté,
Et de mes tristes vers admirateur unique,
Plaindre en les relisant l'ignorance publique.
Quelque orgueil en secret dont s'aveugle un Auteur,
Il est fâcheux, GRAND ROI, de se voir sans Lecteur:
Et d'aller du recit de ta gloire immortelle,
Habiller chés Francœur* le sucre & la canelle.
Ainsi, craignant toûjours un funeste accident,
J'observe sur ton nom un silence prudent:

* Fameux Epicier.

Je laisse aux plus hardis l'honneur de la carriere,
Et regarde le champ, assis sur la barriere.
 Malgré moi toutefois, un mouvement secret
Vient flater mon esprit qui se taist à regret.
Quoi? dis-je tout chagrin dans ma verve infertile,
Des vertus de mon Roi spectateur inutile,
Faudra-t-il sur sa gloire attendre à m'exercer,
Que ma tremblante voix commence à se glacer?
Dans un si beau projet, si ma Muse rebelle
N'ose le suivre aux champs de l'Isle & de Bruxelle;
Sans le chercher aux bords de l'Escaut & du Rhin,
La Paix l'offre à mes yeux plus calme & plus serein.
Oüi, GRAND ROI, laissons-là les Sieges, les batailles:
Qu'un autre aille en rimant renverser des murailles,
Et souvent sur tes pas marchant sans ton aveu,
S'aille couvrir de sang, de poussiere, & de feu.
A quoi bon, d'une Muse au carnage animée,
Echauffer ta valeur déja trop allumée?
Joüissons à loisir du fruit de tes bien-faits:
Et ne nous lassons point des douceurs de la Paix.
 Pourquoi ces Elephans, ces armes, ce bagage,
Et ces vaisseaux tout prests à quitter le rivage?
Disoit au Roi Pyrrhus, un sage Confident,
Conseiller tres-sensé d'un Roi tres-imprudent.
Je vais, luy dit ce Prince, à Rome où l'on m'appelle.
Quoi faire? L'assieger. L'entreprise est fort belle,
Et digne seulement d'Alexandre ou de vous:
Mais quand nous l'aurons prise, & bien que ferons-nous?
Du reste des Latins la conqueste est facile.
Sans doute, ils sont à nous: est-ce tout? La Sicile

Delà nous tend les bras, & bien-tost sans effort
Syracuse reçoit nos vaisseaux dans son port.
En demeurés-vous là ? Dés que nous l'aurons prise,
Il ne faut qu'un bon vent & Carthage est conquise :
Les chemins sont ouverts : qui peut nous arrester ?
Je vous entens, Seigneur, nous allons tout dompter :
Nous allons traverser les sables de Lybie ;
Asservir en passant l'Egypte, l'Arabie ;
Courir delà le Gange en de nouveaux païs ;
Faire trembler le Scythe aux bords du Tanaïs ;
Et ranger sous nos loix tout ce vaste Hemisphere :
Mais de retour enfin, que pretendez-vous faire ?
Alors, cher Cineas, victorieux, contens,
Nous pourrons rire à l'aise, & prendre du bon temps.
Hé, Seigneur, dés ce jour, sans sortir de l'Epire,
Du matin jusqu'au soir qui vous défend de rire ?
Le conseil estoit sage & facile à gouster :
Pyrrhus vivoit heureux, s'il eust pû l'écouter ;
Mais à l'Ambition d'opposer la Prudence,
C'est aux Prelats de Cour prescher la residence.

   Ce n'est pas que mon cœur du travail ennemi
Approuve un Faineant sur le thrône endormi.
Mais quelques vains lauriers que promette la guerre,
On peut estre Heros sans ravager la Terre.
Il est plus d'une gloire. En vain aux Conquerans
L'erreur parmi les Rois donne les premiers rangs :
Entre les grands Heros ce sont les plus vulgaires.
Chaque Siecle est fecond en heureux temeraires.
Chaque climat produit des Favoris de Mars.
La Seine a des Bourbons : le Tibre a des Cesars.

On

EPISTRE AU ROI.

On a veu mille fois des fanges Mæotides
Sortir des Conquerans, Goths, Vandales, Gepides.
Mais un Roi vraiment Roi, qui sage en ses projets,
Sçache en un calme heureux maintenir ses Sujets,
Qui du bon-heur public ait cimenté sa gloire,
Il faut, pour le trouver, courir toute l'Histoire.
La Terre compte peu de ces Rois bienfaisans.
Le Ciel à les former se prepare long-temps.
Tel fut cét Empereur, sous qui Rome adorée
Vid renaistre les jours de Saturne & de Rhée :
Qui rendit de son joug l'Univers amoureux :
Qu'on n'alla jamais voir sans revenir heureux :
Qui soûpiroit le soir, si sa main fortunée
N'avoit par ses bien-faits signalé la journée.
Le cours ne fut pas long d'un empire si doux.
 Mais, où cherchai-je ailleurs ce qu'on trouve chez-nous?
GRAND ROI, sans recourir aux histoires antiques,
Ne T'avons-nous pas veu dans les plaines Belgiques,
Quand l'Ennemi vaincu desertant ses ramparts,
Au devant de ton joug couroit de toutes parts,
Toi mesme te borner au fort de ta victoire,
Et chercher dans la Paix une plus juste gloire?
Ce sont là les exploits que tu dois avoüer :
Et c'est par-là, GRAND ROI, que je te veux loüer.
Assez d'autres, sans moi, d'un stile moins timide,
Suivront aux champs de Mars ton courage rapide :
Iront de ta valeur effraier l'Univers,
Et camper devant Dôle au milieu des Hyvers.
Pour moi loin des combats, sur un ton moins terrible,
Je dirai les exploits de ton regne paisible.

Je peindrai les plaisirs en foule renaissans :
Les Oppresseurs du Peuple à leur tour gemissans.
On verra par quels soins ta sage prévoiance
Au fort de la famine entretint l'abondance.
On verra les abus par ta main reformés ;
La Licence & l'Orgueil en tous lieux reprimés :
Du debris des Traitans ton espargne grossie :
Des subsides affreux la rigueur adoucie :
Le Soldat dans la paix sage & laborieux :
Nos Artisans grossiers rendus industrieux ;
Et nos Voisins frustrés de ces tributs serviles,
Que payoit à leur art le luxe de nos villes.
O que j'aime à les voir, de ta gloire troublés,
Se priver follement du secours de nos blés !
Tandis que nos vaisseaux par tout maistres des ondes,
Vont enlever pour nous les trésors des deux Mondes.
Tantost je tracerai tes pompeux bastimens,
Du loisir d'un Heros nobles amusemens.
J'entens déja fremir les deux mers estonnées,
De voir leurs flots unis au pié des Pyrenées.
Déja de tous costez la Chicane aux abois
S'enfuit au seul aspect de tes nouvelles lois.
O que ta main par là va sauver de Pupilles !
Que de sçavans Plaideurs desormais inutiles !
Qui ne sent point l'effet de tes soins genereux ?
L'Univers sous ton regne a-t-il des mal-heureux ?
Est-il quelque Vertu dans les glaces de l'Ourse,
Ni dans ces lieux brûlés où le jour prend sa source,
Dont la triste Indigence ose encor approcher,
Et qu'en foule tes dons d'abord n'aillent chercher ?

EPISTRE AU ROI.

C'est par Toi qu'on va voir les Muses enrichies,
De leur longue disette à jamais affranchies.
GRAND ROI, poursuy toûjours, asseure leur repos.
Sans elles un Heros n'est pas long-temps Heros :
Bien-tost quoi qu'il ait fait, la Mort d'une ombre noire
Enveloppe avec luy son nom & son histoire.
En vain pour s'exempter de l'oubli du cercüeil,
Achille mit vingt fois tout Ilion en deüil.
En vain malgré les vents aux bords de l'Hesperie
Enée enfin porta ses Dieux & sa Patrie :
Sans le secours des vers, leurs noms tant publiés
Seroient depuis mille ans avec eux oubliés.
Non, à quelques hauts faits que ton destin T'appelle,
Sans le secours soigneux d'une Muse fidelle,
Pour T'immortaliser, Tu fais de vains efforts.
Apollon Te la doit : ouvre lui tes tresors.
En Poëtes fameux rens nos climats fertiles.
Un Auguste aisément peut faire des Virgiles.
Que d'illustres témoins de ta vaste bonté,
Vont pour toi déposer à la Posterité !
 Pour moi qui sur ton nom, déja brûlant d'écrire
Sens au bout de ma plume expirer la Satyre,
Je n'ose de mes vers vanter ici le prix.
Toutefois, si quelqu'un de mes foibles Escrits
Des ans injurieux peut éviter l'outrage,
Peut-estre pour ta gloire aura-t-il son usage :
Et comme tes exploits étonnant les Lecteurs
Seront à peine creus sur la foi des Auteurs ;
Si quelque Esprit malin les veut traiter de fables,
On dira quelque jour pour les rendre croiables :

EPISTRE AU ROI.

B*** qui dans ses vers pleins de sincerité
Jadis à tout son siecle a dit la verité;
Qui mit à tout blâmer son étude & sa gloire,
A pourtant de ce Roi parlé comme l'Histoire.

EPISTRE II.

A MONSIEUR L'ABBE' D***

QUOI bon réveiller mes Muses en-
dormies,
Pour tracer aux Auteurs des regles en-
nemies?
Penses-tu qu'aucun d'eux veüille subir
mes loix,
Ni suivre une Raison qui parle par ma voix?
O le plaisant Docteur, qui sur les pas d'Horace,
Vient prescher, diront-ils, la reforme au Parnasse!
Nos Escrits sont mauvais ; les siens valent ils mieux?
J'entens déja d'ici L*** furieux
Qui m'appelle au combat, sans prendre un plus long terme.
De l'encre, du papier, dit-il, qu'on nous enferme.
Voions qui de nous deux plus aisé dans ses vers
Aura plustost rempli la page & le revers.
Moi donc qui suis peu fait à ce genre d'escrime :
Je le laisse tout seul verser rime sur rime,
Et souvent de dépit contre moi s'exerçant,
Punir de mes defauts le papier innocent.
Mais toi qui ne crains point qu'un Rimeur te noircisse,
Que fais-tu cependant seul en ton Benefice?

Attens-tu qu'un Fermier payant quoi qu'un peu tard,
De ton bien pour le moins daigne te faire part?
Vas-tu, grand deffenseur des droits de ton Eglise,
De tes Moines mutins reprimer l'entreprise?
Croi moi, dûst Aufanet t'asseurer du succés,
Abbé, n'entrepren point mesme un juste procés.
N'imite point ces Fous dont la sotte avarice
Va de ses revenus engraisser la Justice,
Qui toûjours assignans, & toûjours assignés,
Souvent demeurent gueux de vingt procés gagnés.
Soûtenons bien nos droits: Sot est celui qui donne.
C'est ainsi devers Caën que tout Normand raisonne.
Ce sont là les leçons, dont un pere Manceau
Instruit son Fils novice au sortir du berceau.
Mais pour toi qui nourri bien en deça de l'Oise
As succé la vertu Picarde & Champenoise,
Non, non, tu n'iras point ardent Beneficier,
Faire enroüer pour toi Corbin ni le Mazier.
Toutefois, si jamais quelque ardeur bilieuse
Allumoit dans ton cœur l'humeur litigieuse;
Consulte moi d'abord, & pour la reprimer,
Retien bien la leçon que je te vais rimer.

 Un jour, dit un Auteur, n'importe en quel Chapitre;
Deux Voiageurs à jeun rencontrerent une huistre,
Tous deux la contestoient: lors que dans leur chemin
La Justice passa, la balance à la main.
Devant elle aussi-tost ils expliquent la chose.
Tous deux avec dépens veulent gagner leur cause.
La Justice pesant ce droit litigieux
Demande l'huistre, l'ouvre, & l'avale à leurs yeux,

Et par ce bel arrest terminant la bataille :
Tenés voilà, dit-elle, à chacun une ecaille.
Des sottises d'autrui nous vivons au Palais :
Messieurs, l'huistre estoit bonne. Adieu. Vivés en paix.

Epistre

EPISTRE III.
A MONSIEUR ARNAUD.

UI, sans peine au travers des sophismes de Claude,
Arnaud, des Novateurs tu decouvres la fraude,
Et romps de leurs erreurs les filets captieux.
Mais que sert que ta main leur desille les yeux?
Si toûjours dans leur ame une pudeur rebelle,
Prests d'embrasser l'Eglise, au Presche les rappelle :
Non, ne croi pas que Claude habile à se tromper
Soit insensible aux traits dont tu le sçais frapper :
Mais un Demon l'arreste, & quand ta voix l'attire,
Lui dit : Si tu te rens, sçais tu ce qu'on va dire :
Dans son heureux retour lui montre un faux malheur;
Lui peint de Charenton l'heretique douleur,
Et balançant Dieu mesme en son ame flottante,
Fait mourir dans son cœur la verité naissante.
Des superbes Mortels, le plus affreux lien,
N'en doutons point, Arnaud, c'est la Honte du bien.
Des plus nobles vertus cette adroite ennemie,
Peint l'honneur à nos yeux des traits de l'infamie,

M

*Asservit nos esprits sous un joug rigoureux,
Et nous rend l'un de l'autre esclaves malheureux.
Par elle la Vertu devient lasche & timide.
Vois-tu ce Libertin en public intrepide
Qui presche contre un Dieu, que dans son ame il croit?
Il iroit embrasser la verité qu'il void :
Mais de ses faux amis il craint la raillerie,
Et ne brave ainsi Dieu que par poltronerie.*

*C'est là de tous nos maux le fatal fondement.
Des jugemens d'autrui nous tremblons follement,
Et chacun l'un de l'autre adorant les caprices,
Nous cherchons hors de nous nos vertus & nos vices.
Miserables jouëts de nostre vanité,
Faisons au moins l'aveu de nostre infirmité !
A quoi bon, quand la fiévre en nos artéres brûle,
Faire de nostre mal un secret ridicule ?
Le feu sort de vos yeux petillans & troublés :
Vostre pouls inégal marche à pas redoublés :
Quelle fausse pudeur à feindre vous oblige ?
Qu'avés-vous? Je n'ay rien. Mais...Je n'ay rien vous di-je,
Respondra ce Malade à se taire obstiné.
Mais cependant voilà tout son corps gangrené;
Et la fievre demain se rendant la plus forte,
Un benitier aux piés, va l'étendre à la porte.
Prevenons sagement un si juste malheur.
Le jour fatal est proche & vient comme un voleur.
Avant qu'à nos erreurs le Ciel nous abandonne,
Profitons de l'instant que de grace il nous donne :
Hastons-nous ; le Temps fuit, & nous traîne avec soi.
Le moment où je parle est déja loin de moi.*

Mais quoi? toûjours la Honte en esclaves nous lie.
Oüi, c'est toi qui nous pers, ridicule folie.
C'est toi qui fis tomber le premier mal-heureux,
Le jour que d'un faux bien sottement amoureux,
Et n'osant soupçonner sa femme d'imposture,
Au Demon par pudeur il vendit la Nature.
Helas! avant ce jour qui perdit ses Neveux;
Tous les plaisirs couroient au devant de ses vœux.
La faim aux animaux ne faisoit point la guerre.
Le blé, pour se donner, sans peine ouvrant la Terre,
N'attendoit point qu'un Bœuf pressé de l'eguillon
Traçast à pas tardifs un penible sillon.
La vigne offroit par tout des grappes toûjours pleines:
Et des ruisseaux de laict serpentoient dans les plaines.
Mais dés ce jour Adam décheu de son estat
D'un tribut de douleurs paya son attentat.
Il falut qu'au travail son corps rendu docile
Forçast la Terre avare à devenir fertile.
Le chardon importun herissa les guerets:
Le Serpent venimeux rampa dans les forests:
La Canicule en feu desola les campagnes:
L'Aquilon en fureur gronda sur les montagnes.
Alors pour se couvrir durant l'aspre saison,
Il falut aux Brebis dérober leur toison.
La Peste en mesme temps, la Guerre, & la Famine
Des malheureux Humains jurerent la ruine:
Mais aucun de ces maux n'égala les rigueurs,
Que la mauvaise Honte exerça dans les cœurs.
De ce nid à l'instant sortirent tous les vices.
L'Avare des premiers en proye à ses caprices,

Dans un infame gain mettant l'honnesteté,
Pour toute honte alors, compta la pauvreté.
L'Honneur & la Vertu n'oserent plus paroistre.
La Pieté chercha les deserts & le Cloistre.
Depuis on n'a point veu de cœur si détaché
Qui par quelque lien ne tinst à ce peché.
Triste & funeste effet du premier de nos crimes!

 Moi mesme, Arnaud, ici qui te presche en ces rimes,
Plus qu'aucun des Mortels par la Honte abattu,
En vain j'arme contre elle une foible vertu.
Ainsi toûjours douteux, chancelant, & volage,
A peine du limon, où le vice m'engage,
J'arrache un pié timide, & sors en m'agitant,
Que l'autre m'y reporte, & s'embourbe à l'instant.
Car si, comme aujourd'hui, quelque rayon de zele
Allume dans mon cœur une clarté nouvelle,
Soudain aux yeux d'autrui s'il faut la confirmer,
D'un geste, d'un regard je me sens allarmer;
Et mesme sur ces vers que je te viens d'écrire,
Je tremble en ce moment de ce que l'on va dire.

EPISTRE IV.

AU ROI.

N vain, pour Te loüer, ma Muse toû-
jours preste,
Vingt fois de la Holande a tenté la
conqueste:
Ce païs, où cent murs n'ont pû te re-
sister,
GRAND ROI, n'est pas en vers si facile à domter.
Des Villes que tu prends les noms durs & barbares
N'offrent de toutes parts que syllables bizarres.
Pour trouver un beau mot, des rives de l'Issel,
Il faut toûjours bronchant, courir jusqu'au Tessel.
Oüi, par tout de son nom chaque place munie,
Tient bon contre le vers, en détruit l'harmonie.
Et qui peut sans fremir aborder Woërden?
Quel vers ne tomberoit au seul nom de Narden?
Quelle Muse à rimer en tous lieux disposée
Oseroit approcher des bords du Zuiderzée?

M iij

EPISTRE IV.

Comment en vers heureux assieger Doësbourg,
Zutphen, Wigheninghen, Hirderviick, Knotzembourg?
Il n'est Fort entre ceux que tu prens par centaines,
Qui ne puisse arrester un Rimeur six Semaines:
Et par tout sur le Whal, ainsi que sur le Leck,
Le vers est en déroute, & le Poëte à sec.

 Encor, si tes exploits moins grands & moins rapides
Laissoient prendre courage à nos Muses timides;
Peut-estre avec le temps, à force d'y resver,
Par quelque coup de l'Art nous pourrions nous sauver.
Mais dés qu'on veut tenter cette vaste carriere;
Pegaze s'effarouche & recule en arriere;
Mon Apollon s'estonne, & Nimegue est à toi,
Que ma Muse est encore au Camp devant Orsoi.
Aujourd'hui toutefois mon zele m'encourage;
Il faut au moins du Rhin tenter l'heureux passage.
Le malheur sera grand, si nous nous y noyons.
Muses, pour le tracer, cherchez tous vos crayons:
Car, puisqu'en cét exploit tout paroist incroiable,
Que la verité pure y ressemble à la fable,
De tous vos ornemens vous pouvez l'égayer.
Venez donc, & sur tout gardez bien d'ennuier.
Vous sçavez des grands vers les disgraces tragiques:
Et souvent on ennuie en termes magnifiques.

* Montagne d'où le Rhin prend sa source.

 *Au pied du mont Adulle, * entre mille roseaux,*
Le Rhin tranquille, & fier du progrez de ses eaux,
Appuié d'une main sur son urne penchante,
Dormoit au bruit flateur de son onde naissante.
Lors qu'un cri tout à coup suivi de mille cris,
Vint d'un calme si doux retirer ses esprits.

EPISTRE IV.

Il se trouble, il regarde, & par tout sur ses rives
Il void fuïr à grands pas ses Naïades craintives,
Qui toutes accourant vers leur humide Roi,
Par un recit affreux redoublent son effroi.
Il apprend qu'un Heros conduit par la Victoire,
A de ses bords fameux flestri l'antique gloire.
Que Rymbergue & Vezel terrassez en deux jours
D'un joug déja prochain menacent tout son cours.
Nous l'avons veu, dit l'une, affronter la tempeste
De cent foudres d'airain tournez contre sa teste.
Il marche vers Tholus : & tes flots en couroux
Au prix de sa fureur sont tranquilles & doux.
Il a de Jupiter la taille & le visage :
Et depuis ce Romain, * dont l'insolent passage   *Jules Cesar.
Sur un pont en deux jours trompa tous tes efforts,
Jamais rien de si grand n'a paru sur tes bords.

 Le Rhin tremble & fremit à ces tristes nouvelles ;
Le feu sort à travers ses humides prunelles.
C'est donc trop peu, dit-il, que l'Escaut en deux mois
Ait appris à couler sous de nouvelles lois :
Et de mille rempars mon onde environnée
De ces Fleuves sans nom suivra la destinée.
Ah ! perissent mes eaux ! ou par d'illustres coups,
Montrons qui doit ceder des Mortels ou de Nous.
A ces mots essuyant sa barbe limoneuse,
Il prend d'un vieux Guerrier la figure poudreuse.
Son front cicatricé rend son air furieux,
Et l'ardeur du combat estincele en ses yeux.
En ce moment il part, & couvert d'une nuë
Du fameux Fort de Skinq prend la route connuë.

Là contemplant son cours ; il void de toutes parts
Ses pasles défenseurs par la frayeur épars.
Il voit cent bataillons, qui loin de se défendre,
Attendent sur des murs l'ennemi pour se rendre.
Confus, il les aborde, & renforçant sa voix ;
Grands arbitres, dit-il, des querelles des Rois,
Est-ce ainsi que vostre ame aux perils aguerrie
Soûtient sur ces remparts l'honneur & la patrie ?
Vostre Ennemi superbe, en cet instant fameux,
Du Rhin prés de Tolhus fend les flots escumeux.
Du moins en vous montrant sur la rive opposée,
N'oseriez-vous saisir une Victoire aisée ?
Allez, vils Combattans, inutiles Soldats,
Laissez-là ces mousquets trop pesans pour vos bras :
Et la faux à la main, parmi vos marescages,
Allez couper vos joncs, & presser vos laictages.
Ou, gardant les seuls bords qui vous peuvent couvrir,
Avec moi, de ce pas, venez vaincre ou mourir.
  Ce discours d'un Guerrier que la colere enflâme
Ressuscite l'honneur déja mort en leur ame :
Et leurs cœurs s'allumant d'un reste de chaleur,
La honte fait en eux l'effet de la valeur.
Ils marchent droit au fleuve, où LOUIS en personne
Déja prest à passer, instruit, dispose, ordonne.
Par son ordre Grammont * *le premier dans les flots*
S'avance, soûtenu des regards du Heros.
Son coursier escumant sous son Maître intrepide,
Nage tout orgueilleux de la main qui le guide.
Revel le suit de prés : sous ce Chef redouté
Marche des Cuirassiers l'escadron indomté.

* Monsieur le Comte de Guiche.

Mais

EPISTRE IV.

Mais déja devant eux une chaleur guerriere
Emporte loin du bord le boüillant l'Esdiguiere*,   ** Monsieur le Comte de Saux.*
Vivone, Nantoüillet, & Coeslin, & Salart :
Chacun d'eux au peril veut la premiere part.
Vendosme que soûtient l'orgueil de sa naissance,
Au mesme instant dans l'onde impatient s'eslance.
La Salle, Beringhen, Nogent, Dambre, Cavoys,
Fendent les flots tremblans sous un si noble poids.
LOUIS les animant du feu de son courage,
Se plaint de sa grandeur qui l'attache au rivage.
Par ses soins cependant, trente legers vaisseaux
D'un trenchant aviron déja coupent les eaux.
Cent Guerriers s'y jettant signalent leur audace.
Le Rhin les voit d'un œil qui porte la menace.
Il s'avance en courroux. Le plomb vole à l'instant,
Et pleut de toutes parts sur l'escadron flottant.
Du salpestre en fureur l'air s'échauffe & s'allume ;
Et des coups redoublez tout le rivage fume.
Déja du plomb mortel plus d'un Brave est atteint.
Sous les fougueux Coursiers l'onde escume & se plaint.
De tant de coups affreux la tempeste orageuse
Tient un temps sur les eaux la Fortune douteuse.
Mais LOUIS d'un regard sçait bien-tost la fixer.
Le Destin à ses yeux n'oseroit balancer.
Bien-tost avec Grammont courent Mars & Bellonne.
Le Rhin à leur aspect d'épouvante frissonne.
Quand pour nouvelle alarme à ses esprits glacez,
Un bruit s'espand qu'Enguien & Condé sont passez :
Condé dont le seul nom fait tomber les murailles,
Force les escadrons & gagne les batailles :

Enguien de son hymen le seul & digne fruict,
Par lui dés son enfance à la victoire instruit.
L'Ennemi renversé fuit & gagne la plaine.
Le Dieu lui mesme cede au torrent qui l'entraîne :
Et seul, desesperé, pleurant ses vains efforts
Abandonne à LOUIS la victoire & ses bords.
   Du Fleuve ainsi dompté la déroute éclatante
A Wurts jusqu'en son camp va porter l'épouvante :
Wurts l'espoir du païs, & l'appui de ses murs,
Wurts.... ah quel nom, GRAND ROI ! quel Hector
   que ce Wurts !
Sans ce terrible nom mal né pour les oreilles,
Que j'allois à tes yeux estaller de merveilles !
Bien-tost on eust veu Skinq dans mes vers emporté
De ses fameux remparts démentir la fierté.
Bien-tost.... mais Wurts s'oppose à l'ardeur qui m'a-
   nime.
Finissons, il est temps : aussi bien si la rime
Alloit mal à propos m'engager dans Arnheim,
Je ne sçai pour sortir de porte qu'Hildelsheim.
   O ! que le Ciel soigneux de nostre poësie,
GRAND ROI, ne nous fit-il plus voisins de l'Asie ?
Bien-tost victorieux de cent peuples altiers,
Tu nous aurois fourni des rimes à milliers.
Il n'est plaine en ces lieux si seche & si sterile,
Qui ne soit en beaux mots par tout riche & fertile.
Là plus d'un Bourg fameux par son antique nom
Vient offrir à l'oreille un agreable son.
Quel plaisir ! de Te suivre aux rives du Scamandre :
D'y trouver d'Ilion la poëtique cendre :

EPISTRE IV.

De juger si les Grecs qui briserent ses tours
Firent plus en dix ans que LOUIS en dix jours.
Mais pourquoi sans raison desesperer ma veine?
Est-il dans l'Univers de plage si lointaine,
Où ta valeur, GRAND ROI, ne Te puisse porter,
Et ne m'offre bien-tost des exploits à chanter?
Non, non, ne faisons plus de plaintes inutiles:
Puis qu'ainsi dans deux mois Tu prens quarante Villes;
Asseuré des beaux vers, dont ton bras me répond,
Je T'attens dans deux ans aux bords de l'Hellespont.

L'ART
POËTIQUE
EN VERS

L'ART POËTIQUE

CHANT PREMIER.

'EST en vain qu'au Parnaſſe un temeraire Auteur
Penſe de l'Art des vers atteindre la hauteur;
S'il ne ſent point du Ciel l'influence ſecrette,
Si ſon aſtre en naiſſant ne l'a formé Poëte.
Dans ſon genie eſtroit il eſt toûjours captif:
Pour lui Phebus eſt ſourd, & Pegaze eſt retif.

O Vous donc, qui brûlant d'une ardeur perilleuſe
Courés du bel eſprit la carriere épineuſe,
N'allés pas ſur des vers ſans fruit vous conſumer,
Ni prendre pour genie une amour de rimer.
Craignés d'un vain plaiſir les trompeuſes amorces,
Et conſultés longtemps voſtre eſprit & vos forces.

La Nature fertile en esprits excellens,
Sçait entre les Auteurs partager les talens.
L'un peut tracer en vers une amoureuse flamme:
L'autre d'un trait plaisant aiguiser l'Epigramme:
Malherbe d'un Heros peut vanter les exploits:
Racan chanter Philis, les Bergers, & les bois.
Mais souvent un Esprit qui se flate, & qui s'aime,
Méconnoist son genie, & s'ignore soi-mesme.
* Saint Amant. Moyse Sauvé.
Ainsi * Tel autrefois, qu'on vid avec Faret
Charbonner de ses vers les murs d'un Cabaret,
S'en va mal à propos d'une voix insolente
Chanter du peuple Hebreu la fuite triomphante,
Et poursuivant Moïse au travers des deserts,
Court avec Pharaon se noier dans les mers.

Quelque sujet qu'on traite ou plaisant, ou sublime
Que toûjours le Bon sens s'accorde avec la Rime.
L'un l'autre vainement ils semblent se haïr,
La Rime est une esclave, & ne doit qu'obeïr.
Lors qu'à la bien chercher d'abord on s'évertuë,
L'esprit à la trouver aisément s'habituë,
Au joug de la Raison sans peine elle fléchit,
Et loin de la gesner la sert & l'enrichit.
Mais lors qu'on la neglige, elle devient rebelle,
Et pour la rattraper, le sens court aprés elle.
Aimés donc la Raison: que toûjours vos escrits
Empruntent d'elle seule & leur lustre & leur prix.

La pluspart emportés d'une fougue insensée
Toûjours loin du droit sens vont chercher leur pensée:
Ils croiroient s'abaisser dans leurs vers monstrueux,
S'ils pensoient ce qu'un autre a pû penser comme eux.

Eviton

Evitons ces excez: laissons à l'Italie
De tous ces faux brillans l'éclatante folie.
Tout doit tendre au Bon sens, mais pour y parvenir
Le chemin est glissant & penible à tenir:
Pour peu qu'on s'en écarte, aussi-tost on se noye.
La raison pour marcher n'a souvent qu'une voye.

 Un Auteur quelquefois trop plein de son objet
Jamais sans l'épuiser n'abandonne un sujet:
S'il rencontre un Palais, il m'en dépeint la face :
Il me proméne aprés de terrasse en terrasse:
Ici s'offre un perron, là regne un corridor,
Là ce balcon s'enferme en un balustre d'or:
Il compte des plafonds les ronds & les ovales:
Ce ne sont que Festons, ce ne sont qu'Astragales : *Vers de Scuderi.*
Je saute vingt feüillets pour en trouver la fin,
Et je me sauve à peine au travers du jardin.
Fuiés de ces Auteurs l'abondance sterile,
Et ne vous chargez point d'un détail inutile.
Tout ce qu'on dit de trop est fade & rebuttant:
L'esprit rassazié le rejette à l'instant:
Qui ne sçait se borner, ne sçut jamais écrire.

 Souvent la peur d'un mal nous conduit dans un pire.
Un vers estoit trop foible, & vous le rendez dur.
J'évite d'estre long, & je deviens obscur.
L'un n'est point trop fardé, mais sa Muse est trop nuë.
L'autre a peur de ramper, il se perd dans la nuë.

 Voulés-vous du Public meriter les amours?
Sans cesse en écrivant variés vos discours.
Un stile trop égal & toûjours uniforme,
En vain brille à nos yeux, il faut qu'il nous endorme.

O

On lit peu ces Auteurs nés pour nous ennuier
Qui toûjours sur un ton semblent psalmodier.
 Heureux! qui dans ses vers sçait d'une voix legere
Passer du grave au doux, du plaisant au severe.
Son livre aimé du Ciel & cheri des Lecteurs,
Est souvent chez Barbin entouré d'achepteurs.
 Quoi que vous escriviés, évitez la bassesse.
Le stile le moins noble a pourtant sa noblesse.
Au mépris du Bon sens, le Burlesque effronté
Trompa les yeux d'abord, pleut par sa nouveauté.
On ne vid plus en vers que pointes triviales :
Le Parnasse parla le langage des Hales.
La licence à rimer alors n'eut plus de frein :
Apollon travesti devint un Tabarin :
Cette contagion infecta les Provinces,
Du Clerc & du Bourgeois passa jusques aux Princes :
Le plus mauvais Plaisant eut ses approbateurs,
Et, jusqu'à Dassouci, tout trouva des Lecteurs.
Mais de ce stile enfin la Cour desabusée,
Dédaigna de ces vers l'extravagance aisée,
Distingua le naïf, du plat & du bouffon,
Et laissa la Province admirer le Typhon.
Que ce stile jamais ne soüille vostre ouvrage.
Imitons de Marot l'elegant badinage,
Et laissons le Burlesque aux Plaisans du Pont neuf.
 Mais n'allez point aussi, sur les pas de Brebeuf,
Mesme en une Pharsale, entasser sur les rives,
<small>Vers de Brebeuf.</small> *De morts & de mourans cent montagnes plaintives.*
Prenés mieux vostre ton : Soiés simple avec art :
Sublime sans orgueil : agreable sans fard.

CHANT PREMIER.

N'offrés rien au Lecteur que ce qui peut lui plaire.
Ayés pour la cadence une oreille severe :
Que toûjours dans vos vers, le sens coupant les mots,
Suspende l'hemistiche, en marque le repos.
 Gardés qu'une voyele à courir trop hastée,
Ne soit d'une voyele en son chemin heurtée.
 Il est un heureux choix de mots harmonieux :
Fuiés des mauvais sons le concours odieux.
Le Vers le mieux rempli, la plus noble pensée
Ne peut plaire à l'esprit, quand l'oreille est blessée.
 Durant les premiers ans du Parnasse François,
Le caprice tout seul faisoit toutes les lois.
La Rime, au bout des mots assemblés sans mesure,
Tenoit lieu d'ornemens, de nombre, & de cæsure.
Villon sçût le premier, dans ces siecles grossiers,
Débroüiller l'art confus de nos vieux Romanciers.
Marot bien-tost aprés fit fleurir les Ballades,
Tourna des Triolets, rima des Mascarades,
A des refrains reglés asservit les Rondeaux,
Et montra pour rimer des chemins tout nouveaux.
Ronsard qui le suivit, par une autre methode
Reglant tout, broüilla tout, fit un art à sa mode ;
Et toutefois longtemps eut un heureux destin :
Mais sa Muse, en François parlant Grec & Latin,
Vid dans l'âge suivant, par un retour grotesque,
Tomber de ses grands mots le faste pedantesque.
Ce Poëte orgueilleux trebuché de si haut
Rendit plus retenus Desportes & Bertaut.
Enfin Malherbe vint, & le premier en France,
Fit sentir dans les Vers une juste cadence,

D'un mot mis en ſa place enſeigna le pouvoir,
Et reduiſit la Muſe aux regles du devoir.
Par ce ſage Eſcrivain la langue reparée
N'offrit plus rien de rude à l'oreille épurée :
Les Stances avec grace apprirent à tomber,
Et le vers ſur le vers n'oſa plus enjamber.
Tout reconnut ſes lois, & ce guide fidele
Aux Auteurs de ce temps ſert encor de modele.
Marchés donc ſur ſes pas : aimés ſa pureté,
Et de ſon tour heureux imités la clarté ;
Si le ſens de vos vers tarde à ſe faire entendre,
Mon eſprit auſſi-toſt commence à ſe deſtendre,
Et de vos vains diſcours promt à ſe deſtacher,
Ne ſuit point un Auteur qu'il faut toûjours chercher.

Il eſt certains Eſprits, dont les ſombres penſées
Sont d'un nuage épais toûjours embarraſſées,
Le jour de la raiſon ne le ſçauroit percer.
Avant donc que d'écrire, apprenés à penſer.
Selon que noſtre idée eſt plus, ou moins obſcure,
L'expreſſion la ſuit ou moins nette, ou plus pure :
Ce que l'on conçoit bien s'enonce clairement,
Et les mots pour le dire arrivent aiſément.

Sur tout, qu'en vos Eſcrits la Langue reverée
Dans vos plus grands excez vous ſoit toûjours ſacrée :
En vain vous me frappés d'un ſon melodieux ;
Si le terme eſt impropre, ou le tour vicieux,
Mon eſprit n'admet point un pompeux Barbariſme,
Ni d'un vers empoulé l'orgueilleux Soleciſme.
Sans la Langue en un mot, l'Auteur le plus divin
Eſt toûjours, quoi qu'il faſſe, un méchant Eſcrivain.

CHANT PREMIER.

Travaillés à loisir, quelque ordre qui vous presse,
Et ne vous piqués point d'une folle vîtesse.
Un stile si rapide, & qui court en rimant
Marque moins, trop d'esprit, que peu de jugement.
J'aime mieux un ruisseau qui sur la molle arene
Dans un pré plein de fleurs lentement se promene,
Qu'un torrent débordé qui d'un cours orageux
Roule plein de gravier sur un terrain fangeux.
Hastés-vous lentement, & sans perdre courage
Vingt fois sur le mestier remettés vostre Ouvrage,
Polissés-le sans cesse, & le repolissés ;
Adjoustés quelquefois, & souvent effacés.

C'est peu qu'en un Ouvrage, où les fautes fourmillent,
Des traits d'esprit semés de temps en temps petillent :
Il faut que chaque chose y soit mise en son lieu ;
Que le debut, la fin, répondent au milieu :
Que d'un art delicat les pieces assorties
N'y forment qu'un seul tout de diverses parties :
Que jamais du sujet le Discours s'écartant
N'aille chercher trop loin quelque mot eclatant.

Craignés-vous pour vos vers la censure publique ?
Soyés-vous à vous mesme un severe Critique.
L'Ignorance toûjours est preste à s'admirer.
Faites-vous des amis prompts à vous censurer.
Qu'ils soient de vos escrits les confidens sinceres,
Et de tous vos defauts les zelés adversaires.
Dépoüillés devant eux l'arrogance d'Auteur :
Mais sçachés de l'ami, discerner le flateur.
Tel vous semble aplaudir, qui vous raille & vous joüe.
Aimés qu'on vous conseille, & non pas qu'on vous loüe.

Un flateur aussi-tost cherche à se recrier :
Chaque vers qu'il entend, le fait extazier.
Tout est charmant, divin, aucun mot ne le blesse,
Il trépigne de joye, il pleure de tendresse,
Il vous comble par tout d'éloges fastueux.
La Verité n'a point cét air impetueux.

 Un sage Ami toûjours rigoureux, inflexible,
Sur vos fautes jamais ne vous laisse paisible.
Il ne pardonne point les endroits negligés.
Il renvoye en leur lieu les vers mal arrangés.
Il reprime des mots l'ambitieuse emphaze.
Ici le sens le choque, & plus loin c'est la phraze.
Vostre construction semble un peu s'obscurcir :
Ce terme est équivoque, il le faut éclaircir.
C'est ainsi que vous parle un ami veritable.

 Mais souvent sur ses vers un Auteur intraitable
A les proteger tous se croit interessé,
Et d'abord prend en main le droit de l'offensé.
De ce vers, dirés vous, l'expression est basse.
Ah ! Monsieur, pour ce vers je vous demande grace,
Respondra-t-il d'abord. Ce mot me semble froid,
Je le retrencherois. C'est le plus bel endroit.
Ce tour ne me plaist pas. Tout le monde l'admire.
Ainsi toûjours constant à ne se point dédire ;
Qu'un mot dans son Ouvrage ait paru vous blesser,
C'est un titre chés lui pour ne point l'effacer.
Cependant à l'entendre il cherit la critique :
Vous avez sur ses vers un pouvoir Despotique :
Mais tout ce beau Discours, dont il vient vous flater,
N'est rien qu'un piege adroit pour vous les reciter.

CHANT PREMIER.

Auſſi-toſt il vous quitte, & content de ſa Muſe
S'en va chercher ailleurs quelque Fat qu'il abuſe.
Car ſouvent il en trouve. Ainſi qu'en ſots Auteurs,
Nôtre ſiecle eſt fertile en ſots Admirateurs,
Et ſans ceux que fournit la Ville & la Province,
Il en eſt chez le Duc, il en eſt chez le Prince.
L'Ouvrage le plus plat a chez les Courtiſans
De tout temps rencontré de zelés partiſans :
Et pour finir enfin par un trait de Satire,
Un Sot trouve toûjours un plus Sot qui l'admire.

CHANT SECOND.

ELLE qu'une Bergere, au plus beau jour de Feste,
De superbes rubis ne charge point sa teste,
Et sans mesler à l'or l'esclat des diamans,
Cueille en un champ voisin ses plus beaux ornemens.
Telle, aimable en son air, mais humble dans son stile,
Doit eclater sans pompe une elegante Idylle :
Son tour simple & naïf n'a rien de fastueux,
Et n'aime point l'orgueil d'un vers presomptueux.
Il faut que sa douceur flate, chatoüille, eveille,
Et jamais de grands mots n'epouvante l'oreille.
Mais souvent dans ce stile un Rimeur aux abois
Jette là de depit la Fluste & le Haubois,
Et follement pompeux, dans sa verve indiscrete,
Au milieu d'une Eglogue entonne la trompete :
De peur de l'ecouter, Pan fuit dans les roseaux,
Et les Nymphes d'effroi se cachent sous les eaux.
  Au contraire, cet Autre abject en son langage
Fait parler ses Bergers, comme on parle au village.
Ses vers plats & grossiers depoüillés d'agrément,
Toûjours baisent la Terre, & rampent tristement.
On diroit que Ronsard sur ses pipeaux rustiques
Vient encor fredonner ses Idylles Gothiques,

Et

CHANT SECOND

Et changer, sans respect de l'oreille & du son,
Lycidas en Pierot, & Phylis en Thoinon.
  Entre ces deux excez la route est difficile.
Suivés, pour la trouver, Theocrite & Virgile.
Que leurs tendres escrits par les Graces dictez,
Ne quittent point vos mains, jour & nuit feüilletez.
Seuls dans leurs doctes vers ils pourront vous apprendre,
Par quel art sans bassesse un Autheur peut descendre,
Chanter Flore, les champs, Pomone, les vergers,
Au combat de la fluste animer deux Bergers,
Des plaisirs de l'Amour vanter la douce amorce,
Changer Narcisse en fleur, couvrir Daphné d'écorce,
Et par quel art encor l'Eglogue quelquefois
Rend dignes d'un Consul la campagne & les bois. Virg.
Eglo. 4.
Telle est de ce Poëme & la force & la grace.
  D'un ton un peu plus haut, mais pourtant sans audace,
La plaintive Elegie en longs habits de deüil
Sçait les cheveux épars gemir sur un cercueïl.
Elle peint des Amans la joie, & la tristesse,
Flate, menace, irrite, appaise une Maîtresse :
Mais, pour bien exprimer ces caprices heureux,
C'est peu d'estre Poëte, il faut estre amoureux.
  Je hais ces vains Auteurs, dont la Muse forcée
M'entretient de ses feux toûjours froide & glacée,
Qui s'affligent par art, & fous de sens rassis
S'erigent pour rimer en amoureux transis.
Leurs transports les plus doux ne sont que phrases vaines.
Ils ne sçavent jamais que se charger de chaînes,
Que benir leur martyre, adorer leur prison,
Et faire quereller le sens & la raison.

P

Ce n'eſtoit pas jadis, ſur ce ton ridicule
Qu'Amour dictoit les vers que ſoûpiroit Tibulle:
Ou que du tendre Ovide animant les doux ſons,
Il donnoit de ſon Art les charmantes leçons.
Il faut que le cœur ſeul parle dans l'Elegie.

 L'Ode avec plus d'éclat & non moins d'energie
Eſlevant juſqu'au Ciel ſon vol ambitieux,
Entretient dans ſes vers commerce avec les Dieux:
Aux Athletes dans Piſe, elle ouvre la barriere,
Chante un Vainqueur poudreux au bout de la carriere,
Mene Achille ſanglant aux bords du Simoïs,
Ou fait fléchir l'Eſcaut ſous le joug de Louïs.
Tantoſt comme une Abeille ardente à ſon ouvrage,
Elle s'en va de fleurs dépoüiller le rivage:
Elle peint les feſtins, les danſes, & les ris,
Vante un baiſer cueilli ſur les levres d'Iris

Horat. Ode 12. lib. 2. Qui mollement reſiſte, & par un doux caprice,
Quelquefois le refuſe, afin qu'on le raviſſe.
Son ſtile impetueux ſouvent marche au hazard.
Chez elle un beau deſordre eſt un effect de l'art.

 Loin ces Rimeurs craintifs, dont l'eſprit phlegmatique
Garde dans ſes fureurs un ordre didactique:
Qui chantant d'un Heros les progrez éclatans,
Maigres Hiſtoriens, ſuivront l'ordre des temps.
Ils n'oſent un moment perdre un ſujet de veuë:
Pour prendre Dole, il faut que l'Iſle ſoit renduë,
Et que leur vers exact, ainſi que Mezeray,
Ait fait déja tomber les remparts de Courtrai.
Apollon de ſon feu leur fut toûjours avare.

 On dit à ce propos, qu'un jour ce Dieu bizarre

CHANT SECOND.

Voulant pouſſer à bout tous les Rimeurs François,
Inventa du Sonnet les rigoureuſes lois :
Voulut qu'en deux Quatrains de meſure pareille
La Rime avec deux ſons frappaſt huit fois l'oreille,
Et qu'enſuite, ſix vers artiſtement rangez
Fuſſent en deux Tercets par le ſens partagez.
Sur tout de ce Poëme il bannit la licence :
Lui-meſme en meſura le nombre & la cadence :
Deffendit qu'un vers foible y pûſt jamais entrer,
Ni qu'un mot déja mis oſaſt s'y remontrer.
Du reſte il l'enrichit d'une beauté ſupréme.
Un Sonnet ſans defauts vaut ſeul un long Poëme :
Mais en vain mille Auteurs y penſent arriver,
Et cet heureux Phenix eſt encor à trouver.
A peine dans Gombaut, Maynard, & Malleville
En peut-on ſupporter deux ou trois entre mille :
Le reſte auſſi peu lû que ceux de Pelletier,
N'a fait de chez Sercy qu'un ſaut chez l'Epicier.
Pour enfermer ſon ſens dans la borne preſcrite
La meſure eſt toûjours trop longue ou trop petite.

L'Epigramme plus libre, en ſon tour plus borné,
N'eſt ſouvent, qu'un bon mot de deux rimes orné.
Jadis de nos Auteurs les Pointes ignorées
Furent de l'Italie en nos vers attirées.
Le Vulgaire ébloüi de leur faux agrément,
A ce nouvel appas courut avidement.
La faveur du Public excitant leur audace,
Leur nombre impetueux inonda le Parnaſſe.
Le Madrigal d'abord en fut enveloppé.
Le Sonnet orgueilleux lui-meſme en fut frappé.

La Tragedie en fit ſes plus cheres delices:
L'Elegie en orna ſes douloureux caprices:
Un Heros ſur la Scene eut ſoin de s'en parer,
Et ſans Pointe un Amant n'oſa plus ſoûpirer:
On vid tous les Bergers, dans leurs plaintes nouvelles
Fideles à la Pointe encor plus qu'à leurs Belles.
Chaque mot eut toûjours deux viſages divers.
La proſe la receut auſſi bien que les vers.
L'Avocat au Palais en heriſſa ſon ſtile,
Et le Docteur en Chaire en ſema l'Evangile.

 La Raiſon outragée enfin ouvrit les yeux.
La chaſſa pour jamais des diſcours ſerieux,
Et dans tous ces écrits la declarant infame,
Par grace lui laiſſa l'entrée en l'Epigramme:
Pourveu que ſa fineſſe éclatant à propos
Roulaſt ſur la penſée, & non pas ſur les mots.
Ainſi de toutes parts les deſordres ceſſerent.
Toutefois à la Cour les Turlupins reſterent,
Inſipides Plaiſans, Bouffons infortunez,
D'un jeu de mots groſſier partiſans ſurannez.

 Ce n'eſt pas quelquefois qu'une Muſe un peu fine
Sur un mot en paſſant ne jouë & ne badine,
Et d'un ſens deſtourné n'abuſe avec ſuccés:
Mais fuiez ſur ce point un ridicule excés,
Et n'allez pas toûjours d'une pointe frivole
Aiguiſer par la queuë une Epigramme folle.

 Tout Poëme eſt brillant de ſa propre beauté.
Le Rondeau né Gaulois a la naïveté.
La Ballade aſſervie à ſes vieilles maximes
Souvent doit tout ſon luſtre au caprice des rimes.

CHANT SECOND.

Le Madrigal plus simple, & plus noble en son tour,
Respire la douceur, la tendresse, & l'amour.
 L'ardeur de se montrer, & non pas de médire,
Arma la Verité du vers de la Satire.
Lucile le premier osa la faire voir:
Aux vices des Romains presenta le miroir:
Vengea l'humble Vertu, de la Richesse altiere,
Et l'honneste Homme à pié, du Faquin en litiere.
 Horace à cette aigreur mesla son enjoûment.
On ne fut plus ni fat ni sot impunement:
Et, malheur à tout nom, qui propre à la censure,
Pût entrer dans un vers, sans rompre la mesure.
 Perse en ses vers obscurs, mais serrez & pressans,
Affecta d'enfermer moins de mots que de sens.
 Juvenal eslevé dans les cris de l'Ecole
Poussa jusqu'à l'excés sa mordante hyperbole.
Ses ouvrages tout pleins d'affreuses veritez
Estincellent pourtant de sublimes beautez:
Soit que sur un écrit arrivé de Caprée   Satire 10
Il brise de Sejan la statuë adorée,
Soit qu'il fasse au Conseil courir les Senateurs,   Sat. 4.
D'un Tyran soupçonneux, pasles adulateurs:
Ou que, poussant à bout la luxure latine,   Sat. 6.
Aux Portefaix de Rome il vende Messaline.
Ses écrits pleins de feu par tout brillent aux yeux.
 De ces Maistres sçavans Disciple ingenieux
Regnier seul parmi nous formé sur leurs modeles,
Dans son vieux stile, encore a des graces nouvelles.
Heureux! si ses Discours craints du chaste Lecteur,
Ne se sentoient des lieux où frequentoit l'Auteur,
Et si du son hardi de ses rimes Cyniques,

Il n'allarmoit souvent les oreilles pudiques.

   Le Latin dans les mots brave l'honnesteté :
Mais le lecteur François veut estre respecté :
Du moindre sens impur la liberté l'outrage,
Si la pudeur des mots n'en adoucit l'image.
Ie veux dans la Satire un esprit de candeur,
Et fuis un effronté qui presche la pudeur.

   D'un trait de ce Poëme en bons mots si fertile,
Le François né malin forma le Vaudeville,
Agreable indiscret, qui conduit par le chant,
Passe de bouche en bouche, & s'accroist en marchant.
La liberté Françoise en ses vers se déploie.
Cet Enfant de plaisir veut naistre dans la joie.
Toutesfois n'allés pas, Goguenard dangereux,
Faire Dieu le sujet d'un badinage affreux :
A la fin tous ces jeux, que l'Atheïsme esleve,
Conduisent tristement le Plaisant à la Greve.
Il faut mesme en chansons du bon-sens & de l'art :
Mais pourtant on a veu le vin & le hazard
Inspirer quelquefois une Muse grossiere,
Et fournir sans genie un couplet à L ***
Mais pour un vain bonheur qui vous a fait rimer,
Gardés qu'un sot orgueil ne vous vienne enfumer.
Souvent, l'Auteur altier de quelque chansonnette
Au mesme instant prend droit de se croire Poëte :
Il ne dormira plus qu'il n'ait fait un Sonnet :
Il met tous les matins six Impromptus au net :
Encore est-ce un miracle, en ses vagues furies,
Si bientost imprimant ses sottes resveries,
Il ne se fait graver au devant du Recueïl,
Couronné de lauriers par la main de Nanteuïl.

CHANT III.

Il n'eſt point de Serpent, ni de Monſtre odieux,
Qui par l'Art imité ne puiſſe plaire aux yeux.
D'un pinceau delicat l'artifice agreable
Du plus affreux objet fait un objet aimable.
Ainſi, pour nous charmer, la Tragedie en pleurs
D'Oedipe tout ſanglant fit parler les douleurs,
D'Oreſte parricide exprima les alarmes,
Et pour nous divertir nous arracha des larmes.
Vous donc, qui d'un beau feu pour le Theatre épris,
Venés en vers pompeux y diſputer le prix,
Voulés-vous ſur la Scene étaler des Ouvrages,
Où tout Paris en foule apporte ſes ſuffrages,
Et qui toûjours plus beaux, plus ils ſont regardés,
Soient au bout de vingt ans encor redemandez?
Que dans tous vos diſcours la Paſſion émuë
Aille chercher le cœur, l'échauffe, & le remuë.
Si d'un beau mouvement l'agreable fureur
Souvent ne nous remplit d'une douce Terreur,
Ou n'excite en noſtre ame une Pitié charmante;
En vain vous étalés une ſcene Sçavante.
Vos froids raiſonnemens ne feront qu'attiedir
Un Spectateur toûjours pareſſeux d'applaudir,

Et qui des vains efforts de vostre Rhetorique,
Justement fatigué, s'endort, ou vous critique.
Le secret est d'abord de plaire & de toucher :
Inventés des ressorts qui puissent m'attacher.

Que dés les premiers vers l'Action preparée
Sans peine du sujet applanisse l'entrée.
Je me ris d'un Acteur qui lent à s'exprimer,
De ce qu'il veut, d'abord ne sçait pas m'informer,
Et qui débroüillant mal une penible intrigue
D'un divertissement me fait une fatigue.
J'aimerois mieux encor qu'il déclinast son nom,
Et dist : Je suis Oreste ou bien Agamemnon :
Que d'aller par un tas de confuses merveilles,
Sans rien dire à l'esprit, estourdir les oreilles.
Le sujet n'est jamais assez tost expliqué.

Que le lieu de la Scene y soit fixe & marqué.
Un Rimeur, sans peril, delà les Pirenées
Sur la Scene en un jour renferme des années.
Là souvent le Heros d'un Spectacle grossier,
Enfant au premier Acte, est barbon au dernier.
Mais nous que la Raison à ses regles engage,
Nous voulons qu'avec art l'Action se ménage :
Qu'en un Lieu, qu'en un Jour, un seul Fait accompli
Tienne jusqu'à la fin le Theatre rempli.

Jamais au Spectateur n'offrez rien d'incroiable.
Le Vray peut quelquefois n'estre pas Vraisemblable.
Une merveille absurde est pour moi sans appas.
L'esprit n'est point émû de ce qu'il ne croit pas.

Ce qu'on ne doit point voir, qu'un recit nous l'expose.
Les yeux en le voiant saisiroient mieux la chose :

Mais

CHANT TROISIESME.

Mais il est des objets, que l'Art judicieux
Doit offrir à l'oreille, & reculer des yeux.
   Que le trouble toûjours croissant de Scene en Scene
A son comble arrivé se débrouïlle sans peine.
L'esprit ne se sent point plus vivement frappé,
Que lors qu'en un sujet d'intrigue enveloppé,
D'un secret tout d'un coup la verité connuë
Change tout, donne à tout une face impreveuë.
   La Tragedie informe & grossiere en naissant
N'estoit qu'un simple Chœur, où chacun en dansant,
Et du Dieu des raisins entonnant les loüanges,
S'efforçoit d'attirer de fertiles vendanges.
Là le vin & la joye éveillant les esprits
Du plus habile Chantre un Bouc estoit le prix.
Thespis fut le premier, qui barboüillé de lie,
Promena par les Bourgs cette heureuse folie,
Et d'Acteurs mal ornés chargeant un tombereau,
Amusa les Passans d'un spectacle nouveau.
Eschyle dans le Chœur jetta les personnages :
D'un masque plus honneste habilla les visages :
Sur les ais d'un theatre en public exhaussé,
Fit paroistre l'Acteur d'un brodequin chaussé.
Sophocle enfin donnant l'essor à son genie,
Accrut encor la pompe, augmenta l'harmonie,
Interessa le Chœur dans toute l'Action,
Des vers trop rabotteux polit l'expression,
Lui donna chez les Grecs cette hauteur divine
Où jamais n'atteignit la foiblesse latine.
   Chez nos devots Ayeux le Theatre abhorré
Fut long-temps dans la France un plaisir ignoré.

De Pelerins, dit-on, une troupe grossiere
En public à Paris y monta la premiere,
Et sottement zelée en sa simplicité
Joüa les Saints, la Vierge, & Dieu par pieté.
Le sçavoir à la fin dissipant l'ignorance,
Fit voir de ce projet la devote imprudence :
On chassa ces Docteurs preschans sans mission.
On vid renaistre Hector, Andromaque, Ilion.
Seulement, les Acteurs laissant le masque antique,
Le violon tint lieu de Chœur & de musique.

 Bientost l'Amour fertile en tendres sentimens
S'empara du Theatre, ainsi que des Romans.
De cette Passion la sensible peinture
Est pour aller au cœur la route la plus sûre.
Peignés-donc, j'y consens, les Heros Amoureux :
Mais ne m'en formés pas des Bergers doucereux.
Qu'Achille aime autrement que Tyrsis & Philene.
N'allés pas d'un Cyrus nous faire un Artamene :
Et que l'Amour souvent de remors combattu
Paroisse une foiblesse & non une vertu.

 Des Heros de Roman fuiés les petitesses :
Toutefois, aux grands cœurs donnés quelques foiblesses
Achille déplairoit moins boüillant & moins promt.
J'aime à lui voir verser des pleurs pour un affront :
A ces petits defauts marqués dans sa peinture ;
L'esprit avec plaisir reconnoist la nature.
Qu'il soit sur ce modele en vos escrits tracé.
Qu'Agamemnon soit fier, superbe, interessé.
Que pour ses Dieux Enée ait un respect austere.
Conservés à chacun son propre caractere.

Des Siecles, des Païs, estudiés les mœurs.
Les climats font souvent les diverses humeurs.
   Gardés donc de donner, ainsi que dans Clelie,
L'air, ni l'esprit François à l'antique Italie,
Et, sous des noms Romains faisant nostre portrait,
Peindre Caton galant & Brutus dameret.
Dans un Roman frivole aisément tout s'excuse.
C'est assés qu'en courant la fiction amuse.
Trop de rigueur alors seroit hors de saison :
Mais la Scene demande une exacte raison.
L'estroite bienseance y veut estre gardée.
   D'un nouveau Personnage inventés-vous l'idée ?
Qu'en tout avec soi-mesme il se montre d'accord,
Et qu'il soit jusqu'au bout tel qu'on l'a veu d'abord.
   Souvent, sans y penser, un Escrivain qui s'aime
Forme tous ses Heros semblables à soi-mesme.
Tout à l'humeur Gascone, en un Auteur Gascon :
Calprenede & Juba * parlent du mesme ton.

*Heros de la Cleopatre.

   La Nature est en nous plus diverse & plus sage.
Chaque passion parle un different langage.
La Colere est superbe, & veut des mots altiers.
L'Abattement s'explique en des termes moins fiers.
   Que devant Troye en flamme Hecube desolée
Ne vienne pas pousser une plainte empoulée,
Ni sans raison descrire en quels affreux païs,
Par sept bouches l'Euxin reçoit le Tanaïs.
Tous ces pompeux amas d'expressions frivoles
Sont d'un Declamateur amoureux des paroles.
Il faut dans la douleur que vous-vous abaissiés.
Pour me tirer des pleurs il faut que vous pleuriés.

Seneque Tragique Troad. Sc. 1.

Ces grands mots dont alors l'Acteur emplit sa bouche,
Ne partent point d'un cœur que sa misere touche.
    Le Theatre fertile en Censeurs pointilleux,
Chez nous pour se produire est un champ perilleux,
Un Auteur n'y fait pas de faciles conquestes.
Il trouve à le sifler des bouches toûjours prestes.
Chacun le peut traiter de Fat & d'Ignorant:
C'est un droit qu'à la porte on achete en entrant.
Il faut qu'en cent façons, pour plaire, il se replie:
Que tantost il s'esleve, & tantost s'humilie:
Qu'en nobles sentimens il soit par tout fecond:
Qu'il soit aisé, solide, agreable, profond:
Que de traits surprenans sans cesse il nous réveille:
Qu'il coure dans ses vers de merveille en merveille:
Et que tout ce qu'il dit facile à retenir,
De son ouvrage en nous laisse un long souvenir.
Ainsi la Tragedie agit, marche, & s'explique.
    D'un air plus grand encor la Poësie Epique,
Dans le vaste recit d'une longue action,
Se soûtient par la Fable, & vit de fiction.
Là pour nous enchanter tout est mis en usage;
Tout prend un corps, une ame, un esprit, un visage.
Chaque Vertu devient une Divinité.
Minerve est la Prudence, & Venus la Beauté.
Ce n'est plus la vapeur qui produit le tonnerre:
C'est Jupiter armé pour effraier la Terre.
Un orage terrible aux yeux des Matelots,
C'est Neptune en couroux qui gourmande les Flots.
Echo n'est plus un son qui dans l'air retentisse;
C'est une Nymphe en pleurs qui se plaint de Narcisse.

Ainsi, *dans cet amas de nobles fictions*,
Le Poëte s'égaye en mille inventions,
Orne, *esleve*, *embellit*, *agrandit toutes choses*,
Et trouve sous sa main des fleurs toûjours écloses.
   Qu'Enée & ses vaisseaux par le vent écartés
Soient aux bords Africains d'un orage emportés;
Ce n'est qu'une avanture ordinaire & commune,
Qu'un coup peu surprenant des traits de la Fortune.
Mais que Junon constante en son aversion
Poursuive sur les flots les restes d'Ilion:
Qu'Eole en sa faveur les chassant d'Italie,
Ouvre aux Vents mutinés les prisons d'Eolie:
Que Neptune en couroux, s'eslevant sur la mer,
D'un mot calme les flots, mette la paix dans l'air,
Delivre les vaisseaux, des Syrtes les arrache;
C'est là ce qui surprend, frappe, saisit, attache:
Sans tous ces ornemens le vers tombe en langueur:
La Poësie est morte, ou rampe sans vigueur:
Le Poëte n'est plus qu'un Orateur timide,
Qu'un froid Historien d'une Fable insipide.
   C'est donc bien vainement que nos Auteurs deceus,
Bannissant de leurs vers ces ornemens receus,
Pensent faire agir Dieu, ses Saints, & ses Prophetes,
Comme ces Dieux éclos du cerveau des Poëtes:
Mettent à chaque pas le Lecteur en Enfer:
N'offrent rien qu'Astaroth, Belzebuth, Lucifer.
De la foi d'un Chrestien les mysteres terribles
D'ornemens égayés ne sont point susceptibles.
L'Evangile à l'esprit n'offre de tous costés
Que penitence à faire, & tourmens merités:

Et de vos fictions le meslange coupable,
Mesme à ses veritez donne l'air de la Fable.
   Et quel objet enfin à presenter aux yeux,
Que le Diable toûjours heurlant contre les Cieux,
Qui de vostre Heros veut rabaisser la gloire,
Et souvent avec Dieu balance la victoire?
   Le Tasse, dira-t-on, l'a fait avec succez.
Je ne veux point ici lui faire son procez :
Mais quoy que nostre Siecle à sa gloire publie,
Il n'eust point de son Livre illustré l'Italie ;
Si son sage Heros toûjours en oraison,
N'eust fait que mettre enfin Sathan à la raison,
Et si Renaud, Argant, Tancrede, & sa Maistresse
N'eussent de son sujet égayé la tristesse.
   Ce n'est pas que j'approuve, en un sujet Chrestien,
Un Auteur follement idolâtre & Payen.
Mais dans une profane & riante peinture,
De n'oser de la Fable emploier la figure,
De chasser les Tritons de l'empire des eaux,
D'oster à Pan sa fluste, aux Parques leurs ciseaux,
D'empescher que Caron dans la fatale barque,
Ainsi que le Berger, ne passe le Monarque;
C'est d'un scrupule vain s'alarmer sottement,
Et vouloir aux Lecteurs plaire sans agrément.
Bientost ils defendront de peindre la Prudence :
De donner à Themis ni bandeau, ni balance :
De figurer aux yeux la Guerre au front d'airain :
Ou le Temps qui s'enfuit une horloge à la main :
Et par tout des discours, comme une idolatrie,
Dans leur faux zele, iront chasser l'Allegorie.

CHANT TROISIESME.

Laissons les s'applaudir de leur pieuse erreur :
Mais pour nous bannissons une vaine terreur,
Et n'allons point parmy nos ridicules songes,
Du Dieu de verité, faire un Dieu de mensonges.

La Fable offre à l'esprit mille agrémens divers.
Là tous les noms heureux semblent nés pour les vers :
Ulysse, Agamemnon, Oreste, Idomenée,
Helene, Menelas, Paris, Hector, Enée.
O le plaisant projet d'un Poëte ignorant,
Qui de tant de Heros va choisir Childebrand !
D'un seul nom quelquefois le son dur, ou bizarre
Rend un Poëme entier, ou burlesque, ou barbare.

Voulez-vous long-temps plaire, & jamais ne lasser ?
Faites choix d'un Heros propre à m'interesser,
En valeur éclatant, en vertus magnifique :
Qu'en lui, jusqu'aux defauts, tout se montre heroique :
Que ses faits surprenans soient dignes d'estre ouïs :
Qu'il soit tel que Cesar, Alexandre, ou Louïs,
Non tel que Polynice, & son perfide frere.
On s'ennuie aux exploits d'un Conquerant vulgaire.

N'offrés point un Sujet d'incidens trop chargé.
Le seul couroux d'Achille avec art ménagé
Remplit abondamment une Iliade entiere.
Souvent trop d'abondance appauvrit la matiere.

Soiés vif & pressé dans vos Narrations :
Soiés riche & pompeux dans vos Descriptions :
C'est là qu'il faut du vers étaler l'élegance.
N'y presentés jamais de basse circonstance.
N'imites pas ce Fou, qui decrivant les mers
Et peignant au milieu de leurs flots entrouverts

L'Hebreu sauvé du joug de ses injustes Maistres,
Met pour le voir passer les poissons aux fenestres.
Peint le petit enfant qui va, saute, revient,
Et joyeux à sa mere offre un caillou qu'il tient.
Sur de trop vains objets c'est arrester la veuë.
Donnés à vostre ouvrage une juste estenduë.
 Que le debut soit simple & n'ait rien d'affecté ;
N'allés pas dés l'abord sur Pegaze monté,
Crier à vos Lecteurs, d'une voix de tonnerre,
Je chante le Vainqueur des vainqueurs de la terre.
Que produira l'Auteur, aprés tous ces grands cris ?
La montagne en travail enfante une souris.
O ! que j'aime bien mieux cet Auteur plein d'adresse,
Qui sans faire d'abord de si haute promesse,
Me dit d'un ton aisé, doux, simple, harmonieux,
Je chante les combats, & cet Homme pieux
Qui des bords Phrygiens conduit dans l'Ausonie,
Le premier aborda les champs de Lavinie.
Sa Muse en arrivant ne met pas tout en feu :
Et pour donner beaucoup, ne nous promet que peu.
Bien-tost vous la verrés, prodiguant les miracles,
Du destin des Latins prononcer les oracles :
De Styx, & d'Acheron peindre les noirs torrens,
Et déja les Césars dans l Elisée errans.
 De Figures sans nombre égayés vostre ouvrage :
Que tout y fasse aux yeux une riante image.
On peut estre à la fois & pompeux & plaisant,
Et je hais un Sublime ennuieux & pesant.
J'aime mieux Arioste & ses fables comiques,
Que ces Auteurs toûjours froids & melancoliques,

CHANT TROISIESME.

Qui dans leur sombre humeur se croiroient faire affront,
Si les Graces jamais leur déridoient le front.
 On diroit que pour plaire, instruit par la Nature,
Homere ait à Venus dérobé sa ceinture.
Son livre est d'agrémens un fertile tresor.
Tout ce qu'il a touché se convertit en or.
Tout reçoit dans ses mains une nouvelle grace :
Par tout il divertit, et jamais il ne lasse.
Une heureuse chaleur anime ses discours.
Il ne s'égare point en de trop longs détours.
Sans garder dans ses vers un ordre methodique,
Son sujet de soy-mesme et s'arrange et s'explique :
Tout, sans faire d'aprests, s'y prepare aisément :
Chaque vers, chaque mot court à l'évenement.
Aimez donc ses escrits, mais d'une amour sincere.
C'est avoir profité que de sçavoir s'y plaire.
 Un Poëme excellent où tout marche, & se suit,
N'est pas de ces travaux qu'un caprice produit :
Il veut du temps, des soins, & ce penible ouvrage
Jamais d'un Ecolier ne fut l'apprentissage.
Mais souvent parmi nous un Poëte sans art,
Qu'un beau feu quelquefois échauffa par hazard,
Enflant d'un vain orgueil son esprit chimerique,
Fierement prend en main la trompette heroïque.
Sa Muse déreglée, en ses vers vagabonds,
Ne s'esleve jamais que par sauts & par bonds,
Et son feu dépourveu de sens & de lecture
S'esteint à chaque pas faute de nourriture.
Mais en vain le Public prompt à le mépriser
De son merite faux le veut desabuser :

R

Lui-mesme applaudissant à son maigre genie,
Se donne par ses mains l'encens qu'on lui dénie.
Virgile au prix de lui n'a point d'invention.
Homere n'entend point la noble fiction.
Si contre cet arrest le siecle se rebelle,
A la posterité d'abord il en appelle :
Mais attendant qu'ici le Bon sens de retour
Ramene triomphans ses ouvrages au jour,
Leurs tas au magasin cachés à la lumiere
Combattent tristement les vers & la poussiere.
Laissons-les donc entre eux s'escrimer en repos,
Et sans nous égarer suivons nostre propos.

Des succez fortunez du spectacle tragique,
Dans Athenes naquit la Comedie antique.
Là le Grec né mocqueur, par mille jeux plaisans
Distila le venin de ses traits médisans :
Aux accez insolens d'une bouffonne joie,
La sagesse, l'esprit, l'honneur furent en proie.
On vid, par le public un Poëte avoué
S'enrichir aux dépens du merite joüé,
<small>Les Nuées.</small> *Et Socrate par lui dans un chœur de Nuées,*
<small>Comedie d'Aristoph.</small> *D'un vil amas de peuple attirer les huées.*
Enfin de la licence on arresta le cours.
Le Magistrat, des lois emprunta le secours,
Et rendant par edit les Poëtes plus sages,
Deffendit de marquer les noms ni les visages.
Le Theatre perdit son antique fureur.
La Comedie apprit à rire sans aigreur,
Sans fiel & sans venin sceut instruire & reprendre,
Et plût innocemment dans les vers de Ménandre.

CHANT TROISIESME.

Chacun peint avec art dans ce nouveau miroir
S'y vid avec plaisir, ou crût ne s'y point voir.
L'Avare des premiers rit du tableau fidele
D'un Avare souvent tracé sur son modele;
Et mille fois un Fat finement exprimé
Méconnut le portrait sur lui-mesme formé.

Que la Nature donc soit vostre estude unique;
Auteurs, qui pretendés aux honneurs du Comique.
Quiconque void bien l'Homme, & d'un esprit profond,
De tant de cœurs cachés a penetré le fond:
Qui sçait bien ce que c'est qu'un Prodigue, un Avare,
Un honneste Homme, un Fat, un Jaloux, un Bizarre,
Sur une scene heureuse il peut les estaller,
Et les faire à nos yeux vivre, agir, & parler.
Presentés-en par tout les images naïves:
Que chacun y soit peint des couleurs les plus vives.
La Nature feconde en bizarres portraits,
Dans chaque ame est marquée à de differens traits:
Un geste la découvre, un rien la fait paroistre:
Mais tout esprit n'a pas des yeux pour la connoistre.

Le Temps qui change tout, change aussi nos humeurs.
Chaque Age a ses plaisirs, son esprit, & ses mœurs.

Un jeune Homme toûjours bouïllant dans ses caprices
Est prompt à recevoir l'impression des vices,
Est vain dans ses discours, volage en ses desirs,
Retif à la censure, & fou dans les plaisirs.

L'Age viril plus meur, inspire un air plus sage,
Se pousse auprés des Grands, s'intrigue, se ménage,
Contre les coups du sort songe à se maintenir,
Et loin dans le present regarde l'avenir.

R ij

La Vieillesse chagrine incessamment amasse,
Garde, non pas pour soi, les tresors qu'elle entasse,
Marche en tous ses desseins d'un pas lent et glacé,
Toûjours plaint le present, & vante le passé,
Inhabile aux plaisirs, dont la jeunesse abuse,
Blâme en eux les douceurs, que l'Age lui refuse.

 Ne faites point parler vos Acteurs au hazard,
Un Vieillard en jeune Homme, un jeune Hôme en vieillard.

 Estudiés la Cour, & connoissés la Ville,
L'une et l'autre est toûjours en modeles fertile.
C'est par là que Moliere illustrant ses escrits
Peut-estre de son Art eust remporté le prix ;
Si moins ami du peuple en ses doctes peintures,
Il n'eust point fait souvent grimacer ses figures,
Quitté pour le bouffon, l'agreable & le fin,
Et sans honte à Terence allié Tabarin.
Dans ce sac ridicule où * Scapin s'enveloppe,
Je ne reconnois plus l'Auteur du Misantrope.

* Comedie de Moliere.*

 Le Comique ennemi des soûpirs & des pleurs
N'admet point en ses vers de tragiques douleurs :
Mais son emploi n'est pas d'aller dans une place,
De mots sales & bas charmer la populace.
Il faut que ses Acteurs badinent noblement :
Que son nœud bien formé se dénouë aisement :
Que l'Action marchant où la raison la guide,
Ne se perde jamais dans une scene vuide :
Que son stile humble et doux se releve à propos :
Que ses discours par tout fertiles en bons mots
Soient pleins de passions finement maniées ;
Et les scenes toûjours l'une à l'autre liées.

CHANT TROISIESME.

Aux dépens du bon sens gardés de plaisanter.
Jamais de la Nature il ne faut s'écarter.
Contemplés de quel air, un Pere dans Terence
Vient d'un Fils amoureux gourmander l'imprudence :
De quel air cet Amant écoute ses leçons,
Et court chez sa Maistresse oublier ces chansons.
Ce n'est pas un portrait, une image semblable ;
C'est un Amant, un Fils, un Pere veritable.

  J'aime sur le Theatre un agreable Auteur
Qui, sans se diffamer aux yeux du Spectateur,
Plaist par la raison seule, & jamais ne la choque.
Mais pour un faux Plaisant, à grossiere equivoque,
Qui pour me divertir n'a que la saleté ;
Qu'il s'en aille, s'il veut, sur deux treteaux monté,
Amusant le Pont-neuf de ses fornettes fades,
Aux Laquais assemblés joüer ses Mascarades.

R iij

CHANT IV.

ANS Florence jadis vivoit un Medecin,
Sçavant hableur, dit-on, & celebre assassin.
Lui seul y fit long-temps la publique misere.
Là le Fils orphelin lui redemande un Pere :
Ici le Frere pleure un Frere empoisonné :
L'un meurt vuide de sang, l'autre plein de sené :
Le rhûme à son aspect se change en pleuresie ;
Et par lui la migraine est bientost phrenesie.
Il quitte enfin la ville en tous lieux detesté.
De tous ses Amis morts un seul Ami resté
Le mene en sa maison de superbe structure ;
C'estoit un riche Abbé fou de l'architecture.
Le Medecin d'abord semble né dans cet art :
Déja de bâtimens parle comme Mansard :
D'un sallon qu'on éleve il condamne la face :
Au vestibule obscur, il marque une autre place :
Approuve l'escalier tourné d'autre façon.
Son Ami le conçoit & mande son Maçon.
Le Maçon vient, écoute, approuve, & se corrige.
Enfin, pour abreger un si plaisant prodige,
Nostre Assassin renonce à son art inhumain,
Et desormais la regle & l'equierre à la main,

CHANT QUATRIESME.

Laiſſant de Galien la ſcience ſuſpecte,
De mechant Medecin devient bon Architecte.
  Son exemple eſt pour nous un precepte excellent.
Soiés pluſtoſt Maçon, ſi c'eſt voſtre talent,
Ouvrier eſtimé dans un art neceſſaire,
Qu'Eſcrivain du commun & Poëte vulgaire.
Il eſt dans tout autre Art des degrés differens :
On peut avec honneur remplir les ſeconds rangs :
Mais dans l'Art dangereux de rimer & d'eſcrire,
Il n'eſt point de degrés du mediocre au pire.
Les vers ne ſouffrent point de mediocre Auteur
Ses eſcrits en tous lieux ſont l'effroy du Lecteur,
Contre eux dans le Palais les boutiques murmurent,
Et les ais chez Billaine * à regret les endurent.   * Fameux Libraire.
Un Fou du moins fait rire & peut nous égayer :
Mais un froid Eſcrivain ne ſçait rien qu'ennuier.
J'aime mieux Bergerac * & ſa burleſque audace,   * Cyrano Bergerac Auteur du voiage de la Lune.
Que ces vers où Motin ſe morfond & nous glace.
  Ne vous enyvrés point des éloges flateurs
Qu'un amas quelquefois de vains admirateurs
Vous donne en ces Reduits promts à crier, merveille.
Tel écrit recité ſe ſoûtint à l'oreille,
Qui dans l'impreſſion au grand jour ſe montrant,
Ne ſoûtient pas des yeux le regard penetrant.
On ſçait de cent Auteurs l'avanture tragique :
Et Gombaud tant loüé garde encor la boutique.
  Ecoutés tout le monde, aſſidu conſultant,
Un Fat quelquefois ouvre un avis important.
Quelques vers toutefois qu'Apollon vous inſpire,
En tous lieux auſſi-toſt ne courés pas les lire.

Gardez-vous d'imiter ce Rimeur furieux
Qui de ses vains escrits lecteur harmonieux
Aborde en recitant quiconque le saluë,
Et poursuit de ses vers les Passans dans la ruë.
Il n'est Temple si saint des Anges respecté,
Qui soit contre sa Muse un lieu de seureté.
 Je vous l'ay déja dit, aimés qu'on vous censure
Et souple à la Raison corrigés sans murmure;
Mais ne vous rendez pas dés qu'un Sot vous reprend.
 Souvent dans son orgueil un subtil Ignorant
Par d'injustes dégousts combat toute une Piece,
Blasme des plus beaux vers la noble hardiesse.
On a beau refuter ses vains raisonnemens :
Son esprit se complaist dans ses faux jugemens,
Et sa foible raison de clarté dépourveuë,
Pense que rien n'échappe à sa debile veuë.
Ses conseils sont à craindre, & si vous le croyés
Pensant fuir un écueil, souvent vous vous noyés.
 Faites choix d'un Censeur solide & salutaire,
Que la raison conduise, & le sçavoir éclaire,
Et dont le crayon seur d'abord aille chercher
L'endroit que l'on sent foible, & qu'on se veut cacher.
Lui seul éclaircira vos doutes ridicules :
De vostre esprit tremblant levera les scrupules :
C'est lui qui vous dira, par quel transport heureux,
Quelquefois dans sa course un esprit vigoureux
Trop resserré par l'Art, sort des regles prescrites,
Et de l'Art mesme apprend à franchir les limites.
Mais ce parfait Censeur se trouve rarement.
Tel excelle à rimer qui juge sottement.

Tel s'est fait par ses vers distinguer dans la Ville,
Qui jamais de Lucain n'a distingué Virgile.

Auteurs, prestés l'oreille à mes instructions.
Voulez-vous faire aimer vos riches fictions?
Qu'en sçavantes leçons vostre Muse fertile
Par tout joigne au plaisant, le solide & l'utile.
Un Lecteur sage fuit un vain amusement,
Et veut mettre à profit son divertissement.
Que vostre ame & vos mœurs peints dans tous vos ouvrages
N'offrent jamais de vous que de nobles images.
Je ne puis estimer ces dangereux Auteurs,
Qui de l'honneur en vers infames deserteurs,
Trahissant la vertu sur un papier coupable,
Aux yeux de leurs Lecteurs rendent le vice aimable.
Je ne suis pas pourtant de ces tristes Esprits
Qui bannissant l'amour de tous chastes escrits,
D'un si riche ornement veulent priver la Scene:
Traitent d'empoisonneurs & Rodrigue & Chimene.
L'amour le moins honneste exprimé chastement,
N'excite point en nous de honteux mouvement.
Didon a beau gemir & m'estaller ses charmes;
Je condamne sa faute, en partageant ses larmes.

Un Auteur vertueux dans ses vers innocens
Ne corrompt point le cœur, en chatoüillant les sens:
Son feu n'allume point de criminelle flamme.
Aimés donc la vertu, nourrissés-en vostre ame.
En vain l'esprit est plein d'une noble vigueur,
Le vers se sent toûjours des bassesses du cœur.

Fuiés sur tout, fuiés ces basses jalousies,
Des vulgaires esprits malignes phrenesies.

S

Un sublime Escrivain n'en peut estre infecté.
C'est un vice qui suit la Mediocrité.
Du merite éclatant cette sombre Rivale
Contre lui chés les Grands incessamment cabale ;
Et sur les pieds en vain tâchant de se hausser,
Pour s'égaler à lui cherche à le rabaisser.
Ne descendons jamais dans ces lâches intrigues :
N'allons point à l'honneur par de honteuses brigues.

   Que les vers ne soient pas vostre eternel emploi :
Cultivés vos amis : soiés homme de foi.
C'est peu d'estre agreable & charmant dans un livre ;
Il faut sçavoir encore & converser & vivre.

   Travaillés pour la gloire, & qu'un sordide gain
Ne soit jamais l'objet d'un illustre Escrivain.
Je sçay qu'un noble Esprit peut sans honte & sans crime
Tirer de son travail un tribut legitime :
Mais je ne puis souffrir ces Auteurs renommés
Qui dégoutés de gloire, & d'argent affamés,
Mettent leur Apollon aux gages d'un Libraire,
Et font d'un Art divin un métier mercenaire.

   Avant que la Raison s'expliquant par la voix
Eust instruit les Humains, eust enseigné des loix :
Tous les Hommes suivoient la grossiere Nature,
Dispersés dans les bois couroient à la pasture.
La force tenoit lieu de droit & d'equité :
Le meurtre s'exerçoit avec impunité.
Mais du Discours enfin l'harmonieuse adresse
De ces sauvages mœurs adoucit la rudesse :
Rassembla les Humains dans les forests épars :
Enferma les Cités de murs & de remparts :

CHANT QUATRIESME.

De l'aspect du supplice effraia l'Insolence,
Et sous l'appui des loix mit la foible Innocence.
Cet ordre fut, dit-on, le fruict des premiers vers.
Delà sont nés ces bruits receus dans l'Univers :
Qu'aux accens, dont Orphée emplit les monts de Thrace,
Les Tygres amollis dépouïlloient leur audace :
Qu'aux accords d'Amphion les pieres se mouvoient,
Et sur les murs Thébains en ordre s'élevoient.
L'Harmonie en naissant produisit ces miracles.
Depuis le Ciel en vers fit parler les Oracles :
Du sein d'un Prestre ému d'une divine horreur,
Apollon par des vers exhala sa fureur.
Bientost ressuscitant les Heros des vieux âges
Homere aux grands exploits anima les courages.
Hesiode à son tour, par d'utiles leçons,
Des champs trop paresseux vint haster les moissons.
En mille écrits fameux la sagesse tracée
Fut à l'aide des vers aux Mortels annoncée,
Et par tout des esprits ses préceptes vainqueurs,
Introduits par l'oreille entrerent dans les cœurs.
Pour tant d'heureux bienfaits les Muses reverées
Furent d'un juste encens dans la Grece honorées,
Et leur Art attirant le culte des Mortels,
A sa gloire en cent lieux vid dresser des Autels.
Mais enfin l'Indigence amenant la Bassesse,
Le Parnasse oublia sa premiere noblesse.
Un vil amour du gain infectant les esprits,
De mensonges grossiers soüilla tous les escrits,
Et par tout enfantant mille ouvrages frivoles,
Trafiqua du discours, & vendit les paroles.

Ne vous flétrissés point par un vice si bas :
Si l'or seul a pour vous d'invincibles appas,
Fuiés ces lieux charmans qu'arrose le Permesse :
Ce n'est point sur ses bords qu'habite la Richesse.
Aux plus sçavans Auteurs, comme aux plus grands Guerriers,
Apollon ne promet qu'un nom & des lauriers.

 Mais quoi ? dans la disette une Muse affamée
Ne peut pas, dira-t-on, subsister de fumée.
Un Auteur qui pressé d'un besoin importun,
Le soir entend crier ses entrailles à jeun,
Gouste peu d'Helicon les douces promenades :
Horace a beu son saoul quand il void les Ménades,
Et libre du souci qui trouble Colletet,
N'attend pas pour disner le succez d'un Sonnet.

 Il est vrai : mais enfin cette affreuse disgrace
Rarement parmi nous afflige le Parnasse.
Et que craindre en ce siecle, où toûjours les beaux Arts
D'un Astre favorable éprouvent les regards ?
Ou d'un Prince éclairé la sage prévoyance
Fait par tout au Merite ignorer l'indigence.

 Muses, dictés sa gloire à tous vos Nourrissons.
Son nom vaut mieux pour eux que toutes vos leçons.
Que Corneille pour lui rallumant son audace,
Soit encor le Corneille & du Cid & d'Horace :
Que Racine enfantant des miracles nouveaux,
De ses Heros sur lui forme tous les tableaux :
Que de son nom chanté par la bouche des Belles,
Benserade en tous lieux amuse les ruelles :
Que Segrais dans l'Eglogue en charme les forests :
Que pour lui l'Epigramme aiguize tous ses traits.

CHANT QUATRIESME.

Mais quel heureux Auteur dans une autre Eneide,
Aux bords du Rhin tremblant conduira cet Alcide ?
Quelle sçavante Lyre au bruit de ses exploits,
Fera marcher encor les rochers & les bois ?
Chantera le Batave éperdu dans l'orage,
Soi mesme se noiant pour sortir du naufrage :
Dira les bataillons sous Mastricht enterrés,
Dans ces affreux assauts du Soleil éclairés.

Mais tandis que je parle, une gloire nouvelle,
Vers ce Vainqueur rapide, aux Alpes vous appelle.
Déja Dole & Salins sous le joug ont ployé,
Bezançon fume encor sur son Roc foudroyé.
Où sont ces grands Guerriers, dont les fatales ligues
Devoient à ce torrent opposer tant de digues ?
Est-ce encore en fuiant, qu'ils pensent l'arrester,
Fiers du honteux honneur d'avoir sceu l'éviter ?
Que de remparts destruits ! Que de Villes forcées !
Que de moissons de gloire en courant amassées !

Auteurs, pour les chanter, redoublez vos transports.
Le sujet ne veut pas de vulgaires efforts.

Pour moi qui jusqu'ici nourri dans la Satyre,
N'ose encor manier la trompette & la lyre :
Vous me verrez pourtant dans ce champ glorieux,
Vous animer du moins de la voix & des yeux :
Vous offrir ces leçons que ma Muse au Parnasse
Rapporta jeune encor du commerce d'Horace :
Seconder vostre ardeur, échauffer vos esprits,
Et vous montrer de loin la couronne & le prix.

Mais aussi pardonnez, si plein de ce beau zele,
De tous vos pas fameux observateur fidele,

*Quelquefois du bon or, je sepáre le faux;
Et des Auteurs grossiers j'attaque les defaux:
Censeur un peu fâcheux, mais souvent necessaire,
Plus enclin à blasmer, que sçavant à bien faire.*

FIN.

TABLE DES MATIERES DE L'ART POETIQUE.

A

Age. Voyez *Age.*
Abbé passionné pour l'Architecture, 134
Abondance sterile de quelques Auteurs, 105
Achille. Voyez *Caractere.*
Achille, & son couroux, 127
Acteur lent à s'exprimer, combien ennuyeux & desagreable, 120
Admirateur. Que ce siecle est fertile en sots admirateurs, 111. 135
Agamemnon. Voyez *Caractere.*
Age. La diversité des choses qui se trouvent en divers âges, 131. 132
Agréement. L'on ne peut plaire aux lecteurs sans agréement, 126
Allegorie. Faux zele de vouloir chasser l'Allegorie, 126
Ami. Qu'il faut discerner le flateur de l'ami en fait d'ouvrages par escrit, 109
Amour. Comme il entra dans les pieces de theatre, & dans les Romans, 122
Que l'amour exprimé chastement ne doit point estre banni de la Scene, 137
Amphion & ses accords, 139
Apollon. Dieu bizarre, 114. 115
Apollon ne promet aux Auteurs les plus sçavans qu'un nom & des lauriers, 140
Ardeur perilleuse, 103
Arioste, & ses Fables comiques, 128
Art. Il n'y a rien de si odieux qui estant imité par l'Art, ne paroisse agreable, 119
Art divin dont l'on fait un mestier mercenaire, 138
Auteur ami de ses escrits, & comment il se comporte envers ceux qui les critiquent, 110
Ce siecle fertile en sots Auteurs, 111. vains Auteurs, 113 Au-

S iv

TABLE DES MATIERES

teur altier & sa presomption, 118

Auteurs qui appliquent leur propre caractere à tous leurs Heros, blasmez, 123 Voyez *Theatre*.

Auteur agreable sur le Theatre, 133

L'on ne peut souffrir un Auteur mediocre en fait de vers, 135

Auteurs dangereux, 137 Auteur vertueux, *la mesme*

Auteurs dégoûtez de gloire, & affamez d'argent, 138

B

*B*Adiner noblement, 132
Ballades de Marot, 107 116
Barbarisme. Qu'il faut éviter un pompeux barbarisme dans ce que l'on escrit, 108
Bassesse amenée par l'indigence, 139
Benserade, Poëte celebre, 140
Bergerac, Auteur du voyage de la Lune, 135
Bertaut, Poëte, 107
Bienseance. Qu'elle doit estre gardée estroitement dans la Scene 123
Borner. Qu'il faut se borner en escrivant, 105
Brebeuf. La Pharsale de Brebeuf, 106
Burlesque. Les progrez & le desgoust du vers burlesque, 106

C

*C*Adence. Voyez *Malherbe*.
*C*oreille severe pour la Cadence, 107
Candeur. Esprit de candeur neces-

faire à la Satyre, 118
Caractere. Le caractere de chaque Heros dans la peinture que l'on en fait en vers, 122
Censeur. Faire choix d'un Censeur solide & parfait, mais qui se rencontre rarement, 136
Censure. Le moyen d'éviter la Censure publique de ses escrits, 109
Chanson. Qu'il faut de l'art & du bon sens mesme dans les Chansons, 118
Circonstance. Eviter les basses circonstances, 127
Climat. La diversité des humeurs selon les climats, 123
Colletet, & le soucy qui le trouble, 140
Comedie. L'origine de la Comedie dans Athenes, & ses progrez. 130. Ses qualitez necessaires, 132
Conquerant. Le recit des exploits d'un Conquerant vulgaire, est ennuyeux, 127
Corneille, Poëte illustre, 140
Cour. Que la Cour est fertile en modeles, 132
Croire. Ce que l'on ne croid pas ne touche point, 120

D

*D*Ebut. Quel doit estre le debut d'un Poëme, 128
Description. Quelles doivent estre les Descriptions dans un Poëme, 127
Desportes, Poëte, 107
Détail. Le Détail inutile doit estre évité, 105
Dieu. Qu'il faut se garder de faire Dieu le sujet d'un badinage, 118 125

Discours. Effet de l'adresse harmonieuse du Discours, 138 139
trafic du Discours, 139
Diversité. Combien la diversité est agreable dans les vers, 105 106
Divertissement qui devient une fatigue, 120
Divertissement mis à profit 137

E

Elegie. Description & les qualitez de l'Elegie, 113. 114. 116
Enée. Voyez *Caractere.* Son voyage en Afrique, 125
Eole. Voyez *Enée.*
Epigramme. Ce que c'est le plus souvent que l'Epigramme, 115
Epique Que la Poësie Epique se soûtient par la Fable, & ne vit que de fiction, 124 125
Eschyle, & ce qu'il a adjoûté à la Tragedie, 121
Escrire. Voyez *Penser.*
Esprit. La carriere espineuse du bel Esprit, 103
Evangile. Voyez *Mystere.*
Expression. Voyez *Idée.*
pompeux amas d'Expressions frivoles, 123

F

Fables. Combien utiles & necessaires à la Poësie Epique, 124. 125 & *Suiv.*
agreemens que la Fable offre à l'esprit, 127
Fiction. Voyez *Fables.*
Figure. Comment il faut employer les figures dans un Poëme, 128
Flateur. Differences remarquables entre l'ami & le flateur en fait d'ouvrages par escrit, 110
Foiblesses des grands cœurs, 122

H

Harmonie. Miracles que l'Harmonie a produits en naissant, 239
Haster. Se haster lentement quand on escrit, 109
Hemistiche. Qu'il doit estre suspendu, 107
Heros. Comment il faut les dépeindre dans les pieces de theatre, 122
Heros propre à interesser le Lecteur ou l'Auditeur, 127
Hesiode & ses utiles leçons, 139
Homere, & la recommandation de ses ouvrages, 129
Homme. Premiere & brutale façon de vivre des hommes comment civilisée, 138
Honnesteté. Elle est bravée dans les mots Latins, & respectée dans le François, 118
Horace. Il mesle son enjoüement à l'aigreur de la Satyre, 117

I

Jalousie. La basse jalousie des Auteurs est un vice qui suit la mediocrité, 137 138
Idée. L'expression est conforme à l'idée, 108
Idylle. Les qualitez d'une elegante Idylle, 112 113
Jeunesse. Voyez *Age.*
Jeux que l'Atheïsme esleve, & où ils conduisent, 118
Ignorant subtil, & sa complaisance en ses faux jugemens, 136
Imprudence devote 122

TABLE DES MATIERES

Orphée & ses accens, 139

Incroyable. Que l'on ne doit rien representer d'incroyable sur le Theatre. 120

Indigence. Voyez *Bassesse.*

Junon. Voyez *Enée.*

Juvenal, & les qualitez de ses Satyres, 117

L

LAngue. Combien la langue doit estre consideréee dans ce que l'on escrit, 108

Loisir. Qu'il faut travailler à loisir, 109

Lucile, premier Auteur de la Satyre, 117

M

MAdrigal. Il est noble & simple en son tour. 115. 117

Malherbe. Auteur de la juste cadence des Vers, 107. Modele des bons Poëtes, 106

Marot. L'elegant badinage de Marot, 106. 107

Mascarades de Marot. 107

Medecin grand hableur & celebre assassin, devenu Architecte, 134. 135

Menandre & ses Comedies, 131

Mer. Description vicieuse des Mers, 127. 128

Merveille absurde & sans appas, 130

Moliere. En quoi il est loüable & blasmable, 132

Mot. Heureux choix de mots harmonieux, 107

Motin, Poëte morfondu & glacé, 135

Moïse sauvé, Poëme, 104

Muse reduite aux regles du devoir par Malherbe, 107. 108

Muse forcée & ce que c'est, 113 Muse fine, 116. Muse grossiere inspirée par le vin & par le hazard, 118. Muse déreglée, 129. Muses reverées d'un juste encens dans la Grece, 139. Muse affamée, 140

Mystere. Que les Mysteres du Christianisme ne sont point susceptibles d'ornemens égayez, 125

N

NArration. Quelles doivent estre les Narrations dans un Poëme, 127

Nature. Elle sçait partager les talens entre les Auteurs, 104 Que la Nature doit estre l'unique estude des Auteurs qui pretendent aux honneurs du Comique. 131. Qu'elle est feconde en portraits bizarres, *là mesme.* Combien elle est aisée à découvrir, 133

Nom. Combien nuit à un Poëme le son dur & bizarre d'un nom, 127

O

OBjets que l'Art doit presenter à l'oreille, & non pas aux yeux, 121

Ode. Son éclat & son energie, 114

Oracles rendus en vers, 139

Oreille blessée rend le vers desagreable, 107

Ovide. Les Elegies d'Ovide, 114
Ouvrages. Quelle est la perfection d'un Ouvrage, 109

P.

Palais. Vicieuse description d'un Palais, 105
Parnasse. Les premiers ans du Parnasse François, 107
Le Parnasse decheu de sa premiere noblesse, 139
Passion. Combien les Passions sont necessaires aux pieces de Theatre, 119. Voyez *Caractere.*
Le caractere des Passions, 123
Penser. Il faut apprendre à penser avant que d'escrire, 108
Perse, & ce qu'il a particulierement affecté dans ses Vers, 117
Phenix. Heureux Phenix, qui est encore à trouver, 115
Plaire. Grand secret en fait d'action de Theatre, 120. 124. 127
Plaisant. Joindre le solide & l'utile au plaisant, 138
Plaisir. Les trompeuses amorces d'un vain plaisir, 103
Poëme brillant de sa propre beauté, 116
Recommandation d'un Poëme excellent, 129
Poësie. Preceptes remarquables pour la Poësie, 106. 107. *& suivans.*
Poëte. Qu'il faut estre nay Poëte pour bien faire des Vers, 103. Divers genies des Poëtes, 104. 105.
Description d'un mauvais Poëte, 129. 130
Avis notable pour les Poëtes, 135. 137.

Pointe en fait de Vers, d'où attirée en France, 115. Comme elle y a esté receuë & mesme dans la Prose, 116. Chassée des discours serieux, *La mesme.*
Polir & repolir ce que l'on escrit, 109
Prince, qui fait ignorer l'indigence au merite, 140. 141
Public. Le moien de meriter les amours du Public, 105

R.

Racine, Poëte fameux, 140
Recit sur le Theatre de ce que l'on ne doit point voir, 120
Regnier, Disciple ingenieux de sçavans Maistres. 117
Ressorts qui puissent attacher, necessaires aux pieces de Theatre, 120
Richesse. Qu'elle n'habite pas sur les bords du Permesse, 140
Rime. Qu'elle est une esclave, & comment l'on s'habituë aisément à la trouver, 104. Lorsqu'on la neglige elle devient rebelle, 104. l'ancienne Rime Françoise. 107
Rimes cyniques de Regnier, 117
Rimeurs craintifs, 114. Rimeurs François poussez à bout par Apollon, 115
Description d'un Rimeur furieux, 136
Roman. Tout s'excuse aisément dans un Roman, 123
Rondeaux asservis par Marot à des refreins reglez, 107. 116
Ronsard, & le fort de sa Muse, 107
Idylles Gothiques de Ronsard, 112

TABLE DES MATIERES

S.

Sagesse. Que la Sagesse a esté annoncée aux hommes par le moien des Vers, 139
Saints. Voyez *Mystere.*
Satire. La verité armée du vers de la Satire, 117. 118 *& suiv.*
Scene. Etaler ses ouvrages sur la Scene; & comment il s'y faut comprendre, 119. Que le lieu en doit estre marqué & fixé, 120 Dans quel espace de temps son sujet doit estre borné, *là mesme.* La Scene demande une exacte raison, 123
Segrais, Poëte de grande reputation, 140
Sens. Que le bon sens doit s'accorder dans les Vers avec la rime, 104. Que tout y doit tendre au bon sens, & la difficulté d'y parvenir, 105
Solecisme. Qu'il faut éviter un orgueilleux solecisme dans ce que l'on escrit, 108
Son. Concours odieux de mauvais Sons, 107
Sonnet. Les rigoureuses loix du Sonnet inventées par Apollon, & quelles elles sont, 115. Sonnet sans défauts, combien rare, & ce qu'il vaut, *là mesme.*
Sophocle, & comme il a autorisé la Tragedie chez les Grecs, 121
Sot, qui trouve un plus sot que soi, 111
Spectateur, paresseux d'applaudir, 119. 120
Stile. Qu'il faut éviter l'égalité du Stile, 105. Le Stile le moins noble a pourtant sa noblesse 106
Ce que marque un Stile rapide, 109
Sublime ennuyeux & pesant, 128
Sujet. Que le sujet d'une Piece de Theatre n'est jamais assez tost expliqué, 120

T.

Tabarin allié à Terence, 132
Tasse. Comment le Tasse s'est acquis de la reputation dans l'Italie, 126
Terence. Recommandation d'un passage de Terence, 133
Theatre. Regles & loix des actions de Theatre, 119. *& suiv.* Le plaisir du Theatre longtemps ignoré dans la France, 121 Qui l'a introduit dans Paris, & comment, 122
Le Theatre fertile en Censeurs, 124. les Auteurs n'y font pas facilement des conquestes, *là mes.* ancienne fureur du Theatre, 130
Theocrite. En quoi il doit estre imité, 113
Thespis premier Auteur de la Tragedie, 121
Tibulle. Les Elegies de Tibulle, 114
Toucher. Grand secret pour se faire applaudir sur le Theatre, 120
Tragedie & ses pointes, 116. Ses expressions, 119 l'origine les commencemens & les progrés de la Tragedie, 121
Tribut legitime de son travail, 138
Triolets de Marot, 107
Trouble qui paroist dans une action de Theatre, comment doit estre débroüillé, 121
Turlupins restez à la Cour, 161

DE L'ART POETIQUE.

V.

Vaudeville, agreable indiscret, 118
Vers. Voyez Auteur.
Que les Vers ne doivent pas estre le continuel emploi des Poëtes. 138. les fruits des premiers Vers, 138.139
Vieillesse. Voyez Age.
Ville. Que les Villes sont fertiles en modeles, 132
Villon, premier Poëte François qui ait poli la Rime, 107
Virgile. En quoi il doit estre imité, 113
Virilité. Voyez Age.
Voyelle heurtée d'une autre voyelle, 107
Vrai. Que le vrai n'est pas toûjours vrai semblable, 128

FIN.

LUTRIN

LUTRIN

POËME HEROIQVE.

AU LECTEUR.

Je ne ferai point ici comme Arioste, qui quelquefois sur le point de débiter la Fable du monde la plus absurde, la garantit vraie d'une verité reconnuë, & l'appuie mesme de l'autorité de l'Archevesque Turpin. Pour moi je declare franchement que tout le Poëme du Lutrin n'est qu'une pure fiction, & que tout y est inventé, jusqu'au nom mesme du lieu où l'action se passe : Je l'ay appellé *Pourges*, du nom d'une petite Chappelle qui estoit autrefois proche de Monlhery. C'est pourquoi le Lecteur ne doit pas s'étonner que pour y arriver de Bourgogne la Nuit prenne le chemin de Paris & de Monlhery.

C'est une assez bizarre occasion qui a donné lieu à ce Poëme. Il n'y a pas long-temps que dans une assemblée où j'estois, la conversation tomba sur le Poëme Heroïque. Chacun en parla, suivant ses lumieres. A l'égard de moi, comme on m'en eut demandé mon avis ; je soûtins ce que j'ay avancé dans ma Poëtique : qu'un Poëme Heroïque, pour estre excellent, devoit estre chargé de peu de matiere, & que c'estoit à l'Invention à la soûtenir & à l'estendre. La chose fut fort contestée. On s'échauffa beaucoup; Mais aprés bien des raisons alleguées pour & contre, il arriva ce qui arrive ordinairement en toutes ces sortes de disputes ; je veux dire, qu'on ne se persuada point l'un l'autre, & que chacun demeura ferme dans son opinion. La chaleur de la dispute estant passée, on parla d'autre chose, & on se mit à rire de la maniere dont on s'estoit eschauffé sur une question aussi peu importante que celle-là. On moralisa fort sur la folie des hommes qui passent presque toute leur vie, à faire serieusement de tres-grandes bagatelles, & qui se font souvent une affaire considerable d'une chose indifferente. A propos de cela, un Provincial raconta un Démeslé fameux, qui estoit arrivé autrefois dans une petite Eglise de sa Province, entre le Tresorier & le Chantre, qui sont les deux premieres Dignitez de cette Eglise, pour sçavoir si un Lutrin seroit placé à un endroit ou à un autre. La chose fut trouvée plaisante. Sur cela un des Sçavans de l'assemblée, qui ne pouvoit pas oublier si-tost la dispute, me demanda : Si moi, qui voulois si peu de matiere pour un Poëme Heroïque, j'entreprendrois d'en faire un, sur un Démeslé aussi peu chargé d'incidens que celui de cette Eglise. J'eus plûtost dit, Pourquoi non? que je n'eus fait reflexion sur ce qu'il me demandoit. Cela fit faire un éclat de rire à la Compagnie, & je ne pûs m'empescher de rire comme les autres: ne pensant pas en effet moi-mesme que je dûsse jamais me mettre en estat de tenir parole. Nean-moins le soir me trouvant de loisir, je resvai à la chose, & ayant imaginé en general la plaisanterie que le Lecteur va voir; j'en fis vingt vers que je montrai à mes amis. Ce commencement les réjoüit assés. Le plaisir que je vis qu'ils y prenoient m'en fit faire encore vingt autres: Ainsi de vingt vers en vingt vers, j'ay poussé enfin l'Ouvrage à prés de neuf cens. Voilà toute l'histoire de la bagatelle que je donne au Public. J'aurois bien voulu la lui donner achevée: Mais des raisons tres-secretes, & dont le Lecteur trouvera bon que je ne l'instruise pas, m'en ont empesché. Je ne me serois pourtant pas pressé de le donner imparfait, comme il est, n'eust esté les miserables fragmens, qui en ont couru. C'est un Burlesque nouveau, dont je me suis avisé en nostre Langue. Car au lieu que dans l'autre Burlesque Didon & Enée parloient comme des Harangeres & des Crocheteurs; dans celui-ci une Horlogere & un Horloger parlent comme Didon & Enée. Je ne sçay donc si mon Poëme aura les qualités propres à satisfaire un

Lecteur : mais j'ose me flater qu'il aura au moins l'agrément de la nouveauté, puisque je ne pense pas, qu'il y ait d'ouvrage de cette nature en nostre Langue : La defaite des Bouts rimés de Sarazin estant plûtost une pure Allegorie, qu'un Poëme comme celui-ci.

LE LUTRIN

POËME HEROIQVE.

CHANT PREMIER.

E chante les combats, & ce Prelat terrible
Qui par ses longs travaux, & sa force invincible,
Dans Pourges autrefois exerçant son grand cœur,
Fit placer à la fin un Lutrin dans un Chœur.
En vain deux fois le Chantre, appuié d'un vain titre,
Contre ses hauts projets arma tout le Chapitre.
Ce Prelat genereux aidé d'un Horloger,
Soûtint jusques au bout l'honneur de son clocher.

Muse, redy moi donc, quelle ardeur de vengeance
De ces Hommes sacrez rompit l'intelligence,
Et troubla si long temps deux celebres Rivaux.
Tant de fiel entre-t-il dans l'ame des devots?

 Et Toi, fameux Heros, dont la sage entremise
De ce Schisme naissant débarrassa l'Eglise;
Vien d'un regard heureux animer mon projet,
Et garde toi de rire en ce grave sujet.

 Parmi les doux plaisirs d'une paix fraternelle,
Pourges voioit fleurir son antique Chapelle.
Ses Chanoines vermeils & brillans de santé
S'engraissoient d'une longue & sainte oysiveté.
Sans sortir de leurs licts plus doux que leurs hermines,
Ces pieux Faineans faisoient chanter Matines:
Veilloient à bien disner, & laissoient, en leur lieu,
A des Chantres gagés le soin de loüer Dieu.

 Quand la Discorde, encor toute noire de crimes,
Sortant des Cordeliers pour aller aux Minimes,
Avec cet air hideux qui fait fremir la Paix,
S'arresta prés d'un arbre au pié de son Palais.
Là, d'un œil attentif, contemplant son empire,
A l'aspect du tumulte, elle mesme s'admire:
Elle y void par le coche & d'Evreux & du Mans,
Accourir à grands flots ses fideles Normans:
Elle y void aborder le Marquis, la Comtesse,
Le Bourgeois, le Manant, le Clergé, la Noblesse,
Et par tout, des Plaideurs les escadrons épars
Faire autour de Themis flotter ses estendars.
Mais une Eglise seule à ses yeux immobile,
Garde, au sein du tumulte, une assiette tranquille.

CHANT PREMIER.

Elle seule la brave : elle seule aux procez
De ses paisibles murs veut deffendre l'accez.
La Discorde, à l'aspect d'un calme qui l'offence,
Fait sifler ses serpens, s'excite à la vengeance :
Sa bouche se remplit d'un poison odieux,
Et de longs traits de feu lui sortent par les yeux.
 Quoi ? dit-elle, d'un ton qui fit trembler les vitres,
J'aurai pû jusqu'ici broüiller tous les Chapitres,
Diviser Cordeliers, Carmes & Celestins ?
J'aurai fait soûtenir un siege aux Augustins ?
Et cette Eglise seule à mes ordres rebelle
Nourira dans son sein une paix éternelle ?
Suis-je donc la Discorde ? (a) parmi les Mortels,
Qui voudra desormais encenser mes autels ?
 A ces mots, d'un bonnet couvrant sa teste énorme,
Elle prend d'un vieux Chantre & la taille & la forme :
Elle peint de bourgeons son visage guerrier,
Et s'en va de ce pas trouver le Tresorier.
Dans le reduit obscur d'une alcove enfoncée,
S'esleve un lict, de plume à grands frais amassée.
Quatre rideaux pompeux, par un double contour,
En deffendent l'entrée à la clarté du jour.
Là, parmi les douceurs d'un tranquille silence,
Regne sur le duvet une heureuse Indolence.
C'est là que le Prelat muni d'un déjeuner,
Dormant d'un leger somme, attendoit le disner.
La Jeunesse en sa fleur brille sur son visage :
Son menton sur son sein descend à double estage :
Et son corps ramassé dans sa courte grosseur,
Fait gemir les coussins sous sa molle épaisseur.

La Deesse, en entrant, qui void la nappe mise
Admire un si bel ordre & reconnoist l' * * *
Et marchant à grands pas vers le lieu du repos,
Au Prelat sommeillant, elle adresse ces mots.

 Tu dors? Prélat, tu dors? & là-haut à ta place,
Le Chantre aux yeux du Chœur estale son audace,
Chante les Oremus, *fait des Processions,*
Et respand à grands flots les benedictions.
Tu dors? attens-tu donc, que sans bulle & sans titre
Il te ravisse encor le Rochet & la Mitre?
Sors de ce lit oyseux, qui te tient attaché,
Et renonce au repos, ou bien à l'Evesché.

 Elle dit: & du vent de sa bouche prophane,
Lui soufle avec ces mots l'ardeur de la chicane.
Le Prelat se réveille, & plein d'émotion
Lui donne toutefois la benediction.
Tel qu'on void un Taureau, qu'une Guespe en furie
A piqué dans les flancs, aux despens de sa vie:
Le superbe Animal agité de tourmens,
Exhale sa douleur en longs mugissemens.
Tel le fougueux Prelat, que ce songe épouvante,
Querelle en se levant & Laquais & Servante:
Et d'un juste courroux rallumant sa vigueur,
Mesme avant le disner, parle d'aller au Chœur.
Le prudent Gilotin, son Aumosnier fidele,
En vain par ses conseils sagement le rappelle:
Lui montre le peril: Que midi va sonner:
Qu'il va faire s'il sort refroidir le disner.

 Quelle fureur, dit-il, quel aueugle caprice,
Quand le disner est prest, vous appelle à l'Office?

CHANT PREMIER.

De voſtre dignité ſoûtenés mieux l'éclat.
Eſt-ce pour travailler que vous eſtes Prélat?
A quoi bon ce dégouſt & ce zele inutile?
Eſt-il donc pour jeuſner Quatre-temps, ou Vigile?
Reprenés vos eſprits & ſouvenez-vous bien,
Qu'un diſner réchauffé ne valut jamais rien.
 Ainſi dit Gilotin, & ce Miniſtre ſage
Sur table, au meſme inſtant, fait ſervir le potage.
Le Prélat void la ſoupe, & plein d'un ſaint reſpect
Demeure quelque temps muët à cet aſpect.
Il cede, il diſne enfin: mais toûjours plus farouche,
Les morceaux trop haſtés ſe preſſent dans ſa bouche.
Gilotin en gemit, & ſortant de fureur,
Chés tous ſes Partiſans va ſemer la terreur.
On void courir chés lui leurs troupes éperduës:
Comme l'on void marcher les bataillons de Gruës,
Quand le Pygmée altier redoublant ſes efforts,
De l'Hebre ou du Strymon vient d'occuper les bords.
A l'aſpect imprévû de leur foule agréable,
Le Prélat radouci veut ſe lever de table.
Son viſage n'a plus cet air ſi furibon:
Il fait par Gilotin rapporter un jambon.
Lui-meſme le premier, pour honorer la troupe,
D'un vin pur & vermeil il fait remplir ſa coupe:
Il l'avale d'un trait: & chacun l'imitant,
La cruche au large ventre eſt vuide en un inſtant.
Si-toſt que du nectar la troupe eſt abreuvée,
On deſſert: & ſoudain la nappe eſtant levée,
Le Prélat, d'une voix conforme à ſon malheur,
Leur confie en ces mots ſa trop juſte douleur.

V

Illustres Compagnons de mes longues fatigues,
Qui m'avés soûtenu par vos pieuses ligues,
Et par qui, maistre enfin d'un Chapitre insensé,
Seul à Magnificat *je me vois encensé.*
Souffrirés-vous toûjours qu'un orgueilleux m'outrage
Que le Chantre à vos yeux détruise vostre ouvrage:
Usurpe tous mes droits, & s'égalant à moi
Donne à vostre Lutrin & le ton & la loi?
Ce matin mesme encor (ce n'est point un mensonge,
Une Divinité me l'a fait voir en songe.)
L'Insolent s'emparant du fruit de mes travaux,
A prononcé pour moi le Benedicat vos.
Oui, pour mieux m'égorger, il prend mes propres armes.

 Le Prélat à ces mots verse un torrent de larmes.
Il veut, mais vainement poursuivre son discours.
Ses sanglots redoublés en arrestent le cours.
Le zelé Gilotin, qui prend part à sa gloire,
Pour lui rendre la voix fait rapporter à boire.
Quand Sidrac, à qui l'âge alonge le chemin,
Arrive dans la chambre, un baston à la main.
Ce Vieillard dans le Chœur a déja veu quatre âges:
Il sçait de tous les temps les differens usages:
Et son rare sçavoir, de simple Marguillier,
L'esleva par degrés au rang de Cheffecier.*
A l'aspect du Prélat qui tombe en défaillance,
Il devine son mal: il se ride, il s'avance,
Et d'un ton paternel reprimant ses douleurs.

 Laisse au Chantre dit-il, la tristesse & les pleurs,
Prélat, & pour sauver tes droits & ton empire,
Ecoute seulement ce que le Ciel m'inspire.

* ¡C'est celui qui a soin des Chapes & de la Cire.

CHANT PREMIER.

Vers cet endroit du Chœur, où le Chantre orgueilleux
Montre, assis à ta gauche, un front si sourcilleux,
Sur ce rang d'ais serrés qui forment sa closture,
Fut jadis un Lutrin d'inegale structure,
Dont les flancs eslargis, de leur vaste contour
Ombrageoient pleinement tous les lieux d'alentour.
Derriere ce Lutrin, ainsi qu'au fond d'un antre,
A peine sur son banc on discernoit le Chantre :
Tandis qu'à l'autre banc le Prelat radieux
Découvert au grand jour attiroit tous les yeux.
Mais un Demon fatal à cette ample machine,
Soit qu'une main la nuit eust hasté sa ruine,
Soit qu'ainsi de tout temps l'ordonnast le destin,
Fit tomber à nos yeux le Pupitre un matin.
J'eus beau prendre le Ciel & le Chantre à partie :
Il falut l'emporter dans nostre Sacristie,
Où depuis trente hyvers sans gloire enseveli,
Il languit tout poudreux dans un honteux oubli.
Enten moi donc, Prélat. Dés que l'ombre tranquille
Viendra d'un crespe noir envelopper la ville :
Il faut que trois de nous, sans tumulte, & sans bruit,
Partent à la faveur de la naissante nuit,
Et du Lutrin rompu reünissant la masse,
Aillent d'un zele adroit le remettre en sa place.
Si le Chantre demain ose le renverser,
Alors de cent Arrests tu le peux terrasser.
Pour soûtenir tes droits, que le Ciel authorise,
Abisme tout pluftost, c'est l'esprit de l'Eglise.
C'est par là qu'un Prelat signale sa vigueur.
Ne borne pas ta gloire à prier dans un Chœur.

Ces vertus dans Aleth peuvent estre en usage :
Mais dans Pourges, plaidons : c'est la nostre partage.
Tes benedictions dans le trouble croissant,
Tu pourras les respandre & par vingt, & par cent :
Et pour braver le Chantre en son orgueil extreme,
Les respandre à ses yeux, & le benir lui-mesme.
 Ce Discours aussi-tost frappe tous les esprits :
Et le Prélat charmé l'approuve par des cris.
Il veut que sur le champ dans la troupe on choisisse
Les trois que Dieu destine à ce pieux office.
Mais chacun pretend part à cet illustre emploi.
Le sort, dit le Prélat, vous servira de loi.
Que l'on tire au billet ceux que l'on doit élire.
Il dit, on obeït, on se presse d'escrire.
Aussi-tost trente noms sur le papier tracés
Sont au fond d'un bonnet par billets entassés.
Pour tirer ces billets avec moins d'artifice,
Guillaume enfant de chœur prête sa main novice.
Son front nouveau tondu, symbole de candeur,
Rougit en approchant d'une honneste pudeur.
Cependant le Prélat, l'œil au Ciel, la main nuë,
Benit trois fois les noms, & trois fois les remuë.
Il tourne le bonnet. L'Enfant tire : & Brontin
Est le premier des noms qu'apporte le Destin.
Le Prélat en conçoit un favorable augure,
Et ce nom dans la troupe excite un doux murmure.
On se taist, & bien-tost on void paroistre au jour
Le nom, le fameux nom de l'Horloger la Tour.
Ce nouvel Adonis, à la taille legere,
Est l'unique souci d'Anne son Horlogere.

CHANT PREMIER.

Ils s'adorent l'un l'autre, & ce couple charmant
S'unit long-temps, dit-on, avant le Sacrement :
Mais depuis trois moissons à leur saint assemblage,
L'Official a joint le nom de mariage.
Cet Horloger superbe est l'effroi du cartier,
Et son courage est peint sur son visage altier.
Un des noms reste encor, & le Prélat par grace
Une derniere fois les brouille & les refasse.
Chacun croit que son nom est le dernier des trois.
Mais que ne dis-tu point, ô puissant porte-croix,
Boirude Sacristain, cher appui de ton Maistre,
Lors qu'aux yeux du Prélat tu vis ton nom paraistre ?
On dit, que ton front jaune, & ton teint sans couleur
Perdit en ce moment son antique pasleur :
Et que ton corps gouteux plein d'une ardeur guerriere,
Pour sauter au plancher fit deux pas en arriere.
Chacun benit tout haut l'Arbitre des Humains
Qui remet leur bon droit en de si bonnes mains.
Aussi-tost on se leve, & l'assemblée en foule,
Avec un bruit confus, par les portes s'escoule.
  Le Prelat resté seul calme un peu son dépit,
Et jusques au souper se couche & s'assoupit.

CHANT II.

CEPENDANT cet Oyseau qui prosne les merveilles,
Ce Monstre composé de bouches & d'oreilles,
Qui sans cesse vôlant de climats en climats,
Dit par tout ce qu'il sçait, & ce qu'il ne sçait pas,
La Renommée enfin, d'une course legere,
Va porter la terreur au sein de l'Horlogere :
Lui dit que son Espoux d'un faux zele conduit,
Pour placer un Lutrin doit veiller cette nuit.
Que sous ce piege adroit, cet Amant infidele
Trame le noir complot d'une flamme nouvele :
Las des baisers permis qu'en ses bras il reçoit,
Et porte en d'autres lieux le tribut qu'il lui doit.
A ce triste recit tremblante & desolée,
Elle accourt l'œil en feu, la teste eschevelée,
Et trop seure d'un mal, qu'on pense lui celer.
 Oses tu bien encor, Traistre, dissimuler?
Dit elle, & ni la foi que ta main m'a donnée,
Ni nos embrassemens qu'a suivi l'Hymenée,
Ni ton Epouse enfin toute preste à perir,
Ne sçauroient donc t'oster cette ardeur de courir?
Perfide, si du moins à ton devoir fidele
Tu veillois pour regler quelque horloge nouvele;

CHANT SECOND.

L'espoir d'un juste gain consolant ma langueur,
Pourroit de ton absence adoucir la longueur.
Mais quel zele indiscret, quelle aveugle entreprise
Arme aujourd'huy ton bras en faveur d'une Eglise.
Où vas tu, cher Epoux? Est-ce que tu me fuis?
As tu donc oublié tant de si douces nuits?
Quoi? d'un œil sans pitié vois-tu couler mes larmes?
Au nom de nos baisers jadis si pleins de charmes,
Si mon cœur de tout temps facile à tes desirs
N'a jamais d'un moment differé tes plaisirs;
Si pour te prodiguer mes plus tendres caresses
Je n'ay point exigé ni sermens ni promesses;
Si toi seul à mon lict enfin eus toûjours part,
Differe au moins d'un jour ce funeste départ.

En achevant ces mots, cette Amante enflammée
Sur un placet voisin tombe demi pasmée.
Son Epoux s'en emeut, & son cœur éperdu
Entre deux passions demeure suspendu:
Mais enfin rappellant son audace premiere.

Ma Femme, luy dit-il, d'une voix douce & fiere;
Je ne veux point nier les solides bienfaits
Dont ton amour prodigue a comblé mes souhaits:
Et le Rhin de ses flots ira grossir la Loire,
Avant que tes faveurs sortent de ma memoire.
Mais ne presume pas, qu'en te donnant ma foi,
L'Hymen m'ayt pour jamais asservi sous ta loi.
Si le Ciel en mes mains eust mis ma destinée,
Nous aurions fui tous deux le joug de l'Hymenée:
Et sans nous opposer ces devoirs pretendus,
Nous gousterions encor des plaisirs deffendus.

Cesse donc à mes yeux d'estaler un vain titre.
Ne m'oste pas l'honneur d'eslever un Pupitre :
Et toi-mesme donnant un frein à tes desirs
Raffermi ma vertu qu'ébranlent tes soûpirs.
Que te dirai-je enfin ? c'est le Ciel qui m'appelle :
Une Eglise, un Prélat m'engage en sa querelle.
Il faut partir : j'y cours : dissipe tes douleurs,
Et ne me trouble plus par ces indignes pleurs.

 Pendant tout ce discours l'Horlogere eplorée
A le visage pasle, & la veuë egarée :
Elle tremble, & sur lui roulant des yeux hagards,
Quelque temps sans parler, laisse errer ses regards:
Mais enfin sa douleur se faisant un passage,
Elle eclate en ces mots, que lui dicte la rage.

 Non, ton Pere à Paris ne fut point Boulenger :
Et tu n'es point du sang de Gervais l'Horloger :
Ta Mere ne fut point la maistresse d'un Coche :
Caucase dans ses flancs te forma d'une roche.
Une Tygresse affreuse, en quelque antre écarté,
Te fit avec son laict succer sa cruauté.
Car, pourquoi desormais flater un infidele ?
En attendrai-je encor quelque injure nouvelle ?
L'Ingrat, a-t'il du moins, en violant sa foi,
Balancé quelque temps entre un Lutrin & moi ?
A-t'il pour me quitter tesmoigné quelque alarme ?
Ay-je pû de ses yeux arracher une larme ?
Mais que servent ici ces discours superflus ?
Va, cours à ton Lutrin : je ne te retiens plus.
Ri des justes douleurs d'une Amante jalouse :
Mais ne croi plus en moi retrouver une Epouse.

CHANT SECOND.

Tu me verras toûjours constante à me vanger,
De reproches hargneux sans cesse t'affliger.
Et quand la Mort bien-tost dans le fond d'une biere,
D'une eternelle nuit couvrira ma paupiere,
Mon ombre chaque jour reviendra dans ces lieux,
Un Pupitre à la main, se montrer à tes yeux:
Roder autour de toi dans l'horreur des tenebres:
Et remplir ta maison de hurlemens funebres.
C'est alors: mais trop tard qu'en proie à tes chagrins,
Ton cœur froid & glacé maudira les Lutrins:
Et mes manes contens aux bords de l'Onde noire,
Se feront de ta peur une agreable histoire.

 En achevant ces mots, cette Amante aux abois
Succombe à la douleur qui lui coupe la voix.
Elle fuit & de pleurs inondant son visage,
Seule pour s'enfermer vole au cinquiéme estage:
Mais d'un bouge prochain accourant à ce bruit,
Sa servante Alizon la rattrape, & la suit.

 Les ombres cependant sur la ville épanduës
Du faiste des maisons descendent dans les ruës:
Le souper hors du Chœur chasse les Chapelains,
Et de Chantres beuvans les cabarets sont pleins.
Le redouté Brontin que son devoir éveille,
Sort à l'instant chargé d'une triple bouteille,
D'un vin, dont Gilotin, qui sçavoit tout prevoir,
Au sortir du conseil eut soin de le pourvoir.
L'odeur d'un jus si doux lui rend le faix moins rude.
Il est bien-tost suivi du Sacristain Berude,
Et tous deux de ce pas s'en vont avec chaleur
Du trop lent Horloger réveiller la valeur.

X

Partons, lui dit Brontin : Déja le jour plus sombre
Dans les eaux s'éteignant va faire place à l'ombre.
D'où vient ce noir chagrin que je lis dans tes yeux ?
Quoi ? le Pardon sonnant te retrouve en ces lieux ?
Où donc est ce grand cœur, dont tantost l'allegresse
Sembloit du jour trop long accuser la paresse ?
Marche, & suy nous du moins où l'honneur nous attend.

    L'Horloger indigné rougit en l'écoutant.
Aussi-tost de longs clous il prend une poignée :
Sur son épaule il charge une lourde coignée :
Et derriere son dos, qui tremble sous le poids,
Il attache une scie en forme de carquois.
Il sort au mesme instant, il se met à leur teste.
A suivre ce grand Chef l'un & l'autre s'appreste.
Leur cœur semble allumé d'un zele tout nouveau.
Brontin tient un maillet, & Boirude un marteau.
La Lune qui du Ciel void leur demarche altiere,
Retire en leur faveur sa paisible lumiere.
La Discorde en soûrit, & les suivant des yeux,
De joie en les voiant pousse un cri dans les Cieux.
L'air qui gemit du cri de l'horrible Deesse,
Va jusques dans C*** réveiller la Mollesse.
C'est là qu'en un Dortoir elle fait son séjour.
Les Plaisirs nonchalans folastrent à l'entour.
L'un paistrit dans un coin l'embonpoint des Chanoines :
L'autre broye en riant le vermillon des Moines :
La Volupté la sert avec des yeux devots ;
Et toûjours le Sommeil lui verse des pavots.
Ce soir plus que jamais en vain il les redouble.
La Mollesse à ce bruit se réveille, se trouble.

CHANT SECOND.

Quand la Nuit, qui déja va tout envelopper,
D'un funeste recit vient encor la frapper:
Lui conte du Prelat l'entreprise nouvelle.
Aux piés des murs sacrés d'une Sainte Chappelle
Elle a veu trois Guerriers ennemis de la Paix,
Marcher à la faveur de ses voiles épais.
La Discorde en ce lieu menace de s'accroistre.
Demain avec l'Aurore un Lutrin va paroistre,
Qui doit y soûlever un peuple de mutins.
Ainsi le Ciel l'escrit au livre des Destins.

 A ce triste Discours, qu'un long soûpir acheve,
La Mollesse en pleurant sur un bras se releve,
Ouvre un œil languissant, & d'une foible voix,
Laisse tomber ces mots, qu'elle interrompt vingt fois.
O Nuit, que m'as-tu dit? Quel Demon sur la Terre
Soufle dans tous les cœurs la fatigue & la guerre?
Helas! qu'est devenu ce temps, cet heureux temps,
Où les Rois s'honoroient du nom de Faineans,
S'endormoient sur le Throsne, & me servant sans
  honte,
Laissoient leur sceptre aux mains ou d'un Maire ou
  d'un Comte?
Aucun soin n'approchoit de leur paisible Cour.
On reposoit la nuit: On dormoit tout le jour.
Seulement au Printemps, quand Flore dans les plaines
Faisoit taire des Vents les bruyantes haleines,
Quatre bœufs attelés, d'un pas tranquille & lent,
Promenoient dans Paris le Monarque indolent.
Ce doux siecle n'est plus. Le Ciel impitoiable
A placé sur le Throsne un Prince infatigable.

Il brave mes douceurs : il eſt ſourd à ma voix :
Tous les jours il m'éveille au bruit de ſes exploits.
Rien ne peut arreſter ſa vigilante audace.
L'Eſté n'a point de feux, l'Hyver n'a point de glace.
J'entens à ſon ſeul nom tous mes Sujets fremir.
En vain deux fois la Paix a voulu l'endormir :
Loin de moi ſon courage entraîné par la gloire
Ne ſe plaiſt qu'à courir de victoire en victoire.
Je me fatiguerois à te tracer le cours
Des outrages cruels qu'il me fait tous les jours.
Je croiois, loin des lieux d'où ce Prince m'exile,
Que l'Egliſe du moins m'aſſeuroit un azile.
Mais en vain j'eſperois y regner ſans effroi :
Moines, Abbés, Prieurs, tout s'arme contre moi.
Par mon exil honteux la Trape eſt ennoblie.
J'ay vû dans Saint Denys la reforme eſtablie.
Le Carme, le Feüillant s'endurcit aux travaux :
Et la Regle déja ſe remet dans Clervaux.
Ciſteaux dormoit encore, & la Sainte Chapelle
Conſervoit du vieux temps l'oyſiveté fidele;
Et voici qu'un Lutrin preſt à tout renverſer,
D'un ſéjour ſi cheri vient encor me chaſſer.
O Toi, de mon repos compagne aimable & ſombre,
A de ſi noirs forfaits preſteras-tu ton ombre ?
Ah ! Nuit, ſi tant de fois dans les bras de l'Amour
Je t'admis aux plaiſirs que je cachois au jour;
Du moins ne permets pas . . . . . . La Molleſſe oppreſſée
Dans ſa bouche à ce mot ſent ſa langue glacée,
Et laſſe de parler, ſuccombant ſous l'effort,
Soûpire, eſtend les bras, ferme l'œil, & s'endort.

CHANT III.

MAIS la Nuit aussi-tost de ses aisles affreuses,
Couvre des Bourguignons les campagnes vineuses :
Revole vers Paris, & hastant son retour,
Déja de Monlheri void la fameuse tour.
Ses murs, dont le sommet se dérobe à la veuë,
Sur la cime d'un roc s'alongent dans la nuë,
Et presentant de loin leur objet ennuieux,
Du Passant qui le fuit semblent suivre les yeux.
Mille oyseaux effraians, mille corbeaux funebres
De ces murs desertés habitent les tenebres.
Là depuis trente hyvers un Hibou retiré
Trouvoit contre le jour un refuge asseuré.
Des desastres fameux, ce Messager fidele
Sçait toûjours des malheurs la premiere nouvele,
Et tout prest d'en semer le présage odieux,
Il attendoit la Nuit dans ces sauvages lieux.
Aux cris, qu'à son abord vers le Ciel il envoie,
Il rend tous ses Voisins attristés de sa joie.
La plaintive Progné de douleur en fremit :
Et dans les bois prochains Philomele en gemit.
  Suy moi, lui dit la Nuit. L'Oyseau plein d'allegresse
Reconnoist à ce ton la voix de sa Maistresse.

X iiij

Il la fuit : & tous deux, d'un cours précipité,
De Bourges à l'instant abordent la Cité.
Là s'élançant d'un vol que le vent favorise,
Ils montent au sommet de la fatale Eglise.
La Nuit baisse la veuë, & du haut du clocher
Observe les Guerriers, les regarde marcher.
Elle void l'Horloger qui, d'une main legere,
Tient un verre de vin qui rit dans la fougere :
Et chacun tour à tour s'inondant de ce jus,
Celebrer en beuvant Gilotin & Bacchus.
Ils triomphent, dit-elle, & leur ame abusée
Se promet dans mon ombre une victoire aisée.
Mais allons, il est temps qu'ils connoissent la Nuit.
A ces mots regardant le Hibou qui la suit,
Elle perce les murs de la voute sacrée :
Jusqu'en la Sacristie elle s'ouvre une entrée,
Et dans le ventre creux du Pupitre fatal
Va placer de ce pas le sinistre Animal.

 Mais les trois Champions pleins de vin & d'audace,
Du Palais cependant passent la grande place :
Et suivant de Bacchus les auspices sacrés,
De l'auguste Chappelle ils montent les degrés.
Ils atteignoient déja le superbe Portique,
Où Ribou le Libraire, au fond de sa boutique,
Sous vingt fideles clefs, garde & tient en depost
L'amas toûjours entier des escrits de Burfost.
Quand Boirude, qui voit que le peril approche,
Les arreste, & tirant un fusil de sa poche,
Des veines d'un caillou, qu'il frappe au mesme instant,
Il fait jaillir un feu qui petille en sortant :

CHANT TROISIESME.

Et bien-tost au brazier d'une mesche enflammée,
Montre, à l'aide du souffre, une cire allumée.
Cet Astre tremblotant, dont le jour les conduit,
Est pour eux un Soleil au milieu de la nuit.
Le Temple à sa faveur est ouvert par Boirude.
Ils passent de la Nef la vaste solitude,
Et dans la Sacristie entrant, non sans terreur,
En percent jusqu'au fond la tenebreuse horreur.
C'est-là que du Lutrin gist la machine énorme.
La Troupe quelque temps en admire la forme.
Quand l'Horloger, qui tient les momens precieux.

 Ce spectacle n'est pas pour amuser nos yeux,
Dit-il, le temps est cher, portons-le dans le Temple :
C'est là qu'il faut demain qu'un Prélat le contemple.
Et d'un bras, à ces mots, qui peut tout ébranler,
Lui-mesme se courbant s'appreste à le rouler.
Mais à peine il y touche, ô prodige incroiable !
Que du Pupitre sort une voix effroiable.
Brontin en est ému : le Sacristain paslit :
Et l'Horloger commence à regretter son lit.
Dans son hardi projet toutefois il s'obstine :
Lorsque des flancs poudreux de la vaste machine
L'Oyseau sort en couroux, & d'un cri menaçant
Acheve d'estonner l'Horloger paslissant.
De ses aisles dans l'air secoüant la poussiere,
Dans la main de Boirude il esteint la lumiere.
Les Guerriers à ce coup demeurent confondus.
Ils regagnent la Nef de frayeur éperdus.
Sous leurs corps tremblotans leurs genoux s'affoiblissent.
D'une subite horreur leurs cheveux se herissent :

Et bien-tost, au travers des ombres de la nuit,
Le timide Escadron se dissipe & s'enfuit.

   Ainsi lorsqu'en un coin, qui leur tient lieu d'azile,
D'Ecoliers libertins une Troupe indocile,
Loin des yeux d'un Préfet au travail assidu,
Va tenir quelquefois un Berlan deffendu:
Si du veillant Argus la figure effraiante,
Dans l'ardeur du plaisir à leurs yeux se presente,
Le jeu cesse à l'instant, l'azile est deserté,
Et tout fuit à grands pas le Tyran redouté.

   La Discorde, qui void leur honteuse disgrace,
Dans les airs cependant tonne, éclate, menace:
Et malgré la frayeur dont leurs cœurs sont glacés,
S'appreste à réunir ses Soldats dispersés.
Aussi-tost de Sidrac elle emprunte l'image:
Elle ride son front, alonge son visage,
Sur un baston noüeux laisse courber son corps,
Dont la Chicane semble animer les ressorts,
Prend un cierge en sa main, & d'une voix cassée,
Vient ainsi gourmander la Troupe terrassée.

   Lasches, où fuiés vous? Quelle peur vous abbat?
Aux cris d'un vil Oyseau vous cedés sans combat.
Où sont ces beaux discours jadis si pleins d'audace?
Craignés-vous d'un Hibou l'impuissante grimace?
Que feriés vous, helas! si quelque exploit nouveau
Chaque jour, comme moi, vous traînoit au Barreau?
S'il faloit sans amis, briguant une audience,
D'un Magistrat glacé soûtenir la presence:
Ou d'un nouveau procés, hardi solliciteur,
Aborder sans argent un Clerc de Rapporteur?

Croiés

CHANT TROISIESME.

Croiés moi, mes Enfans: je vous parle à bon titre.
J'ay moi seul autrefois plaidé tout un Chapitre:
Et le Barreau n'a point de Monstres si hagards,
Dont mon œil n'ait cent fois soûtenu les regards.
Tous les jours sans trembler j'assiegeois leurs passages.
L'Eglise estoit alors fertile en grands courages.
Le moindre d'entre nous sans argent, sans appui,
Eust plaidé le Prelat & le Chantre avec lui.
Le Monde, de qui l'âge avance les ruïnes,
Ne peut plus enfanter de ces ames divines:
Mais que vos cœurs du moins imitant leurs vertus,
De l'aspect d'un Hibou ne soient pas abattus.
Songés, quel deshonneur va soüiller vostre gloire,
Quand le Chantre demain entendra sa victoire.
Vous verrés tous les jours, le Chanoine insolent,
Au seul mot de Hibou, vous soûrire en parlant.
Vostre ame à ce penser de colere murmure:
Allés donc de ce pas en prévenir l'injure.
Merités les lauriers qui vous sont reservés,
Et ressouvenés vous quel Prelat vous servés.
Mais déja la fureur dans vos yeux estincelle.
Marchés, courés, volés où l'honneur vous appelle.
Que le Prelat surpris d'un changement si promt
Apprenne la vengeance aussi-tost que l'affront.
 En achevant ces mots, la Deesse guerriere
De son pié trace en l'air un sillon de lumiere,
Rend aux trois Champions leur intrepidité,
Et les laisse tous pleins de sa Divinité.
 C'est ainsi, grand Condé, qu'en ce combat celebre,
Où ton bras fit trembler le Rhin, l'Escaut, & l'Ebre.

Lors qu'aux plaines de Lens nos bataillons pouſſés
Furent preſque à tes yeux ouverts & renverſés:
Ta Valeur arreſtant les Troupes fugitives,
Rallia d'un regard leurs cohortes craintives:
Reſpandit dans leurs rangs ton eſprit belliqueux,
Et força la Victoire à te ſuivre avec eux.

 La colere à l'inſtant ſuccedant à la crainte,
Ils rallument le feu de leur bougie eſteinte.
Ils rentrent. L'Oyſeau ſort. L'Eſcadron raffermi
Rit du honteux départ d'un ſi foible Ennemi.
Auſſi-toſt dans le Chœur la Machine emportée
Eſt ſur le banc du Chantre à grand bruit remontée.
Ses ais demi pouris, que l'âge a relaſchés,
Sont à coups de maillet unis & raprochés.
Sous les coups redoublés tous les bancs retentiſſent,
Les murs en ſont émus, les voûtes en mugiſſent,
Et l'Orgue meſme en pouſſe un long gemiſſement.
Que fais-tu Chantre, helas! dans ce triſte moment?
Tu dors d'un profond ſomme, & ton cœur ſans allarmes
Ne ſçait pas qu'on baſtit l'inſtrument de tes larmes.
O! que ſi quelque bruit, par un heureux réveil,
T'annonçoit du Lutrin le funeſte appareil!
Avant que de ſouffrir qu'on en poſaſt la maſſe;
Tu viendrois en apoſtre expirer dans ta place,
Et martyr glorieux d'un point d'honneur nouveau,
Offrir ton corps aux cloux, & ta teſte au marteau.

 Mais déja ſur ton banc la Machine enclavée
Eſt durant ton ſommeil à ta honte eſlevée.
Le Sacriſtain acheve en deux coups de rabot:
Et le Pupitre enfin tourne ſur ſon pivot.

CHANT IV.

ES Cloches dans les airs, de leurs voix argentines,
Appelloient à grand bruit les Chantres à Matines :
Quand leur Chef agité d'un sommeil effraiant,
Encor tout en sueur, se réveille en criant.
Aux élans redoublés de sa voix douloureuse,
Tous ses Valets tremblans quittent la plume oyseuse.
Le vigilant Girot court à lui le premier.
C'est d'un Maistre si saint le plus digne Officier.
La porte dans le Chœur à sa garde est commise :
Valet souple au logis, fier Huissier à l'Eglise.
 Quel chagrin, lui dit-il, trouble vostre sommeil ?
Quoi ? voulés-vous au Chœur prevenir le Soleil ?
Ah ! dormés : (*a*) laissés à des Chantres vulgaires,
Le soin d'aller si-tost meriter leurs salaires.
 Ami, lui dit le Chantre encor pasle d'horreur,
N'insulte point, de grace, à ma juste terreur.
Mesle plustost ici tes soûpirs à mes plaintes,
Et tremble en écoutant le sujet de mes craintes.
Pour la seconde fois un sommeil gracieux
Avoit sous ses pavots appesanti mes yeux :
Quand l'esprit enyvré d'une douce fumée
J'ay crû remplir au Chœur ma place accoûtumée.

Y ij

Là triomphant aux yeux des Chantres impuissans,
Je benissois le peuple, & j'avalois l'encens :
Lorsque du fond caché de nostre Sacristie,
Une épaisse nuée à longs flots est sortie,
Qui s'ouvrant à mes yeux, dans son bluastre éclat,
M'a fait voir un Serpent conduit par le Prelat.
Du corps de ce Dragon plein de souffre & de nitre,
Une teste sortoit en forme de Pupitre,
Dont le triangle affreux tout herissé de crins,
Surpassoit en grosseur nos plus épais Lutrins.
Animé par son guide en siflant il s'avance :
Contre moi sur mon banc, je le voy qui s'eslance.
J'ay crié, mais en vain : & fuiant sa fureur,
Je me suis réveillé plein de trouble & d'horreur.

 Le Chantre s'arrestant à cet endroit funeste,
A ses yeux effraiés laisse dire le reste.
Girot en vain l'assure, & riant de sa peur,
Nomme sa vision l'effet d'une vapeur.
Le desolé Vieillard qui hait la raillerie,
Lui defend de parler, sort du lit en furie.
On apporte à l'instant ses somptueux habits,
Où sur l'oüate molle éclate le tabis :
D'une longue soutane il endosse la moire,
Prend ses gants violets, les marques de sa gloire,
Et saisit en pleurant ce rochet, qu'autrefois
Le Prelat trop jaloux lui rogna de trois doigts.
Aussi-tost d'un bonnet ornant sa teste grise,
Déja l'aumusse en main il marche vers l'Eglise,
Et hastant de ses ans l'importune langueur,
Court, vole & le premier arrive dans le Chœur.

CHANT QUATRIESME.

O Toi, qui sur ces bords qu'une eau dormante mouille,*
Vis combatre autrefois le Rat & la Grenouille :
Qui par les traits hardis d'un bizarre pinceau
Mis l'Italie en feu pour la perte d'un Seau : *
Muse, prête à ma bouche une voix plus sauuage,
Pour chanter le dépit, la colere, la rage,
Que le Chantre sentit allumer dans son sang
A l'aspect du Pupitre eslevé sur son banc.
D'abord pasle & muët, de colere immobile,
A force de douleur, il demeura tranquile.
Mais sa voix s'échapant au travers des sanglots,
Dans sa bouche à la fin fit passage à ces mots.
  La voilà donc, Girot, cette hydre épouventable,
Que m'a fait voir un songe, helas ! trop veritable.
Je le voi ce Dragon tout prest à m'égorger,
Ce Pupitre fatal qui me doit ombrager.
Prélat, que t'ai-je fait ? Quelle rage envieuse
Rend pour me tourmenter ton ame ingenieuse ?
Quoi ? mesme dans ton lit, Cruel, entre deux draps,
Ta profane fureur ne se repose pas ?
O Ciel ! quoi ? sur mon banc une honteuse masse
Desormais me va faire un cachot de ma place ?
Inconnu dans l'Eglise, invisible en ce lieu
Je ne pourrai donc plus estre vû que de Dieu ?
Ah ! plûtost qu'un moment cet affront m'obscurcisse,
Renonçons à l'autel, abandonnons l'Office,
Et sans lasser le Ciel par des chants superflus,
Ne voions plus un Chœur, où l'on ne nous void plus.
Sortons. Mais cependant mon Ennemi tranquile
Joüira sur son banc de ma rage inutile,

*Homere a fait la guerre des Rats & des Grenouilles.

* La Secchia rapica. Poëme Ital.

Et verra dans le Chœur le Pupitre exhaussé
Tourner sur le pivot où sa main l'a placé.
Non, s'il n'est abattu, je ne sçaurois plus vivre.
A moi, Girot. Je veux que mon bras m'en délivre.
Perissons s'il le faut : mais de ses ais brisés
Entraînons, en mourant, les restes divisés.
  A ces mots, d'une main par la rage affermie,
Il alloit terrasser la Machine ennemie,
Lors qu'en ce sacré lieu, par un heureux hazard,
Entrent Jean le Choriste ; & le Sonneur Girard
Qui de tout temps, pour lui bruslant d'un mesme zele
Gardent pour le Prélat une haine fidele.
A l'aspect du Lutrin tous deux tremblent d'horreur.
Du Vieillard toutefois ils blâment la fureur.
Abattons, disent-ils, sa superbe machine :
Mais ne nous chargeons pas tous seuls de sa ruïne,
Et que tantost aux yeux du Chapitre assemblé
Il soit sous trente mains en plein jour accablé.
  Ces mots des mains du Chantre arrachent le Pupitre.
J'y consens, leur dit-il, assemblons le Chapitre.
Sus donc, allés tous-deux, par de saints hurlemens,
Réveiller de ce pas les Chanoines dormans.
Partés. Mais à ce mot, les Champions palissent.
De l'horreur du peril leurs courages fremissent.
Ah ! Seigneur ; dit Girard, que nous demandés-vous ?
De grace moderés un aveugle couroux.
Nous pourrions réveiller des Chantres & des Moines :
Mais mesme avant l'Aurore éveiller des Chanoines !
Qui jamais l'entreprit ? Qui l'oseroit tenter ?
Est-ce un projet, ô Ciel ! qu'on puisse executer ?

CHANT QUATRIESME.

Hé ! Seigneur : quand nos cris pourroient du fond des
De leurs appartemens percer les avenuës : (ruës
Appeller ces valets autour d'eux estendus,
De leur sacré repos ministres assidus,
Et penetrer ces licts au bruit inaccessibles :
Pensés-vous, au moment que ces Dormeurs paisibles
De la teste une fois pressent un oreiller,
Que la voix d'un Mortel puisse les réveiller ?
Deux Chantres feront-ils, dans l'ardeur de vous plaire,
Ce que depuis trente ans six cloches n'ont pû faire ?
  Ah ! je voy bien où tend tout ce discours trompeur.
Reprend le chaud Vieillard, le Prélat vous fait peur.
Je vous ay veu cent fois sous sa main benissante
Courber servilement une épaule tremblante.
Hé-bien, allés, sous lui flechissés les genoux.
Je sçaurai réveiller les Chanoines sans vous.
Vien, Girot, seul ami qui me reste fidele.
Prenons du saint Jeudi la bruiante Cresselle. *   * Instrument
Suy-moi. Qu'à son lever le Soleil aujourd'hui   dont on se
Trouve tout le Chapitre éveillé devant lui.   sert le Jeudy
  Il dit. Du fond poudreux d'une armoire sacrée   saint au lieu
Par les mains de Girot la Cresselle est tirée.   des Cloches.
Ils sortent à l'instant, & par d'heureux efforts
Du lugubre instrument font crier les ressorts.
Pour augmenter l'effroi, la Discorde infernale
Monte dans le Palais, entre dans la grand Sale,
Et du fond de cet antre, au travers de la nuit,
Fait sortir le Demon du tumulte & du bruit.
Le quartier allarmé n'a plus d'yeux qui sommeillent.
Déja de toutes parts les Chanoines s'éveillent.

L'un croit que le tonnerre est tombé sur les toits,
Et que l'Eglise brusle une seconde fois.
L'autre encor agité de vapeurs plus funebres
Pense estre au Jeudi saint, croit que l'on dit Tenebres;
Et déja tout confus tenant midi sonné,
En soi-mesme fremit de n'avoir point disné.

   Ainsi, lors que tout prest à briser cent murailles,
LOUIS, la foudre en main, abandonnant Versailles,
Au retour du Soleil & des Zephirs nouveaux,
Fait dans les champs de Mars déploier ses drapeaux.
Au seul bruit répandu de sa marche estonnante,
Le Danube s'émeut, le Tage s'épouvante,
Bruxelle attend le coup qui la doit foudroier,
Et le Batave encore est prest à se noyer.

   Mais en vain dans leurs lits un juste effroi les presse:
Aucun ne laisse encor la plume enchanteresse.
Pour les en arracher Girot s'inquietant
Va crier qu'au Chapitre un repas les attend.
Ce mot dans tous les cœurs respand la vigilance:
Tout s'ébranle, tout sort, tout marche en diligence.
Ils courent au Chapitre, & chacun se pressant,
Flate d'un doux espoir son appetit naissant.
Mais, ô d'un déjeuner vaine & frivole attente!
A peine ils sont assis, que d'une voix dolente,
Le Chantre desolé lamentant son malheur,
Fait mourir l'appetit, & naistre la douleur.
Le seul Chanoine Evrard d'abstinence incapable,
Ose encor proposer qu'on apporte la table.
Mais il a beau presser, aucun ne luy respond.
Quand le premier rompant ce silence profond,

Alain

CHANT QUATRIESME.

Alain tousse, & se leve, Alain ce sçavant homme,
Qui de Bauny vingt fois a leu toute la Somme,
Qui possede Abely, qui sçait tout Raconis,
Et mesme entend, dit-on, le Latin d'Akempis.

N'en doutés point, leur dit ce sçavant Canoniste,
Ce coup part, j'en suis seur, d'une main Janseniste.
Mes yeux en sont tesmoins : j'ay vû moi-mesme hier
Entrer chés le Prélat le Chapelain Garnier.
Arnaud, cet Heretique ardent à nous détruire,
Par ce Ministre adroit tente de le seduire.
Sans doute il aura leu dans son Saint Augustin
Qu'autrefois Saint Loüis erigea ce Lutrin.
Il va nous inonder des torrens de sa plume.
Il faut, pour lui respondre, ouvrir plus d'un volume.
Consultons sur ce point quelque Auteur signalé.
Voions, si des Lutrins Bauny n'a point parlé.
Estudions enfin, il en est temps encore,
Et pour ce grand projet, tantost dés que l'Aurore
Rallumera le jour dans l'Onde enseveli,
Que chacun prenne en main le moëleux Abeli. *

Ce conseil impreveu de nouveau les estonne.
Sur tout le gras Evrard d'épouvante en frissonne.

Moi ? dit-il, qu'à mon âge Ecolier tout nouveau
J'aille pour un Lutrin me troubler le cerveau?
O le plaisant conseil ! non, non, songeons à vivre
Va maigrir, si tu veux, & secher sur un livre.
Pour moi, je lis la Bible autant que l'Alcoran :
Je sçai ce qu'un Fermier nous doit rendre par an :
Sur quelle vigne à Rheims nous avons hypotheque.
Vingt muids rangés chés moi font ma Bibliotheque..

*Fameux Auteur qui a fait la Moéle Theologique. Medulla Theologica.

En plaçant un Pupitre on croit nous rabaisser,
Mon bras seul sans Latin sçaura le renverser.
Que m'importe qu'Arnaud me condamne ou m'approuve?
J'abbats ce qui me nuit par tout où je le trouve.
C'est-là mon sentiment. A quoi bon tant d'aprests?
Du reste déjeunons, Messieurs, & beuvons frais.
  Ce discours, que soutient l'embonpoint du visage,
Restablit l'appetit, réchauffe le courage:
Mais le Chantre sur tout en paroist rasseuré.
Oüi, dit-il, le Pupitre a déja trop duré.
Allons sur sa ruïne asseurer ma vengeance.
Donnons à ce grand œuvre une heure d'abstinence,
Et qu'au retour tantost un ample déjeuner
Long-temps nous tienne à table, & s'unisse au disner.
  Aussi-tost il se leve, & la Troupe fidele
Par ces mots attirans sent redoubler son zele.
Ils marchent droit au Chœur d'un pas audacieux,
Et bien-tost le Lutrin se fait voir à leurs yeux.
A ce terrible objet aucun d'eux ne consulte.
Sur l'Ennemi commun ils fondent en tumulte.
Ils sappent le pivot qui se deffend en vain.
Chacun sur lui d'un coup veut honorer sa main.
Enfin sous tant d'efforts la Machine succombe,
Et son corps entrouvert chancele, éclate, & tombe.
Tel sur les monts glacés des farouches Gelons
Tombe un chesne battu des voisins Aquilons.
Ou tel abandonné de ses poutres usées
Fond enfin un vieux toit sous ses thuiles brisées.
  La Masse est emportée, & ses ais arrachés
Sont aux yeux des Mortels chés le Chantre cachés.

PRIVILEGE DV ROY.

OUIS PAR LA GRACE DE DIEU Roy de France et de Navarre: A nos amez & feaux les Gens tenans nos Cours de Parlemens, Baillifs, Senéchaux, Prevofts, leurs Lieutenans & tous autres nos Officiers qu'il appartiendra; Salut. Noftre cher & bien amé le Sieur D * * * Nous a tres-humblement remonftré qu'il auroit fait divers Ouvrages; fçavoir *l'Art Poëtique en vers, un Poëme intitulé le Lutrin, plufieurs Dialogues, Difcours, & Epiftres en vers, & la Traduction de Longin,* lefquels il defireroit faire imprimer, & reimprimer une feconde fois fes Satires, dont le Privilege eft expiré, s'il Nous plaifoit lui accorder nos Lettres de permiffion fur ce neceffaires. A ces causes, defirant favorablement traiter ledit Sieur D * * * & donner au public par la lecture de fes Ouvrages la mefme fatisfaction que Nous en avons receuë; Nous lui avons permis & permettons par ces prefentes, fignées de noftre main, de faire imprimer lefdits Ouvrages; fçavoir, l'Art Poëtique en vers, un Poëme intitulé le Lutrin, plufieurs Dialogues, Difcours & Epiftres en vers, & la Traduction de Longin, enfemble de faire reimprimer fes Satires, le tout par tels Imprimeurs qu'il voudra choifir, & en tels volumes & caracteres que bon lui femblera, les expofer ou faire expofer en vente, & diftribuer au public durant le temps & efpace de dix années, à commencer du jour que chacun defdits Ouvrages fera achevé d'imprimer. Defendons à tous Imprimeurs, Libraires & autres, de quelque qualité qu'ils foient, d'imprimer, ou faire imprimer, ni mettre en vente lefdits Ouvrages fans le confentement dudit Sieur D *** ou de ceux qui auront droit de lui, à peine de confifcation des Exemplaires, & de cinq mille livres d'amende au profit de l'Expofant. A la charge de mettre deux Exemplaires de chacun defdits Ouvrages dans noftre Bibliotheque publique, & un en celle de noftre cher & feal Chevalier Chancelier de France le fieur Daligre, avant que de les expofer en vente. Si vous mandons que du contenu en ces prefentes vous faffiez jouïr & ufer ledit Sieur D * * * pleinement & paifiblement, en mettant au commencement ou à la fin de chacun des Exemplaires, copie ou extrait des Prefentes: Car tel eft noftre plaifir. Donne' à Verfailles le vingt-huitiéme jour de Mars,

l'an de grace mil six cens soixante-quatorze; & de nostre Regne le trente-unième. Signé, LOUIS; Et plus bas, Par le Roy, COLBERT: Et scellé du grand sceau de cire jaune.

Regiſtré ſur le Livre de la Communauté des Libraires & Imprimeurs de Paris, le 12. Juin 1674. ſuivant l'Arreſt du Parlement du 8. Avril 1653. & celuy du Conseil Privé du Roy, du 27. Février 1665.

Signé, D. THIERRY, *Syndic.*

Ledit Sieur D.*** a cedé le droit du Privilege cy-dessus à DENYS THIERRY, à la charge d'y associer LOUIS BILLAINE, CLAUDE BARBIN, & la Veuve LA COSTE, pour en jouïr conformément à la cession qu'il lui en a fait. A Paris le 7. jour de Juillet 1674.

Achevé d'imprimer pour la premiere fois le 10. *jour de Juillet* 1674.

TRAITE'

TRAITÉ
DU
SUBLIME
OU
DU MERVEILLEUX
DANS LE DISCOURS.

Traduit du Grec de Longin.

PREFACE.

E petit Traité, dont je donne la traduction au Public, est une piece échapée du naufrage de plusieurs autres Livres que Longin avoit composés. Encore n'est-elle pas venuë à nous toute entiere. Car bien que le volume ne soit pas fort gros, il y a plusieurs endroits defectueux, & nous avons perdu le Traité des Passions, dont l'Auteur avoit fait un Livre à part qui estoit comme une suite naturelle de celui-ci. Neanmoins tout défiguré qu'il est, il nous en reste encore assez, pour nous faire concevoir une fort grande idée de son Auteur, & pour nous donner un veritable regret de la perte de ses autres Ouvrages. Le nombre n'en estoit pas mediocre. Suidas en compte jusqu'à neuf dont il ne nous reste plus que des titres assez confus. C'estoient tous Ouvrages de critique. Et certainement on ne sçauroit assez plaindre la perte de ces excellens Originaux, qui, à en juger par celui-ci, devoient estre autant de chef-d'œuvres de bon sens, d'erudition, & d'éloquence. Je dis, d'éloquence, parce que Longin ne s'est pas contenté, comme Aristote & Hermogene, de nous donner des preceptes tout secs & dépouillés d'ornemens. Il n'a pas voulu tomber dans le defaut, qu'il reproche à Cecilius, qui avoit, dit-il, écrit du

*

PREFACE.

Sublime en stile bas. En traitant des beautez de l'Elocution, il a emploié toutes les finesses de l'Elocution. Souvent il fait la figure qu'il enseigne, & en parlant du Sublime, il est lui mesme tres-sublime. Cependant il fait cela si à propos & avec tant d'art, qu'on ne sçauroit l'accuser en pas un endroit de sortir du stile didactique. C'est ce qui a donné à son Livre cette haute reputation qu'il s'est acquise parmi les Sçavans qui l'ont tous regardé, comme un des plus precieux restes de l'Antiquité sur les matieres de Rhetorique. Casaubon l'appelle un Livre d'or, voulant marquer par-là le poids de ce petit Ouvrage, qui malgré sa petitesse peut estre mis en balance avec les plus gros volumes.

Aussi jamais Homme, de son temps mesme, n'a esté plus estimé que Longin. Le Philosophe Porphyre, qui avoit esté son disciple, parle de lui comme d'un prodige. Si on l'en croit, son jugement estoit la regle du bon sens: Ses décisions en matiere d'Ouvrages passoient pour des arrests souverains, & rien n'estoit bon ou mauvais, qu'autant que Longin l'avoit approuvé ou blasmé. Eunapius, dans la vie des Sophistes, passe encore plus avant. Pour exprimer l'estime qu'il fait de Longin, il se laisse emporter à des Hyperboles extravagantes, & ne sçauroit se resoudre à parler en stile raisonnable d'un merite aussi extraordinaire que celui de cet Auteur. Mais Longin ne fut pas simplement un Critique habile. Ce fut un Ministre d'Estat considerable: & il suffit, pour faire son eloge, de dire, qu'il fut fort consideré de Zenobie cette fameuse Reine des Palmyreniens qui osa bien se declarer Reine de l'Orient aprés la mort de son

PRÉFACE.

mari Odenat. Elle avoit appellé d'abord Longin auprés d'elle pour s'instruire dans la Langue Grecque. Mais de son Maistre en Grec, elle en fit à la fin un de ses principaux Ministres. Ce fut lui qui encouragea cette Reine à soûtenir la qualité de Reine de l'Orient : qui lui rehaussa le cœur dans l'adversité, & qui lui fournit les paroles altieres qu'elle escrivit à Aurelian, quand cet Empereur la somma de se rendre. Il en cousta la vie à nostre Auteur : Mais sa mort fut également glorieuse pour lui, & honteuse pour Aurelian, dont on peut dire, qu'elle a pour jamais flestri la memoire. Comme cette mort est un des plus fameux incidens de l'histoire de ce temps-là, le Lecteur ne sera peut-estre pas fâché que je lui rapporte ici ce que Flavius Vopiscus en a escrit. Cet Auteur raconte que l'armée de Zenobie & de ses Alliés ayant esté mise en fuite prés de la ville d'Emesse ; Aurelian alla mettre le siege devant Palmyre où cette Princesse s'estoit retirée. Il y trouva plus de resistance qu'il ne s'estoit imaginé, & qu'il n'en devoit attendre vrai-semblablement de la resolution d'une femme. Ennuié de la longueur du siege, il essaya de l'avoir par composition. Il escrivit donc une Lettre à Zenobie, dans laquelle il lui offroit la vie & un lieu de retraite, pourveu qu'elle se rendist dans un certain temps. Zenobie, ajoûte Vopiscus, respondit à cette Lettre avec une fierté plus grande que l'estat de ses affaires ne le lui permettoit. Elle croioit par là donner de la terreur à Aurelian. Voici sa réponse.

ZENOBIE REINE DE L'ORIENT.
A L'EMPEREUR AURELIAN.
Personne jusques ici n'a fait une demande pareille à la

PREFACE.

tienne. C'est la vertu, Aurelian, qui doit tout faire dans la guerre. Tu me commandes de me remettre entre tes mains: comme si tu ne sçavois pas que Cleopatre aima mieux mourir avec le titre de Reine, que de vivre dans toute autre dignité. Nous attendons le secours des Perses. Les Sarrazins arment pour nous. Les Armeniens se sont declarés en nostre faveur. Une troupe de voleurs dans la Syrie a defait ton armée. Juge, ce que tu dois attendre, quand toutes ces forces seront jointes. Tu rabatras de cet orgueil avec lequel, comme maistre absolu de toutes choses, tu m'ordonnes de me rendre. *Cette Lettre, ajoûte Vopiscus, donna encore plus de colere que de honte à Aurelian. La ville de Palmyre fut prise peu de jours aprés, & Zenobie arrestée, comme elle s'enfuioit chés les Perses. Toute l'armée demandoit sa mort. Mais Aurelian ne voulut pas deshonorer sa victoire par la mort d'une femme. Il reserva donc Zenobie pour le triomphe, & se contenta de faire mourir ceux qui l'avoient assistée de leurs conseils. Entre ceux là, continuë cet Historien, le Philosophe Longin fut extrémement regreté. Il avoit esté appelé auprés de cette Princesse pour lui enseigner le Grec. Aurelian le fit mourir pour avoir escrit la Lettre precedente. Car bien qu'elle fust escrite en Langue Syriaque on le soupçonnoit d'en estre l'Auteur. L'Historien Zosime tesmoigne que ce fut Zenobie elle mesme qui l'en accusa. Zenobie, dit-il, se voiant arrestée rejetta toute sa faute sur ses Ministres qui avoient, dit-elle, abusé de la foiblesse de son esprit. Elle nomma entre autres Longin, celui dont nous avons encore plusieurs escrits si utiles. Aurelian or-*

PREFACE.

donna qu'on l'envoiast au suplice. Ce grand personnage, poursuit Zosime, souffrit la mort avec une constance admirable, jusqu'à consoler en mourant ceux que son malheur touchoit de pitié & d'indignation. Par là on peut voir que Longin n'estoit pas seulement un habile Rheteur, comme Quintilien & comme Hermogene ; mais un Philosophe capable d'estre mis en parallele avec les Socrates & les Catons. Son Livre n'a rien qui demente ce que je dis. Le caractere d'honneste homme y paroist par tout & ses sentimens ont je ne sçai quoi qui marque non seulement un esprit sublime : mais une ame fort eslevée au dessus du commun. Je n'ay donc point de regret d'avoir emploié quelques-unes de mes veilles à debroüiller un si excellent Ouvrage, que je puis dire n'avoir esté entendu jusqu'ici que d'un tres petit nombre de Sçavans. Muret fut le premier qui entreprit de le traduire en Latin à la sollicitation de Manuce : mais il n'acheva pas cet Ouvrage, soit parce que les difficultés l'en rebutterent, ou que la mort le surprit auparavant. Gabriel de Petra à quelque temps de là fut plus courageux, & c'est à lui qu'on doit la traduction Latine que nous en avons. Il y en a encore deux autres, mais elles sont si informes & si grossieres, que ce seroit faire trop d'honneur à leurs Auteurs, que de les nommer. Et mesmes celle de Petra, qui est infiniment la meilleure, n'est pas fort achevée. Car outre que souvent il parle Grec en Latin, il y a plusieurs endroits où l'on peut dire qu'il n'a pas fort bien entendu son Auteur. Ce n'est pas que je veüille accuser un si sçavant Homme d'ignorance, ni establir ma reputation sur les ruines de la sienne. Je sçai ce que c'est

PREFACE.

que de débroüiller le premier un Auteur, & j'avoüe d'ailleurs que son Ouvrage m'a beaucoup servi, aussi-bien que les petites Notes de Langbaine & de Monsieur le Febvre. Mais je suis bien aise d'excuser par les fautes de la traduction Latine celles qui pourront m'estre échapées dans la Françoise. J'ai pourtant fait tous mes efforts pour la rendre aussi exacte qu'elle pouvoit l'estre. A dire vrai je n'y ay pas trouvé de petites difficultés. Il est aisé à un Traducteur Latin de se tirer d'affaire aux endroits mesme qu'il n'entend pas. Il n'a qu'à traduire le Grec mot pour mot, & à debiter des paroles qu'on peut au moins soupçonner d'estre intelligibles. En effet le Lecteur qui bien souvent n'y conçoit rien, s'en prend plûtost à soi-mesme qu'à l'ignorance du Traducteur. Il n'en est pas ainsi des traductions en Langue vulgaire. Tout ce que le Lecteur n'entend point s'appelle un galimathias dont le Traducteur tout seul est responsable. On lui impute jusqu'aux fautes de son Auteur, & il faut en bien des endroits qu'il les rectifie, sans neanmoins qu'il ose s'en écarter. Quelque petit donc que soit le volume de Longin, Je ne croirois pas avoir fait un mediocre present au Public si je lui en avois donné une bonne traduction en nostre Langue. Je n'y ay point épargné mes soins ni mes peines. Qu'on ne s'attende pas pourtant de trouver ici une version timide & scrupuleuse des paroles de Longin. Bien que je me sois efforcé de ne me point écarter en pas un endroit des regles de la veritable traduction ; Je me suis pourtant donné une honneste liberté, sur tout dans les passages qu'il rapporte. J'ay songé qu'il ne s'agissoit pas simplement ici de traduire Longin : mais de donner au Public un

PREFACE.

Traité du Sublime, qui puſt eſtre utile. Avec tout cela neanmoins il ſe trouvera peut-eſtre des gens qui non ſeulement n'approuveront pas ma traduction : mais qui n'épargneront pas meſme l'Original. Je m'attens bien qu'il y en aura pluſieurs qui declineront la juriſdiction de Longin, qui condamneront ce qu'il approuve, & qui loüeront ce qu'il blâme. C'eſt le traitement qu'il doit attendre de la pluſpart des Juges de noſtre ſiecle. Ces hommes accoûtumés aux débauches & aux excés des Poëtes modernes, & qui n'admirant que ce qu'ils n'entendent point, ne penſent pas qu'un Auteur ſe ſoit eſlevé, s'ils ne l'ont entierement perdu de veuë ; Ces petits eſprits, disje, ne ſeront pas ſans doute fort frappés des hardieſſes judicieuſes des Homeres, des Platons & des Demoſthenes. Ils chercheront ſouvent le Sublime dans le Sublime, & peut-eſtre ſe mocqueront-ils des exclamations que Longin fait quelquefois ſur des paſſages, qui, bien que tres ſublimes, ne laiſſent pas d'eſtre ſimples & naturels, & qui ſaiſiſſent pluſtoſt l'ame qu'ils n'éclatent aux yeux. Quelque aſſûrance pourtant que ces Meſſieurs aient de la netteté de leurs lumieres : Je les prie de conſiderer que ce n'eſt pas ici l'ouvrage d'un Aprenti que je leur offre : mais le chef-d'œuvre d'un des plus ſçavans Critiques de l'Antiquité. Que s'ils ne voient pas la beauté de ces paſſages, cela peut auſſitoſt venir de la foibleſſe de leur veuë, que du peu d'éclat dont elles brillent. Au pis aller je leur conſeille d'en accuſer la traduction : puis qu'il n'eſt que trop vrai, que je n'ay ni atteint, ni pû atteindre à la perfection de ces excellens Originaux : & je leur declare par avance que, s'il y a

PREFACE.

quelques defaux, ils ne sçauroient venir que de moi.

Il ne reste plus pour finir cette Préface, que de dire ce que Longin entend par Sublime. Car comme il escrit de cette matiere aprés Cecilius qui avoit presque emploié tout son Livre à montrer ce que c'est que Sublime, il n'a pas crû devoir rebatre une chose qui n'avoit esté déja que trop discutée par un autre. Il faut donc sçavoir que par Sublime, Longin n'entend pas ce que les Orateurs appellent le Stile Sublime : mais cet extraordinaire & ce merveilleux qui frappe dans le Discours, & qui fait qu'un Ouvrage enleve, ravit, transporte. Le Stile Sublime veut toûjours de grands mots : mais le Sublime se peut trouver dans une seule pensée, dans une seule figure, dans un seul tour de paroles. Une chose peut estre dans le Stile Sublime & n'estre pourtant pas Sublime ; c'est à dire, n'avoir rien d'extraordinaire ni de surprenant. Par exemple. *Le souverain Arbitre de la Nature d'une seule parole forma la lumiere.* Voila qui est dans le Stile Sublime : cela n'est pas neanmoins Sublime : parce qu'il n'y a rien là de fort merveilleux, & qu'un autre ne pust aisément trouver. Mais. *Dieu dit : Que la lumiere se fasse, & la lumiere se fit.* Ce tour extraordinaire d'expression qui marque si bien l'obeïssance de la Creature aux ordres du Createur est veritablement Sublime & a quelque chose de divin. Il faut donc entendre par Sublime dans Longin, l'Extraordinaire, le Surprenant & comme je l'ay traduit, le Merveilleux dans le Discours.

TRAITE'

TRAITÉ
DU SUBLIME
OU
DU MERVEILLEUX
DANS LE DISCOURS.
Traduit du Grec de Longin.

CHAPITRE PREMIER.
Servant de Preface à tout l'Ouvrage.

OUS sçavez bien, mon cher Terentianus, que quand nous leusmes ensemble le petit Traité que Cecilius a fait du Sublime; nous trouvasmes que la bassesse de son stile répondoit assez mal à la dignité de son Sujet : que les principaux points de cette matiere n'y estoient pas touchés, & qu'en

un mot cet Ouvrage ne pouvoit pas apporter un grand profit aux Lecteurs, qui est nean-moins le but où doit tendre tout homme qui veut écrire. D'ailleurs, quand on traite d'un Art, il y a deux choses à quoi il se faut toûjours estudier. La premiere est, de bien faire entendre son Sujet. La seconde, que je tiens au fonds la principale, consiste à montrer comment & par quels moiens ce que nous enseignons se peut acquerir. Cecilius s'est fort attaché à l'une de ces deux choses: car il s'efforce de montrer par une infinité de paroles, ce que c'est que le Grand & le Sublime, comme si c'estoit un point fort ignoré: mais il ne dit rien des moiens qui peuvent porter l'esprit à ce Grand & à ce Sublime. Il passe cela, je ne sçai pourquoy, comme une chose absolument inutile. Aprés tout, cet Auteur peut-estre n'est-il pas tant à reprendre pour ses fautes, qu'à loüer pour son travail, & pour le dessein qu'il a eu de bien faire. Toutefois, puisque vous voulés que j'écrive aussi du Sublime, voions, pour l'amour de vous, si nous n'avons point fait sur cette matiere quelque observation raisonnable, & dont les Orateurs puissent tirer quelque sorte d'utilité.

Mais c'est à la charge, mon cher Terentianus, que nous reverrons ensemble exactement mon ouvrage, & que vous m'en direz vostre sentiment avec cette sincerité que nous devons naturellement à nos amis. Car, comme un * Sage dit fort bien: si nous avons quelque voye pour nous rendre semblables aux Dieux; c'est de *faire plaisir* & de *dire la verité*.

Au reste, comme c'est à vous que j'escris, c'est à

* Pythagore.

dire à un homme instruit de toutes les belles connoissances, je ne m'arresteray point sur beaucoup de choses qu'il m'eust falu establir avant que d'entrer en matiere, pour montrer que le Sublime est en effet ce qui forme l'excellence & la souveraine perfection du Discours: que c'est par lui que les grands Poëtes & les Escrivains les plus fameux ont remporté le prix, & rempli toute la posterité du bruit de leur gloire.

Car il ne persuade pas proprement, mais il ravit, il transporte, & produit en nous une certaine admiration meslée d'estonnement & de surprise, qui est toute autre chose que de plaire seulement, ou de persuader. Nous pouvons dire à l'égard de la Persuasion, que pour l'ordinaire, elle n'a sur nous qu'autant de puissance que nous voulons. Il n'en est pas ainsi du Sublime: il donne au Discours une certaine vigueur noble, une force invincible qui enleve l'ame de quiconque nous écoute. Il ne suffit pas d'un endroit ou deux dans un Ouvrage, pour vous faire remarquer la finesse de *l'Invention*, la beauté de *l'Oeconomie* & de la *Disposition*: C'est avec peine que cette justesse se fait remarquer par toute la suite mesme du Discours. Mais quand le Sublime vient à paroistre où il faut; il renverse tout comme un foudre, & presente d'abord toutes les forces de l'Orateur ramassées ensemble. Mais ce que je dis ici, & tout ce que je pourrois dire de semblable seroit fort inutile pour vous, qui sçavez ces choses par experience, & qui m'en feriez au besoin à moi-mesme des leçons.

CHAPITRE II.

S'il y a un Art particulier du Sublime, & des trois Vices qui lui sont opposez.

IL faut voir d'abord, s'il y a un Art particulier du Sublime. Car il se trouve des gens qui s'imaginent, que c'est une erreur de le vouloir reduire en Art, & d'en donner des preceptes. Le Sublime, disent-ils, naist avec nous, & ne s'apprend point. Le seul Art pour y parvenir, c'est d'y estre né. Et mesmes, à ce qu'ils pretendent, il y a des Ouvrages que la Nature doit produire toute seule. La contrainte des preceptes ne fait que les affoiblir, & leur donner une certaine secheresse qui les rend maigres & décharnés. Mais je soûtiens, qu'à bien prendre les choses, on verra clairement tout le contraire.

Et à dire vray, quoi que la Nature ne se montre jamais plus libre que dans les Discours Sublimes & Pathetiques, il est pourtant aisé de reconnoistre qu'elle n'est pas absolument ennemie de l'Art & des regles. J'avouë que dans toutes nos productions il la faut toûjours supposer comme la baze, le principe, & le premier fondement. Mais aussi est-il certain que nôtre esprit a besoin d'une methode pour lui enseigner à ne dire que ce qu'il faut, & à le dire en son lieu, & que cette methode peut beaucoup contribuer pour acquerir la parfaite habitude du Sublime. Car comme les vaisseaux sont en danger de perir, lors qu'on les abandonne à leur seule legereté, & qu'on ne sçait pas leur donner la charge & le poids qu'ils doivent avoir. Il en est ainsi du Sublime, si on l'abandonne à la seule impetuosité d'une Nature ignorante & temeraire. Nostre esprit assez souvent n'a pas moins besoin de bride que d'éperon. Demosthene dit en quelque endroit, que le plus grand bien qui puisse nous arriver dans la vie, c'est *d'estre heureux*: mais qu'il y en a encore un autre qui n'est pas moindre, & sans lequel ce premier ne sçauroit subsister, qui est de *Sçavoir se conduire avec prudence*. Nous en pouvons dire autant à l'égard du Discours. La Nature est ce qu'il y a de plus necessaire pour arriver au Grand: toutefois si l'Art ne prend soin de la conduire, c'est une aveugle qui ne sçait où elle va. ************ Telles sont ces pensées: *Les Torrens de flamme entortillés. Vomir contre le Ciel. Faire de Borée son joüeur de flûtes*, & toutes les autres façons de parler dont cette piece est pleine. Car elles ne sont pas grandes & tragiques, mais enflées & extravagantes. Toutes ces phrases ainsi embarrassées de vaines imaginations troublent & gastent plus un discours, qu'elles ne servent à l'eslever. De sorte qu'à les regarder de prés & au grand jour, ce qui paroissoit d'abord si terrible devient tout-à-coup sot & ridicule. Que si c'est un defaut insupportable dans la Tragedie, qui est naturellement pompeuse & magnifique, que de s'enfler mal à propos; A plus forte raison doit-il estre condamné

L'Auteur avoit parlé du Stile enflé, & citoit à propos de cela les sottises d'un Poëte tragique, dont voici quelques restes. Voy les Remarques.

dans le discours ordinaire. Delà vient qu'on s'est raillé de Gorgias, pour avoir appellé Xerxés, le *Jupiter des Perses*, & les Vautours, *des Sepulchres animés*. On n'a pas esté plus indulgent pour Callisthene, qui en certains endroits de ses écrits ne s'éleve pas proprement, mais se guinde si haut qu'on le perd de veuë. De tous ceux-là pourtant je n'en voi point de si enflé que Clitarque. Cet Auteur n'a que du vent & de l'écorce, il ressemble à un homme qui, pour me servir des termes de Sophocle, *ouvre une grande bouche, pour soufler dans une petite fluste*. Il faut faire le mesme jugement d'Amphicrate, d'Hegesias & de Matris. Ceux-ci quelquefois s'imaginant qu'ils sont êpris d'un enthousiasme & d'une fureur divine, au lieu de tonner, comme ils pensent, ne font que niaizer & que badiner comme des enfans.

Et certainement en matiere d'éloquence il n'y a rien de plus difficile à eviter que *l'Enflûre*. Car comme en toutes choses naturellement nous cherchons le Grand, & que nous craignons sur tout d'estre accusez de secheresse ou de peu de force; il arrive, je ne sçai comment, que la plusparc tombent dans ce vice: fondés sur cette maxime commune;

Dans un noble projet on tombe noblement.

Cependant il est certain que *l'Enflûre* n'est pas moins vicieuse dans le Discours que dans les corps. Elle n'a que de faux dehors & une apparence trompeuse: mais au dedans elle est creuse & vuide, & fait quelquefois un effet tout contraire au Grand. Car comme on dit fort bien, *Il n'y a rien de plus sec qu'un Hydropique.*

Au

TRAITÉ DU SUBLIME.

Au reste le defaut du Stile enflé, c'est de vouloir aller au delà du Grand. Il en est tout au contraire du Puerile. Car il n'y a rien de si bas, de si petit, ni de si opposé à la noblesse du Discours.

Qu'est-ce donc que Puerilité? Ce n'est visiblement autre chose qu'une pensée d'Ecolier, qui pour estre trop recherchée devient froide. C'est le vice où tombent ceux qui veulent toûjours dire quelque chose d'extraordinaire & de brillant : mais sur tout ceux qui cherchent avec tant de soin le plaisant & l'agreable. Parce qu'à la fin, pour s'attacher trop au Stile figuré, ils tombent dans une sotte affectation.

Il y a encore un troisiesme defaut opposé au Grand, qui regarde le Pathetique. Theodore l'appelle une *fureur hors de saison* : lors qu'on s'échauffe mal à propos, ou qu'on s'emporte avec excés, quand le sujet ne permet que de s'échauffer mediocrement. En effet quelques-uns, ainsi que s'ils estoient yvres, ne disent point les choses de l'air dont elles doivent estre dites: mais ils sont entraînez de leur propre impetuosité, & tombent sans cesse en des emportemens d'Ecolier & de Declamateur : si bien que comme on n'est point touché de ce qu'ils disent, ils se rendent à la fin odieux & insupportables. Car c'est ce qui arrive necessairement à ceux qui s'emportent & se débattent mal à propos devant des gens qui ne sont point du tout émûs. Mais nous parlerons en un autre endroit de ce qui concerne les passions.

CHAPITRE III.

Du Stile Froid.

POur ce qui est de ce Froid ou Puerile dont nous parlions, Timée en est tout plein. Cet Auteur est assez habile homme d'ailleurs ; il ne manque pas quelquefois par le Grand & le Sublime : il sçait beaucoup, & dit mesme les choses d'assez bon sens: Si ce n'est qu'il est enclin naturellement à reprendre les vices des autres, quoy qu'aveugle pour ses propres defauts, & si curieux au reste d'estaler de nouvelles pensées, que cela le fait tomber assez souvent dans la derniere Puerilité. Je me contenterai d'en donner ici un ou deux exemples, parceque Cecilius en a déjà rapporté un assez grand nombre. En voulant loüer Alexandre le Grand. *Il a*, dit-il, *conquis toute l'Asie en moins de temps, qu'Isocrate n'en a emploié à composer son Panegyrique.* Voilà sans mentir une comparaison admirable d'Alexandre le Grand avec un Rheteur. Par cette raison, Timée, il s'ensuivra que les Lacedemoniens le doivent ceder à Isocrate : puis qu'ils furent trente ans à prendre la ville de Messene, & que celui-ci n'en mit que dix à faire son Panegyrique.

Mais à propos des Atheniens qui estoient prisonniers de guerre dans la Sicile, de quelle exclamation penseriez-vous qu'il se serve ? Il dit : *Que c'estoit une punition du Ciel, à cause de leur impieté envers le Dieu*

Hermés, autrement Mercure, & pour avoir mutilé ses statuës. Parce qu'il y avoit un des Chefs de l'armée ennemie, qui tiroit son nom d'Hermés de pere en fils, sçavoir Hermocrate fils d'Hermon. Sans mentir, mon cher Terentianus, je m'estonne qu'il n'ait dit aussi de Denys le Tyran: que les Dieux permirent qu'il fust chassé de son Roiaume par *Dion* & par *Heraclide*, à cause de son peu de respect à l'égard de *Dios* & d'*Heraclés*, c'est à dire de *Jupiter* & d'*Hercule*.

<small>Hermés en Grec veut dire Mercure.</small>

<small>Ζεὺς, Διὸς, Iu, r cr. Ἡρακλῆς, Hercule.</small>

Mais pourquoi m'arrester aprés Timée ? Ces Heros de l'antiquité, je veux dire Xenophon & Platon, sortis de l'Ecole de Socrate s'oublient bien quelquefois eux-mesmes, jusqu'à laisser échaper dans leurs écrits des choses basses & pueriles. Par exemple ce premier dans le livre qu'il a écrit de la Republique des Lacedemoniens. *On ne les entend*, dit-il, *non plus parler, que si c'estoient des pierres: ils ne tournent non plus les yeux, que s'ils estoient de bronze: Enfin ils ont plus de pudeur, que ces parties de l'œil que nous appellons en Grec du nom de Vierges.* C'estoit à Amphicrate & non pas à Xenophon d'appeller les prunelles des Vierges pleines de pudeur. Quelle pensée ! bon Dieu ! parce que le mot de *Coré* qui signifie en Grec la prunelle de l'œil, signifie aussi une vierge, de vouloir que toutes les prunelles universellement soient des vierges pleines de modestie : veu qu'il n'y a peut-estre point d'endroit sur nous où l'impudence éclate plus que dans les yeux : & c'est pourquoi Homere, pour exprimer un impudent: *Yvrogne*, dit-il, *avec tes yeux de chien*. Cependant Timée n'a pu voir une si froide pensée dans Xenophon, sans la revendiquer comme un vol qui luy avoit esté fait par cet Auteur. Voici donc comme il l'employe dans la vie d'Agathocle. *N'est-ce pas une chose estrange, qu'il ait ravi sa propre cousine qui venoit d'estre mariée à un autre, qu'il l'ait, dis-je, ravie le lendemain mesme de ses nopces? Car qui est-ce qui eust voulu faire cela, s'il eust eu des vierges aux yeux, & non pas des prunelles impudiques?* Mais que dirons-nous de Platon, quoyque divin d'ailleurs, qui voulant parler de ces Tablettes de bois de cyprez, où l'on devoit escrire les Actes publics, use de cette pensée. *Ayant écrit toutes ces choses, ils poseront dans les Temples ces monumens de cyprés.* Et ailleurs à propos des murs. *Pour ce qui est des murs,* dit-il, *Megillus, je suis de l'avis de Sparte, de les laisser dormir, & de ne les point faire lever tandis qu'ils sont couchez par terre.* Il y a quelque chose d'aussi ridicule dans Herodote, quand il appelle les belles femmes, *le mal des yeux.* Cecy neanmoins semble en quelque façon pardonnable à l'endroit où il est: parceque ce sont des Barbares qui le disent dans le vin & la débauche: mais comme ces personnes ne sont pas de fort grande consideration, il ne faloit pas pour en rapporter un méchant mot, se mettre au hazard de déplaire à toute la posterité.

Il n'y avoit point de murailles à Sparte

CHAPITRE IV.

De l'origine du Stile Froid.

TOUTES ces affectations cependant si basses & si pueriles ne viennent que d'une seule cause, c'est à sçavoir de ce qu'on cherche trop la nouveauté dans les pensées, qui est la manie sur tout des Ecrivains d'aujourd'hui. Car du mesme endroit que vient le bien, assez souvent vient aussi le mal. Ainsi voions-nous que ce qui contribuë le plus en de certaines occasions à embellir nos Ouvrages : ce qui fait, disje, la beauté, la grandeur, les graces de l'Elocution, cela mesme en d'autres rencontres est quelquefois cause du contraire ; comme on le peut aisément reconnoistre dans les *Hyperboles* & dans ces autres figures qu'on appelle *Pluriels*. En effet nous montrerons dans la suite, combien il est dangereux de s'en servir. Il faut donc voir maintenant comment nous pourrons éviter ces vices qui se glissent quelquefois dans le Sublime. Or nous en viendrons à bout sans doute, si nous nous acquerons d'abord une connoissance nette & distincte du veritable Sublime ; & si nous apprenons à en bien juger, qui n'est pas une chose peu difficile : puis qu'enfin de sçavoir bien juger du fort & du foible d'un Discours, ce ne peut estre que l'effet d'un long usage, & le dernier fruict, pour ainsi dire, d'une estude consommée. Mais par avance, voici peut-estre un chemin pour y parvenir.

CHAPITRE V.

Des Moiens en general pour connoiſtre le Sublime.

IL faut ſçavoir, mon cher Terentianus, que dans la vie ordinaire on ne peut point dire qu'une choſe ait rien de Grand, quand le mépris qu'on fait de cette choſe tient lui-meſme du Grand. Telles ſont les Richeſſes, les Dignitez, les Honneurs, les Empires & tous ces autres biens en apparence qui n'ont qu'un certain faſte au dehors, & qui ne paſſeront jamais pour de veritables biens dans l'eſprit d'un Sage : puis qu'au contraire ce n'eſt pas un petit avantage que de les pouvoir mépriſer. D'où vient auſſi qu'on admire beaucoup moins ceux qui les poſſedent, que ceux qui les pouvant poſſeder, les rejettent par une pure grandeur d'ame.

Nous devons faire le meſme jugement à l'égard des ouvrages des Poëtes & des Orateurs. Je veux dire, qu'il faut bien ſe donner de garde d'y prendre pour Sublime une certaine apparence de grandeur baſtie ordinairement ſur de grands mots aſſemblez au hazard, & qui n'eſt, à la bien examiner, qu'une vaine enflûre de paroles plus digne en effet de mépris que d'admiration. Car tout ce qui eſt veritablement Sublime a cela de propre, quand on l'écoute, qu'il eſleve l'ame, & lui fait concevoir une plus haute opinion d'elle mesme, la remplissant de joie & de je ne sçay quel noble orgueil, comme si c'estoit elle qui eust produit les choses qu'elle vient simplement d'entendre.

Quand donc un homme de bon sens & habile en ces matieres entendra reciter un ouvrage; si aprés l'avoir ouï plusieurs fois, il ne sent point qu'il lui esleve l'ame, & lui laisse dans l'esprit une idée qui soit mesme au dessus de ses paroles : mais si au contraire, en le regardant avec attention, il trouve qu'il tombe & ne se soûtienne pas; il n'y a point là de Grand : puis qu'enfin ce n'est qu'un son de paroles qui frappe simplement l'oreille, & dont il ne demeure rien dans l'esprit. La marque infaillible du Sublime, c'est quand nous sentons qu'un Discours nous laisse beaucoup à penser, fait d'abord un effet sur nous auquel il est bien difficile, pour ne pas dire impossible, de resister, & qu'ensuite le souvenir nous en dure, & ne s'efface qu'avec peine. En un mot, figurez-vous qu'une chose est veritablement Sublime, quand vous voiez qu'elle plaist universellement & dans toutes ses parties. Car lors qu'en un grand nombre de personnes differentes de profession & d'âge, & qui n'ont aucun rapport ni d'humeurs ni d'inclinations, tout le monde vient à estre frappé également de quelque endroit d'un discours; ce jugement & cette approbation uniforme de tant d'esprits si discordans d'ailleurs, est une preuve certaine & indubitable qu'il y a là du Merveilleux & du Grand.

CHAPITRE VI.
Des cinq Sources du Grand.

IL y a pour ainsi dire, cinq Sources principales du Sublime: mais ces cinq Sources présupposent, comme pour fondement commun, *une Faculté de bien parler*; sans quoi tout le reste n'est rien.

Cela posé, la premiere & la plus considerable est *une certaine Elevation d'esprit qui nous fait penser heureusement les choses*: comme nous l'avons déja montré dans nos commentaires sur Xenophon.

La seconde consiste dans le *Pathetique*: j'entens par *Pathetique*, cet Enthousiasme, & cette vehemence naturelle qui touche & qui émeut. Au reste à l'égard de ces deux premieres, elles doivent presque tout à la Nature, & il faut qu'elles naissent en nous: au lieu que les autres dépendent de l'Art en partie.

La troisiéme n'est autre chose, que *les Figures tournées d'une certaine maniere*. Or les Figures sont de deux sortes les Figures de Pensée, & les Figures de Diction.

Nous mettons pour la quatriesme, *la Noblesse de l'expression*, qui a deux parties, le choix des mots, & la diction elegante & figurée.

Pour la cinquiéme qui est celle, à proprement parler, qui produit le Grand & qui renferme en soi toutes les autres, c'est *la Composition & l'arrangement des paroles dans toute leur magnificence & leur dignité*.

Examinons maintenant ce qu'il y a de remarquable
dans

dans chacune de ces Especes en particulier : mais nous avertirons en passant que Cecilius en a oublié quelques-unes, & entre autres le Pathetique. Et certainement s'il l'a fait, pour avoir creu que le Sublime & le Pathetique naturellement n'alloient jamais l'un sans l'autre, & ne faisoient qu'un, il se trompe: puis qu'il y a des Passions qui n'ont rien de Grand; & qui ont mesme quelque chose de bas, comme l'Affliction, la Peur, la Tristesse : & qu'au contraire il se rencontre quantité de choses grandes & sublimes, où il n'entre point de passion. Tel est entre autres ce que dit Homere avec tant de hardiesse en parlant des Aloïdes. *

Pour déthroner les Dieux de leur vaste ambition
Entreprit d'entasser Osse sur Pelion.
Ce qui suit est encore bien plus fort.
Ils l'eussent fait sans doute, &c.
Et dans la prose les Panegyriques & tous ces Discours qui ne se font que pour l'ostentation ont par tout du Grand & du Sublime : bien qu'il n'y entre point de passion pour l'ordinaire. De sorte qu'entre les Orateurs même ceux-là communement sont les moins propres pour le Panegyrique, qui sont les plus Pathetiques; & au contraire ceux qui reüssissent le mieux dans le Panegyrique, s'entendent assez mal à toucher les passions.

Que si Cecilius s'est imaginé que le Pathetique en general ne contribuoit point au Grand, & qu'il estoit par consequent inutile d'en parler; il ne s'abuse pas moins. Car j'ose dire, qu'il n'y a peut-estre rien qui releve davantage un Discours, qu'un beau mouvement & une

* *C'estoient des Geants qui croissoient tous les jours d'une coudée en largeur, & d'une aulne en longueur. Ils n'avoient pas encore quinze ans, lors qu'ils se mirent en estat d'escalader le Ciel. Ils se tuerent l'un l'autre par l'adresse de Diane. Odyss. livre xi.*

Paſſion pouſſée à propos. En effet c'eſt comme une eſpece d'enthouſiaſme & de fureur noble qui anime l'oraiſon, & qui lui donne un feu & une vigueur toute divine.

CHAPITRE VII.
De la Sublimité dans les pensées.

BIen que des cinq Parties dont j'ay parlé, la premiere & la plus conſiderable, je veux dire cette *Eſlevation d'eſprit naturelle*, ſoit plûtoſt un preſent du Ciel, qu'une qualité qui ſe puiſſe acquerir; nous devons, autant qu'il nous eſt poſſible, nourir noſtre eſprit au Grand, & le tenir toûjours plein, pour ainſi dire, d'une certaine fierté noble & genereuſe.

Que ſi on demande comme il s'y faut prendre; j'ai déja eſcrit ailleurs que cette Eſlevation d'eſprit eſtoit une image de la grandeur d'ame : & c'eſt pourquoi nous admirons quelquefois la ſeule penſée d'un homme, encore qu'il ne parle point, à cauſe de cette grandeur de courage que nous voions. Par exemple le ſilence d'Ajax aux Enfers, dans l'Odyſſée. Car ce ſilence a je ne ſçai quoi de plus grand que tout ce qu'il auroit pû dire.

C'eſt dans l'onziéme liv. de l'Odyſſée, où Vlyſſe fait des ſoumiſſions à Ajax, mais Ajax ne daigne pas lui reſpondre.

La premiere qualité donc qu'il faut ſuppoſer en un veritable Orateur; c'eſt qu'il n'ait point l'eſprit rampant. En effet il n'eſt pas poſſible qu'un homme qui n'a toute ſa vie que des ſentimens & des inclinations baſſes & ſerviles, puiſſe jamais rien produire qui ſoit fort merveilleux ni digne de la Posterité. Il n'y a vraisemblablement que ceux qui ont de hautes & de solides pensées qui puissent faire des discours eslevez, & c'est particulierement aux grands Hommes qu'il échappe de dire des choses extraordinaires. Voiez par exemple ce que respondit Alexandre quand Darius lui fit offrir la moitié de l'Asie avec sa fille en mariage. *Pour moi*, lui disoit Parmenion, *si j'estois Alexandre, j'accepterois ces offres. Et moy aussi*, repliqua ce Prince, *si jestois Parmenion.* N'est-il pas vrai qu'il faloit estre Alexandre pour faire cette réponse ?

Et c'est en cette partie qu'a principalement excellé Homere, dont les pensées sont toutes sublimes : comme on le peut voir dans la description de la Deesse Discorde qui a, dit-il,

La Teste dans les Cieux, & les piés sur la Terre.

Car on peut dire que cette grandeur qu'il lui donne est moins la mesure de la Discorde, que de la capacité & de l'eslevation de l'esprit d'Homere. Hesiode a mis un vers bien different de celui-ci dans son Bouclier ; s'il est vrai que ce Poëme soit de lui ; quand il dit à propos de la Deesse des tenebres,

Une puante humeur lui couloit des narines.

En effet il ne rend pas proprement cette Deesse terrible, mais odieuse & dégoustante. Au contraire voiés quelle majesté Homere donne aux Dieux.

Autant, qu'un homme assis aux rivages des mers, Iliade, liv. 5.
Void du haut d'une Tour d'espace dans les airs :
Autant, des Immortels les coursiers intrepides
En franchissent d'un saut, &c.

Il mesure l'estenduë de leur saut à celle de l'Univers. Qui est-ce donc qui ne s'écrieroit avec raison, en voiant la magnificence de cette Hyperbole, que si les chevaux des Dieux vouloient faire un second saut, ils ne trouveroient pas assés d'espace dans le monde ? Ces peintures aussi qu'il fait du Combat des Dieux ont quelque chose de fort grand, quand il dit :

Iliad. liv. 21.
Le Ciel en retentit, & l'Olympe en trembla.

Et ailleurs.

Illiad. liv. 20.
L'Enfer s'émeut au bruit de Neptune en furie.
Pluton sort de son throsne, il pâlit, il s'écrie:
Il a peur que ce Dieu, dans cet affreux séjour,
D'un coup de son Trident ne fasse entrer le jour,
Et par le centre ouvert de la Terre ébranlée,
Ne fasse voir du Stix la rive desolée:
Ne decouvre aux Vivans cet Empire odieux
Abhorré des Mortels, & craint mesme des Dieux.

Voiez-vous, mon cher Terentianus, la Terre ouverte jusqu'en son centre, l'Enfer prest à paroistre, & toute la machine du monde sur le point d'estre détruite & renversée : pour montrer que dans ce Combat, le Ciel, les Enfers, les choses mortelles & immortelles, tout enfin combattoit avec les Dieux, & qu'il n'y avoit rien dans la Nature qui ne fust en danger? Mais il faut prendre toutes ces pensées dans un sens Allegorique, autrement elles ont je ne sçai quoi d'affreux, d'impie, & de peu convenable à la majesté des Dieux. Et pour moi lorsque je voi dans Homere les playes, les ligues, les supplices, les larmes, les emprisonnemens des Dieux, & tous ces autres accidens où ils tombent sans cesse, il me semble qu'il s'est efforcé autant qu'il a pû de faire des Dieux de ces Hommes qui furent au siege de Troie, & qu'au contraire des Dieux mesmes il en fait des Hommes. Encore les fait-il de pire condition : car à l'égard de nous, quand nous sommes malheureux, au moins avons-nous la mort qui est comme un port asseûré pour sortir de nos miseres : au lieu qu'en representant les Dieux de cette sorte, il ne les rend pas proprement immortels, mais eternellement miserables.

Il a donc bien mieux reüssi lors qu'il nous a peint un Dieu tel qu'il est dans toute sa majesté, & sa grandeur, & sans meslange des choses terrestres : comme dans cet endroit qui a esté remarqué par plusieurs devant moi, où il dit en parlant de Neptune :

Neptune ainsi marchant dans ces vastes campagnes Iliad.
Fait trembler sous ses piés & forests & montagnes. liv. 13.
Et dans un autre endroit.
Il attelle son char, & montant fierement
Lui fait fendre les flots de l'humide Element.
Dés qu'on le void marcher sur ces liquides plaines,
D'aise on entend sauter les pezantes Balaines.
L'Eau fremit sous le Dieu qui lui donne la loi,
Et semble avec plaisir reconnoistre son Roi.
Cependant le char vole, &c.

Ainsi le Legislateur des Juifs, qui n'estoit pas un Homme ordinaire, ayant fort bien conceu la grandeur & la puissance de Dieu, l'a exprimée dans toute sa dignité, au commencement de ses Loix, par ces paroles. *Dieu dit : Que la lumiere se fasse, & la lumiere se fit. Que la Terre se fasse, la Terre fut faite.*

Je pense, mon cher Terentianus, que vous ne serés pas fâché que je vous rapporte encore ici un passage de nostre Poëte, quand il parle des hommes; afin de vous faire voir combien Homere est heroïque luimesme; en peignant le caractere d'un Heros. Une épaisse obscurité avoit couvert tout d'un coup l'armée des Grecs, & les empeschoit de combattre. En cet endroit Ajax ne sçachant plus quelle resolution prendre, s'écrie:

Iliad. liv. 17.
Grand Dieu chasse la nuit qui nous couvre les yeux,
Et combats contre nous à la clarté des Cieux.

Voila les veritables sentimens d'un Guerrier tel qu'Ajax. Il ne demande pas la vie; un Heros n'estoit pas capable de cette bassesse: mais comme il ne void point d'occasion de signaler son courage au milieu de l'obscurité, il se fâche de ne point combattre: il demande donc en haste que le jour paroisse, pour faire au moins une fin digne de son grand cœur, quand il devroit avoir à combattre Jupiter mesme. En effet Homere en cet endroit est comme un vent favorable qui seconde l'ardeur des Combattans: car il ne se remuë pas avec moins de violence, que s'il estoit épris aussi de fureur.

Iliad. liv. 15.
Tel que Mars en couroux au milieu des batailles.
Ou comme on void un feu, dans la nuit, & l'horreur,
Au travers des forests promener sa fureur,
De colere il escume, &c.

Mais je vous prie de remarquer, pour plusieurs raisons, combien il est affoibli dans son Odyssée où il fait voir en effet que c'est le propre d'un grand Esprit, lors qu'il commence à vieillir & à decliner, de se plaire aux contes & aux fables. Car qu'il ait composé l'Odissée depuis l'Iliade, j'en pourrois donner plusieurs preuves. Et premierement il est certain qu'il y a quantité de choses dans l'Odyssée qui ne sont que la suite des malheurs qu'on lit dans l'Iliade, & qu'il a transportées dans ce dernier Ouvrage, comme autant d'effets de la guerre de Troie. Ajoûtés que les accidens qui arrivent dans l'Iliade sont déplorés souvent par les Heros de l'Odyssée, comme des malheurs connus & arrivez il y a déja long temps. Et c'est pourquoy l'Odissée n'est à proprement parler que l'Epilogue de l'Iliade.

* *Là gist le grand Ajax, & l'invincible Achille.*
Là de ses ans Patrocle a veu borner le cours.
Là mon fils, mon cher fils a terminé ses jours.

<small>* Ce sont des paroles de Nestor dans l'Odyssée.</small>

Delà vient à mon avis, que comme Homere a composé son Iliade durant que son esprit estoit en sa plus grande vigueur, tout le corps de son Ouvrage est dramatique & plein d'action : au lieu que la meilleure partie de l'Odyssée se passe en narrations, qui est le genie de la vieillesse ; tellement qu'on le peut comparer dans ce dernier Ouvrage au Soleil quand il se couche, qui a toûjours sa mesme grandeur, mais qui n'a plus tant d'ardeur ni de force. En effet il ne parle plus du mesme ton : on n'y void plus ce Sublime de l'Iliade qui marche par tout d'un pas egal, sans que jamais il s'areste, ni se repose. On n'y remarque point cette foule de mouvemens & de pasfions entaffées les unes fur les autres. Il n'a plus cette mefme force, & s'il faut ainfi parler, cette mefme volubilité de Difcours fi propre pour l'action, & mélée de tant d'images naïves des chofes. Nous pouvons dire que c'eft le reflus de fon efprit qui comme un grand Ocean fe retire & deferte fes rivages. A tout propos il s'égare dans des imaginations & des fables incroiables. Je n'ai pas oublié pourtant les defcriptions de Tempeftes qu'il fait, les avantures qui arriverent à Ulyffe chez Polypheme, & quelques autres endroits qui font fans doute fort beaux. Mais cette vieilleffe dans Homere, aprés tout, c'eft la vieilleffe d'Homere : joint qu'en tous ces endroits-là il y a beaucoup plus de fable & de narration que d'action.

Je me fuis eftendu là deffus, comme j'ai déja dit : afin de vous faire voir que les genies naturellement les plus eflevés tombent quelquefois dans la badinerie, quand la force de leur efprit vient à s'efteindre. Dans ce rang on doit mettre ce qu'il dit du fac où Eole enferma les vents, & des Compagnons d'Uliffe changez par Circé en pourceaux, que Zoile appelle de *petits Cochons larmoians*. Il en eft de mefme des Colombes qui nourrirent Jupiter, comme un pigeonneau : de la difette d'Ulyffe qui fut dix jours fans manger aprés fon naufrage, & de toutes ces abfurditez qu'il conte du meurtre des Amans de Penelope. Car tout ce qu'on peut dire à l'avantage de ces fictions, c'eft que ce font d'affés beaux fonges, &, fi vous voulez, des fonges de Jupiter mefme. Ce qui m'a encore

core obligé à parler de l'Odyssée, c'est pour vous montrer que les grands Poëtes, & les Escrivains celebres, quand leur esprit manque de vigueur pour le Pathetique, s'amusent ordinairement à peindre les mœurs. C'est ce que fait Homere; quand il descrit la vie que menoient les Amans de Penelope dans la maison d'Ulysse. En effet toute cette description est proprement une espece de Comedie où les differens caracteres des hommes sont peints.

CHAPITRE VIII.
De la Sublimité qui se tire des Circonstances.

VOIONS si nous n'avons point encore quelque autre moien par où nous puissions rendre un Discours Sublime. Je dis donc, que comme naturellement rien n'arrive au monde qui ne soit toûjours accompagné de certaines Circonstances, ce sera un secret infaillible pour arriver au Grand, si nous sçavons faire à propos le choix des plus considerables, & si en les liant bien ensemble, nous en formons comme un corps. Car d'un costé ce choix, & de l'autre cet amas de Circonstances choisies attachent fortement l'esprit.

Ainsi, quand Sapho veut exprimer les fureurs de l'Amour, elle ramasse de tous côtez les accidens qui suivent & qui accompagnent en effet cette passion: mais où son adresse paroist principalement, c'est à choisir de tous ces accidens ceux qui marquent davantage l'excez & la violence de l'Amour, & à bien lier tout cela ensemble.

Heureux! qui prés de toi, pour toi seule soûpire :
Qui joüit du plaisir de t'entendre parler :
Qui te void quelquefois doucement lui soûrire.
Les Dieux, dans son bon-heur peuvent-ils l'égaler?

❦

Je sens de veine en veine une subtile flamme
Courir par tout mon corps, si tost que je te vois :
Et dans les doux transports, où s'égare mon ame,
Je ne sçaurois trouver de langue, ni de voix.

❦

Un nuage confus se répand sur ma veuë,
Je n'entends plus, je tombe en de douces langueurs,
Et pasle, sans haleine, interdite, éperduë,
Un frisson me saisit, je tremble, je me meurs.

❦

Mais quand on n'a plus rien, il faut tout hazarder, &c.

N'admirés vous point comment elle ramasse toutes ces choses, l'ame, le corps, l'ouie, la langue, la veuë, la couleur, comme si c'estoient autant de personnes differentes & prestes à expirer? Voiez de combien de mouvemens contraires elle est agitée; elle gele, elle brûle, elle est folle, elle est sage ; ou elle est entierement hors d'elle-mesme, ou elle va mourir : En un mot on diroit qu'elle n'est pas éprise d'une simple passion, mais que son ame est un rendésvous de toutes les passions ; & c'est en effet ce qui arrive à ceux qui aiment. Vous voiés donc bien, comme j'ai déja dit, que ce qui fait la principale beauté de son Discours, ce sont toutes ces grandes Circonstances marquées à propos, & ramassées avec choix. Ainsi quand Homere veut faire la description d'une tempeste, il a soin d'exprimer tout ce qui peut arriver de plus affreux dans une tempeste. Car par exemple l'Autheur du Poëme des Arimaspiens * pense dire des choses fort estonnantes quand il s'écrie :

* C'estoient des Peuples de Scythie.

O prodige estonnant! ô fureur incroiable!
Des hommes insensés, sur de fresles vaisseaux,
S'en vont loin de la terre habiter sur les eaux :
Et suivant sur la mer une route incertaine,
Courent chercher bien loin le travail & la peine.
Ils ne goustent jamais de paisible repos.
Ils ont les yeux au Ciel, & l'esprit sur les flots :
Et les bras estendus, les entrailles émuës,
Ils font souvent aux Dieux des prieres perduës.

Cependant il n'y a personne, comme je pense, qui ne voie bien que ce Discours est en effet plus fardé & plus fleuri que grand & sublime. Voyons donc comment fait Homere, & considerons cet endroit entre plusieurs autres.

Comme l'on void les flots soûlevez par l'orage,
Fondre sur un vaisseau qui s'oppose à leur rage.

d ij

Le vent avec fureur dans les voiles fremit,
La mer blanchit d'écume, & l'air au loin gemit.
Le matelot troublé, que son art abandonne,
Croit voir dans chaque flot la mort qui l'environne.

Aratus a tâché d'encherir sur ce dernier vers, en disant :

Un bois mince & leger les defend de la mort.

Mais en fardant ainsi cette pensée, il l'a renduë basse & fleurie de terrible qu'elle estoit. Et puis renfermant tout le peril dans ces mots, *Un bois mince & leger les defend de la mort*: il l'éloigne & le diminuë plûtost qu'il ne l'augmente. Mais Homere ne met pas pour une seule fois devant les yeux le danger où se trouvent les Matelots; il les represente, comme en un tableau, sur le point d'estre submergez à tous les flots qui s'élevent, & imprime jusques dans ses mots & ses syllables l'image du peril. Archiloque ne s'est point servi d'autre artifice dans la description de son naufrage; non plus que Demosthene dans cet endroit où il descrit le trouble des Atheniens à la nouvelle de la prise d'Elatée, quand il dit: *Il estoit déja fort tard*, &c. Car ils n'ont fait tous deux que trier, pour ainsi dire, & ramasser soigneusement les grandes Circonstances, prenant garde à ne point inserer dans leurs discours de particularitez basses & superfluës, ou qui sentissent l'école. En effet, de trop s'arrester aux petites choses, cela gaste tout : & c'est comme du moellon ou des platras qu'on auroit arrangez, & comme entassez les uns sur les autres pour élever un bâtiment.

<small>Voy les Remarques.</small>

CHAPITRE IX.
De l'Amplification.

ENTRE les moiens dont nous avons parlé, qui contribuent au Sublime, il faut aussi donner rang à ce qu'ils appellent *Amplification*. Car quand la nature des Sujets qu'on traite ou des Causes qu'on plaide demande des periodes plus estenduës & composées de plus de membres, on peut s'élever par degrés, de telle sorte qu'un mot encherisse toûjours sur l'autre. Et cette adresse peut beaucoup servir, ou pour traiter quelque lieu d'un Discours, ou pour exagerer, ou pour confirmer, ou pour mettre en jour un Fait, ou pour manier une Passion. En effet l'Amplification se peut diviser en un nombre infini d'Especes; mais l'Orateur doit sçavoir que pas une de ces Especes n'est parfaite de soi, s'il n'y a du Grand & du Sublime: si ce n'est lorsqu'on cherche à émouvoir la pitié, ou que l'on veut ravaler le prix de quelque chose. Partout ailleurs si vous ostez à l'Amplification ce qu'elle a de Grand, vous lui arrachez, pour ainsi dire, l'ame du corps. En un mot dés que cet appui vient à lui manquer, elle languit, & n'a plus ni force ni mouvement. Maintenant, pour plus grande netteté, disons en peu de mots la difference qu'il y a de cette partie à celle dont nous avons parlé dans le Chapitre precedent, & qui, comme j'ai dit, n'est autre chose, qu'un Amas de Circonstances choisies que l'on reunit enſemble ; Et voions par où l'Amplification en general differe du Grand & du Sublime.

CHAPITRE X.
Ce que c'eſt qu'Amplification.

JE ne ſçaurois approuver la definition que lui donnent les Maiſtres de l'art. L'Amplification, diſent-ils, eſt *un Diſcours qui augmente & agrandit les choſes.* Car cette definition peut convenir tout de meſme au Sublime, au Pathetique & aux Figures : puis qu'elles donnent toutes au Diſcours je ne ſçay quel caractere de grandeur. Il y a pourtant bien de la difference. Et premierement le Sublime conſiſte dans la hauteur & l'eſlevation : au lieu que l'Amplification conſiſte auſſi dans la multitude des paroles ; c'eſt pourquoi le Sublime ſe trouve quelquefois dans une ſimple penſée : mais l'Amplification ne ſubſiſte que dans la pompe & l'abondance. L'Amplification donc, pour en donner ici une idée generale, eſt *un Accroiſſement de paroles, que l'on peut tirer de toutes les circonſtances particulieres des choſes, & de tous les Lieux de l'Oraiſon, qui remplit le Diſcours, & le fortifie, en appuiant ſur ce qu'on a déja dit.* Ainſi elle differe de la Preuve, en ce qu'on emploie celle-ci pour prouver la queſtion, au lieu que l'Amplification ne ſert qu'à

Voy les Remarques.
eſtendre & à exagerer. ****************

La meſme difference à mon avis eſt entre Demoſthene & Ciceron pour le Grand & le Sublime, autant que nous autres Grecs pouvons juger des ouvrages d'un Auteur Latin. En effet Demosthene est grand en ce qu'il est serré & concis, & Ciceron au contraire en ce qu'il est diffus & estendu. On peut comparer ce Premier à cause de la violence, de la rapidité, de la force, & de la vehemence avec laquelle il ravage, pour ainsi dire, & emporte tout, à une tempeste & à un foudre. Pour Ciceron, à mon sens, il ressemble à un grand embrazement qui se respand par tout, & s'esleve en l'air, avec un feu dont la violence dure & ne s'esteint point: qui fait de differens effets, selon les differens endroits où il se trouve; mais qui se nourrit neanmoins & s'entretient toûjours dans la diversité des choses où il s'attache. Mais vous pouvés mieux juger de cela que moi. Au reste le Sublime de Demosthene vaut sans doute bien mieux dans les exagerations fortes, & les violentes passions: quand il faut, pour ainsi dire, estonner l'Auditeur. Au contraire l'abondance est meilleure, lors qu'on veut, si j'ose me servir de ces termes, répandre une rosée agreable dans les esprits. Et certainement un discours diffus est bien plus propre pour les Lieux Communs, les Peroraisons, les Digressions, & generalement pour tous ces discours qui se font dans le Genre Demonstratif. Il en est de mesme pour les Histoires, les Traités de Physique & plusieurs autres semblables matieres.

CHAPITRE XI.
De l'Imitation.

POUR retourner à noſtre diſcours. Platon dont le ſtile ne laiſſe pas d'eſtre fort eſlevé, bien qu'il coule ſans eſtre rapide & ſans faire de bruit, nous a donné une idée de ce ſtile que vous ne pouvés ignorer, ſi vous avés leu les livres de ſa Republique. *Ces Hommes malheureux*, dit-il quelque part, *qui ne ſçavent ce que c'eſt que de ſageſſe ni de vertu, & qui ſont continuellement plongés dans les feſtins & dans la débauche, vont toûjours de pis en pis, & errent enfin toute leur vie. La Verité n'a point pour eux d'attraits ni de charmes: Ils n'ont jamais levé les yeux pour la regarder; En un mot ils n'ont jamais goûté de pur ni de ſolide plaiſir. Ils ſont comme des beſtes qui regardent toûjours en bas, & qui ſont courbées vers la Terre: ils ne ſongent qu'à manger, & à repaiſtre, qu'à ſatisfaire leurs paſſions brutales, & dans l'ardeur de les raſſaſier, ils regimbent, ils égratignent, ils ſe battent à coups d'ongles & de cornes de fer, & periſſent à la fin par leur gourmandiſe inſatiable.*

Au reſte ce Philoſophe nous a encore enſeigné un autre chemin, ſi nous ne voulons point le negliger, qui nous peut conduire au Sublime. Quel eſt ce chemin? c'eſt l'Imitation & l'emulation des Poëtes & des Eſcrivains illuſtres qui ont veſcu devant nous. Car c'eſt le but que nous devons toûjours nous mettre devant les yeux.

Et

Et certainement il s'en void beaucoup que l'esprit d'autrui ravit hors d'eux-mesmes, comme on dit qu'une sainte fureur saisit la Prestresse d'Apollon sur le sacré Trepié. Car on tient qu'il y a une ouverture en terre d'où sort un soufle, une vapeur toute celeste qui la remplit sur le champ d'une vertu divine, & lui fait prononcer des oracles. De mesme ces grandes beautez que nous remarquons dans les Ouvrages des Anciens sont comme autant de sources sacrées, d'où il s'éleve des vapeurs heureuses qui se respandent dans l'ame de leurs Imitateurs, & animent les esprits mesmes naturellement les moins échauffez: si bien que dans ce moment ils sont comme ravis & emportez de l'enthousiasme d'autrui. Ainsi voions-nous qu'Herodote & devant lui Stesichore & Archiloque ont esté grands imitateurs d'Homere. Platon nean-moins est celui de tous qui l'a le plus imité: car il a puisé dans ce Poëte, comme dans une vive source, dont il a destourné un nombre infini de ruisseaux: & j'en donnerois des exemples si Amonius n'en avoit déja rapporté plusieurs.

Au reste on ne doit point regarder cela comme un larcin, mais comme une belle idée qu'il a euë, & qu'il s'est formée sur les mœurs, l'invention, & les ouvrages d'autrui. En effet jamais, à mon avis, il ne dit de si grandes choses dans ses traités de Philosophie, que quand du simple discours passant à des expressions & à des matieres poëtiques, il vient, s'il faut ainsi dire, comme un nouvel Athlete, disputer de toute sa force le prix à Homere, c'est à dire à celui qui eſtoit déja l'admiration de tous les Siecles. Car bien qu'il ne le faſſe peut-eſtre qu'avec un peu trop d'ardeur, & comme on dit, les armes à la main: cela ne laiſſe pas nean-moins de lui ſervir beaucoup, puiſqu'enfin, ſelon Heſiode.

La noble Jalouſie eſt utile aux Mortels.

Et n'eſt-ce pas en effet quelque choſe de bien glorieux & bien digne d'une ame noble, que de combattre pour l'honneur & le prix de la victoire, avec ceux qui nous ont précedés ? puiſque dans ces ſortes de combats on peut meſme eſtre vaincu ſans honte.

CHAPITRE XII.

De la maniere d'Imiter.

TOUTES les fois donc que nous voulons travailler à un Ouvrage qui demande du Grand & du Sublime, il eſt bon de faire cette reflexion. Comment eſt-ce qu'Homere auroit dit cela ? Qu'auroient fait Platon, Demoſthene ou Thucydide meſme, s'il eſt queſtion d'hiſtoire, pour eſcrire ceci en ſtile Sublime? Car ces grands Hommes que nous nous propoſons à imiter, ſe preſentant de la ſorte à noſtre imagination, nous ſervent comme de flambeau, & ſouvent nous eſlevent l'ame preſque auſſi haut que l'idée que nous avons conceuë de leur genie. Sur tout ſi nous nous imprimons bien ceci en nous-meſmes. Que penſeroient Homere ou Demoſthene de ce que je dis s'ils m'écoutoient, & quel jugement feroient-ils de moi?

En effet ce sera un grand avantage pour nous, si nous pouvons nous figurer que nous allons, mais serieusement, rendre compte de nos escrits devant un si celebre Tribunal, & sur un Theatre où nous avons de tels Heros pour juges & pour témoins. Mais un motif encore plus puissant pour nous exciter, c'est de songer au jugement que toute la posterité fera de nos escrits. Car si un Homme, dans la crainte de ce jugement, ne se soucie pas qu'aucun de ses Ouvrages vive plus que lui : son esprit ne sçauroit rien produire que des avortons aveugles & imparfaits, & il ne se donnera jamais la peine d'achever des Ouvrages, qu'il ne fait point pour passer jusqu'à la derniere posterité.

CHAPITRE XIII.

Des Images.

CEs *Images*, que d'autres appellent *Peintures ou Fictions*, sont aussi d'un grand artifice pour donner du poids, de la magnificence, & de la force au discours. Ce mot *d'Image* se prend en general, pour toute Pensée propre à produire une expression, & qui fait une peinture à l'esprit de quelque maniere que ce soit. Mais il se prend encore dans un sens plus particulier & plus resserré ; pour ces discours que l'on fait, *lorsque par un enthousiasme & un mouvement extraordinaire de l'ame, il semble que nous voions les choses dont nous parlons, & que nous les mettons devant les yeux de ceux qui écoutent.*

Au reste vous devez sçavoir que les *Images* dans la Rhetorique, ont tout un autre usage que parmi les Poëtes. En effet le but qu'on s'y propose dans la Poësie, c'est l'estonnement & la surprise : au lieu que dans la prose c'est de bien peindre les choses, & de les faire voir clairement. Il y a pourtant cela de commun, qu'on tend à emouvoir en l'une & en l'autre rencontre.

* Paroles d'Oreste dans Euripide.

* Mere cruelle arreste, esloigne de mes yeux
Ces Filles de l'enfer, ces spectres odieux.
Ils viennent : je les voy : mon supplice s'appreste.
Mille horribles serpents leur sislent sur la teste.

Et ailleurs.

Où fuirai-je ? Elle vient. Je la voy. Je suis mort.

Le Poëte en cet endroit ne voioit pas les Furies : cependant il en fait une image si naïve, qu'il les fait presque voir aux Auditeurs. Et veritablement je ne sçaurois pas bien dire si Euripide est aussi heureux à exprimer les autres passions ; mais pour ce qui regarde l'amour & la fureur, c'est à quoi il s'est estudié particulierement, & il y a fort bien reüssi. Et mesme en d'autres rencontres il ne manque pas quelque-fois de hardiesse à peindre les choses. Car bien que son esprit de lui-mesme ne soit pas porté au Grand, il corrige son naturel, & le force d'estre tragique & relevé, principalement dans les grands Sujets : de sorte qu'on lui peut appliquer ces vers du Poëte.

A l'aspect du peril, au combat il s'anime :
Et le poil herissé, les yeux étincelans,
De sa queuë il se bat les costez & les flancs.

Comme on le peut remarquer dans cet endroit où le Soleil parle ainsi à Phaëton, en lui mettant entre les mains les resnes de ses chevaux.

> *Pren garde qu'une ardeur trop funeste à ta vie*
> *Ne t'emporte au dessus de l'aride Lybie ;*
> *Là jamais d'aucune eau le sillon arrosé*
> *Ne rafraîchit mon char dans sa course embrazé.*

Et dans ces vers suivans.

> *Aussitost devant toi s'offriront sept Etoiles.*
> *Dresse par là ta course, & suy le droit chemin.*
> *Phaëton, à ces mots, prend les resnes en main.*
> *De ses chevaux aislés il bat les flancs agiles.*
> *Les coursiers du Soleil à sa voix sont dociles,*
> *Ils vont : le char s'esloigne, & plus promt qu'un éclair,*
> *Penetre en un moment les vastes champs de l'air.*
> *Le Pere cependant plein d'un trouble funeste,*
> *Le void rouler de loin sur la plaine celeste ,*
> *Lui montre encor sa route, & du plus haut des Cieux,*
> *Le suit autant qu'il peut, de la voix & des yeux.*
> *Va par là, lui dit-il, Revien : Destourne : Areste.*

Ne diriez vous pas que l'ame du Poëte monte sur le char avec Phaëton, qu'elle partage tous ses perils, & qu'elle vole dans l'air avec les chevaux? car s'il ne les suivoit dans les Cieux, s'il n'assistoit à tout ce qui s'y passe; pourroit-il peindre la chose comme il fait ? Il en est de mesme de cet endroit de sa Cassandre qui commence par

> *Mais ô braves Troyens, &c.*

Eschyle a quelque-fois aussi des hardiesses & des imaginations tout-à-fait nobles & heroïques : comme on le peut voir dans sa Tragedie intitulée, Les *Sept de-*

vant Thebes, où un Courier venant apporter à Eteocle la nouvele de ces sept Chefs qui avoient tous impitoyablement juré, pour ainsi dire, leur propre mort; s'explique ainsi.

Sur un bouclier noir sept Chefs impitoiables,
Epouvantent les Dieux de sermens effroiables :
Prés d'un Taureau mourant qu'ils viennent d'egorger,
Tous la main dans le sang jurent de se vanger,
Ils en jurent, la Peur, le Dieu Mars, & Bellone.

Au reste bien que ce Poëte, pour vouloir trop s'élever, tombe assés souvent dans des pensées rudes, grossieres & mal polies : Toutefois Euripide, par une noble emulation, s'expose quelquefois aux mesmes perils. Par exemple dans Eschyle le Palais de Lycurgue est emû & entre en fureur, à la veuë de Bacchus.

Le palais en fureur mugit à son aspect.

Euripide emploie cette mesme pensée d'une autre maniere, en l'adoucissant nean-moins.

La montagne à leurs cris répond en mugissant.

Sophocle n'est pas moins excellent à peindre les choses, comme on le peut voir dans la description qu'il nous a laissée d'Oedipe mourant & s'enseveliffant lui-mesme au milieu d'une tempeste prodigieuse ; & dans cet autre endroit où il dépeint l'apparition d'Achille sur son tombeau, dans le moment que les Grecs alloient lever l'ancre. Je doute nean-moins pour cette apparition, que jamais personne en ait fait une description plus vive que Simonide : Mais nous n'aurions jamais fait, si nous voulions estaler ici tous les exemples que nous pourrions rapporter à ce propos.

Pour retourner à ce que nous difions, les *Images* dans la Poëfie font pleines ordinairement d'accidens fabuleux, & qui paffent toute forte de créance : Au lieu que dans la Rhetorique le beau des *Images*, c'eft de reprefenter la chofe comme elle s'eft paffée, & telle qu'elle eft dans la verité. Car une invention poëtique & fabuleufe dans une Oraifon traîne neceffairement avec foi des digreffions groffieres & hors de propos & tombe dans une extrême abfurdité. C'eft pourtant ce que cherchent aujourd'hui nos Orateurs. Ils voyent quelquefois les Furies, ces grands Orateurs, auffi bien que les Poëtes Tragiques, & les bonnes gens ne prennent pas garde que quand Orefte dit dans Euripide :

Toi qui dans les Enfers me veux precipiter,
Deeffe, ceffe enfin de me perfecuter;

il ne s'imagine voir toutes ces chofes, que parce qu'il n'eft pas dans fon bon fens. Quel eft donc l'effet des *Images* dans la Rhetorique ? C'eft qu'outre plufieurs autres proprietés, elles ont cela qu'elles animent & échauffent le difcours. Si bien qu'eftant meflées avec art dans les preuves, elles ne perfuadent pas feulement; mais elles domtent, pour ainfi dire, elles foûmettent l'Auditeur. *Si un homme*, dit un Orateur, *a entendu un grand bruit devant le Palais, & qu'un autre à mefme-temps vienne annoncer que les prifons font ouvertes, & que les prifonniers de guerre fe fauvent : il n'y a point de vieillard fi chargé d'années, ni de jeune homme fi indifferent, qui ne coure de toute fa force au fecours. Que fi quelqu'un fur ces entre-faites leur montre l'Auteur de* ce desordre : c'est fait de ce malheureux ; il faut qu'il perisse sur le champ, & l'on ne lui donne pas le temps de parler.

Hyperide s'est servi de cet artifice dans l'oraison où il rend compte de l'Ordonnance qu'il fit faire, aprés la défaite de Cheronée, qu'on donneroit la liberté aux Esclaves. *Ce n'est point*, dit-il, *un Orateur qui a fait passer cette loi : c'est la bataille, c'est la défaite de Cheronée.* Au mesme-temps qu'il prouve la chose par raison, il fait une *Image*, & par cette proposition qu'il avance, il fait plus que persuader & que prouver. Car comme en toutes choses on s'arreste naturellement à ce qui brille & éclate davantage ; l'esprit de l'Auditeur est aisément entraîné par cette Image qu'on lui presente au milieu d'un raisonnement, & qui lui frappant l'imagination, l'empesche d'examiner de si prés la force des preuves ; à cause de ce grand éclat dont elle couvre & environne le Discours. Au reste il n'est pas extraordinaire que cela fasse cet effet en nous, puisqu'il est certain que de deux corps meslés ensemble celui qui a le plus de force attire toûjours à soy la vertu & la puissance de l'autre. Mais c'est assez parlé de cette Sublimité qui consiste dans les pensées, & qui vient, comme j'ay dit, ou *de la Grandeur d'ame*, ou de *l'Imitation*, ou de *l'Imagination*.

CHAPITRE

CHAPITRE XIV.
Des Figures, & premierement de l'Apostrophe.

IL faut maintenant parler des Figures, pour suivre l'ordre que nous nous sommes prescrit : Car, comme j'ai dit, elles ne font pas une des moindres parties du Sublime, lorsqu'on leur donne le tour qu'elles doivent avoir. Mais ce seroit un ouvrage de trop longue haleine, pour ne pas dire infini, si nous voulions faire ici une exacte recherche de toutes les Figures qui peuvent avoir place dans le discours. C'est pourquoi nous nous contenterons d'en parcourir quelques-unes des principales, je veux dire, celles qui contribuent le plus au Sublime : seulement afin de faire voir que nous n'avançons rien que de vrai. Demosthene veut justifier sa conduite, & prouver aux Atheniens, qu'ils n'ont point failli en livrant bataille à Philippe. Quel estoit l'air naturel d'enoncer la chose ? *Vous n'avez point failli*, pouvoit-il dire, *Messieurs, en combattant au peril de vos vies pour la liberté & le salut de toute la Grece, & vous en avez des exemples qu'on ne sçauroit démentir. Car on ne peut pas dire que ces grands Hommes ayent failli, qui ont combattu pour la mesme cause dans les plaines de Marathon, à Salamine & devant Platées.* Mais il en use bien d'une autre sorte, & tout d'un coup, comme s'il estoit inspiré d'un Dieu, & possedé de l'esprit d'Apollon mesme, il s'écrie en jurant par ces vaillans Defenseurs de la Grece. *Non, Messieurs, non, vous n'avez point failli. J'en jure par les manes de ces grands Hommes qui ont combattu pour la mesme cause dans les plaines de Marathon.* Par cette seule forme de serment, que j'appellerai ici *Apostrophe*, il deïfie ces anciens Citoïens dont il parle, & montre en effet, qu'il faut regarder tous ceux qui meurent de la sorte, comme autant de Dieux par le nom desquels on doit jurer. Il inspire à ses Juges l'esprit & les sentimens de ces illustres Morts, & changeant l'air naturel de la Preuve en cette grande & pathetique maniere d'affirmer par des sermens si extraordinaires, si nouveaux, si dignes de foi, il fait entrer dans l'ame de ses Auditeurs comme une espece de contre-poison & d'antidote qui en chasse toutes les mauvaises impressions. Il leur éleve le courage par des loüanges. En un mot il leur fait concevoir qu'ils ne doivent pas moins s'estimer de la bataille qu'ils ont perduë contre Philippe, que des victoires qu'ils ont remportées à Marathon & à Salamine; & par tous ces differens moïens renfermés dans une seule Figure, il les entraîne dans son parti. Il y en a pourtant qui pretendent que l'original de ce Serment se trouve dans Eupolis, quand il dit:

On ne me verra plus affligé de leur joie.
J'en jure mon combat aux champs de Marathon.
Mais il n'y a pas grande finesse à jurer simplement. Il faut voir où, comment, en quelle occasion, & pour-

quoi on le fait. Or dans le paſſage de ce Poëte il n'y a rien autre choſe qu'un ſimple ſerment. Car il parle là aux Atheniens heureux, & dans un temps où ils n'avoient pas beſoin de conſolation. Ajoûtez que par ce ſerment il ne traite pas, comme Demoſthene, ces grands Hommes d'Immortels, & ne ſonge point à faire naiſtre dans l'ame des Atheniens, des ſentimens dignes de la vertu de leurs Anceſtres: veu qu'au lieu de jurer par le nom de ceux qui avoient combattu, il s'amuſe à jurer par une choſe inanimée, telle qu'eſt un combat. Au contraire dans Demoſthene ce ſerment eſt fait directement pour rendre le courage aux Atheniens vaincus, & pour empeſcher qu'ils ne regardaſſent d'oreſnavant, comme un malheur, la bataille de Cheronée. De ſorte que, comme j'ai déja dit, dans cette ſeule Figure, il leur prouve par raiſon qu'ils n'ont point failli; il leur en fournit un exemple; il le leur confirme par des ſermens; il fait leur éloge; & il les exhorte à la guerre contre Philippe.

Mais comme on pouvoit répondre à noſtre Orateur; il s'agit de la bataille que nous avons perduë contre Philippe, durant que vous maniés les affaires de la Republique, & vous jurez par les victoires que nos Anceſtres ont remportées. Afin donc de marcher ſeurement, il a ſoin de regler ſes paroles, & n'emploie que celles qui lui ſont avantageuſes: faiſant voir, que meſme dans les plus grands emportemens, il faut eſtre ſobre & retenu. En diſant donc que leurs Anceſtres avoient combattu par terre à Marathon, & par mer à Salamine, avoient donné bataille prés d'Artemise & de Platées : il se garde bien de dire qu'ils en fussent sortis victorieux. Il a soin de taire l'évenement qui avoit esté aussi heureux en toutes ces batailles, que funeste à Cheronée ; & prévient mesme l'Auditeur en poursuivant ainsi. *Tous ceux, ô Eschine, qui sont peris en ces rencontres, ont esté enterrés aux despens de la Republique, & non pas seulement ceux dont la fortune a secondé la valeur.*

CHAPITRE XV.
Que les Figures ont besoin du Sublime pour les soûtenir.

IL ne faut pas oublier ici une reflexion que j'ai faite, & que je vais vous expliquer en peu de mots : c'est que si les Figures naturellement soûtiennent le Sublime, le Sublime de son costé soûtient merveilleusement les Figures : mais où, & comment, c'est ce qu'il faut dire.

En premier lieu, il est certain qu'un discours où les Figures sont employées toutes seules, est de soi-mesme suspect d'adresse, d'artifice, & de tromperie. Principalement lorsqu'on parle devant un Juge souverain, & sur tout si ce Juge est un grand Seigneur, comme un Tyran, un Roi, ou un General d'Armée : car il conçoit en lui-mesme une certaine indignation contre l'Orateur, & ne sçauroit souffrir qu'un chetif Rhetoricien entreprenne de le tromper, comme un enfant, par de grossieres finesses. Et mesme il est à craindre quelquefois, que prenant tout cet artifice pour une espece de mépris, il ne s'effarouche entierement : & bien qu'il retienne sa colere, & se laisse un peu amollir aux charmes du discours, il a toûjours une forte repugnance à croire ce qu'on lui dit. C'est pourquoy il n'y a point de Figure plus excellente que celle qui est tout-à-fait cachée, & lorsqu'on ne reconnoist point que c'est une Figure. Or il n'y a point de secours ni de remede plus merveilleux pour l'empescher de paroître, que le Sublime & le Pathetique, par ce que l'Art ainsi renfermé au milieu de quelque chose de Grand & d'éclatant, a tout ce qui lui manquoit, & n'est plus suspect d'aucune tromperie. Je ne vous en sçaurois donner un meilleur exemple que celui que j'ai déja rapporté.

J'en jure par les manes de ces grands Hommes, &c. Comment est-ce que l'Orateur a caché la figure dont il se sert ? N'est-il pas aisé de reconnoistre que c'est par l'éclat mesme de sa pensée ? Car comme les moindres lumieres s'évanoüissent, quand le Soleil vient à éclairer ; de mesme toutes ces subtilitez de Rhetorique disparoissent à la veuë de cette grandeur qui les environne de tous costés. La mesme chose à peu prés arrive dans la peinture. En effet qu'on tire plusieurs lignes paralleles sur un mesme plan, avec les jours & les ombres : il est certain que ce qui se presentera d'abord à la veuë, ce sera le lumineux à cause de son grand éclat qui fait qu'il semble sortir hors du tableau, & s'approcher en quelque façon de nous. Ainsi le

Sublime & le Pathetique, soit par une affinité naturelle qu'ils ont avec les mouvemens de nostre ame, soit à cause de leur brillant, paroissent davantage & semblent toucher de plus prés nostre esprit que les Figures, dont ils cachent l'Art, & qu'ils mettent comme à couvert.

CHAPITRE XVI.

Des Interrogations.

QUE dirai-je des Demandes & des Interrogations? Car qui peut nier que ces sortes de Figures ne donnent beaucoup plus de mouvement, d'action, & de force au discours? *Ne voulez-vous jamais faire autre chose*, dit Demosthene aux Atheniens, *qu'aller par la ville vous demander les uns aux autres; Que dit-on de nouveau? & que peut-on vous apprendre de plus nouveau, que ce que vous voiés? Un Homme de Macedoine se rend maistre des Atheniens, & fait la loi à toute la Grece. Philippe est-il mort? dira l'un: Non, repondra l'autre, il n'est que malade. Hé, que vous importe, Messieurs, qu'il vive ou qu'il meure? Quand le Ciel vous en auroit delivrés, vous-vous feriés bientost vous mesme un autre Philippe.* Et ailleurs. *Embarquons-nous pour la Macedoine, mais où aborderons-nous*, dira quelqu'un, *malgré Philippe? La guerre mesme, Messieurs, nous découvrira par où Philippe est facile à vaincre.* S'il eust dit la chose simplement, son discours n'eust point répondu à la majesté de l'affaire

dont il parloit : au lieu que par cette divine & violente maniere de se faire des interrogations & de se répondre sur le champ à soi-mesme, comme si c'estoit une autre personne, non seulement il rend ce qu'il dit plus grand & plus fort ; mais plus plausible & plus vrai-semblable. Car le Pathetique ne fait jamais plus d'effet que lors qu'il semble que l'Orateur ne le recherche pas, mais que c'est l'occasion qui le fait naistre. Or il n'y a rien qui imite mieux la passion que ces sortes d'Interrogations & de Réponses. Car ceux qu'on interroge sur une chose dont ils sçavent la verité, sentent naturellement une certaine émotion qui fait que sur le champ ils se precipitent de respondre. Si bien que par cette Figure l'Auditeur est adroitement trompé, & prend les discours les plus medités pour des choses dites sur l'heure & dans la chaleur * * * * *Voi les Remarques.
Il n'y a rien encore qui donne plus de mouvement au Discours que d'en oster les liaisons. En effet un discours que rien ne lie & n'embarrasse, marche & coule de soi-mesme, & il s'en faut peu qu'il n'aille quelquefois plus viste que la pensée mesme de l'Orateur. *Aiant approché leurs boucliers les uns des autres*, dit Xenophon, *ils reculoient, ils combattoient, ils tuoient, ils mouroient ensemble.* Il en est de mesme de ces paroles d'Euryloque à Ulysse dans Homere.

Nous avons par ton ordre à pas precipités
Parcouru de ces bois les sentiers écartés :
Nous avons dans le fond d'une sombre vallée
Découvert de Circé la maison reculée.

Car ces periodes ainsi coupées & prononcées nean-moins avec precipitation, sont les marques d'une vive douleur, qui l'empesche en mesme temps, & le force de parler. C'est ainsi qu'Homere sçait oster où il faut les liaisons du discours.

CHAPITRE XVII.
Du meslange des Figures.

IL n'y a encore rien de plus fort pour émouvoir, que de ramasser ensemble plusieurs Figures. Car deux ou trois Figures ainsi meslées entrant par ce moien dans une espece de societé se communiquent les unes aux autres de la force, des graces & de l'ornement: comme on le peut voir dans ce passage de l'Oraison de Demosthene contre Midias, où en même temps il oste les liaisons de son Discours & mesle ensemble les Figures de Repetition & de Description. *Car tout homme*, dit cet Orateur, *qui en outrage un autre, fait beaucoup de choses du geste, des yeux, de la voix, que celui, qui a esté outragé ne sçauroit peindre dans un recit.* Et de peur que dans la suite, son Discours ne vinst à se relascher, sçachant bien que l'ordre appartient à un esprit rassis, & qu'au contraire le desordre est la marque de la passion qui n'est en effet elle-mesme qu'un trouble & une émotion de l'ame, il poursuit dans la mesme diversité de Figures. *Tantost il le frappe comme ennemi, tantost pour lui faire insulte, tantost avec les poings, tantost au visage.* Par cette violence de paroles ainsi entassées

sées les unes sur les autres l'Orateur ne touche & ne remuë pas moins puissamment ses Juges, que s'ils le voyoient frapper en leur presence. Il revient à la charge, & poursuit comme une tempeste. *Ces affronts émeuvent, ces affronts transportent un Homme de cœur & qui n'est point accoustumé aux injures. On ne sçauroit exprimer par des paroles l'énormité d'une telle action.* Par ce changement continuel, il conserve par tout le caractere de ces Figures turbulentes : tellement que dans son ordre il y a un desordre, & au contraire dans son desordre il y a un ordre merveilleux. Qu'ainsi ne soit, mettez par plaisir les conjonctions à ce passage, comme font les Disciples d'Isocrate. *Et certainement il ne faut pas oublier, que celui qui en outrage un autre fait beaucoup de choses, premierement par le geste, en suite par les yeux, & enfin par la voix mesme, &c.* . . . Car en égalant & applanissant ainsi toutes choses par le moien des liaisons, vous verrés que d'un Pathetique fort & violent, vous tomberés dans une petite affetterie de langage qui n'aura ni pointe ni éguillon, & que toute la force de vostre discours s'esteindra aussi-tost d'elle-mesme. Et comme il est certain, que si on lioit le corps d'un homme qui court on lui feroit perdre toute sa force ; de mesme si vous allés embarrasser une passion de ces liaisons & de ces particules inutiles, elle les souffre avec peine, vous lui ostés la liberté de sa course, & cette impetuosité qui la faisoit marcher avec la mesme violence, qu'un trait lancé par une machine.

CHAPITRE XVIII.
Des Hyperbates.

IL faut donner rang aux Hyperbates. L'Hyperbate n'est autre chose que *la Transposition des pensees ou des paroles dans l'ordre & la suite d'un discours*. Et cette Figure porte avec soi le caractere veritable d'une passion forte & violente. En effet, voiés tous ceux qui sont émûs de colere, de fraieur, de dépit, de jalousie, ou de quelqu'autre passion que ce soit: car il y en a tant que l'on n'en sçait pas le nombre, leur esprit est dans une agitation continuelle. A peine ont-ils formé un dessein qu'ils en conçoivent aussi-tost un autre, & au milieu de celui-ci s'en proposant encore de nouveaux, où il n'y a ni raison ni rapport, ils reviennent souvent à leur premiere resolution. La passion en eux est comme un vent leger & inconstant qui les entraîne, & les fait tourner sans cesse de costé & d'autre: si bien que dans ce flux & ce reflux perpetuel de sentimens opposés, ils changent à tous momens de pensée & de langage, & ne gardent ni ordre, ni suite dans leurs discours.

Les habiles Escrivains, pour imiter ces mouvemens de la Nature, se servent des Hyperbates. Et à dire vrai, l'Art n'est jamais dans un plus haut degré de perfection, que lors qu'il ressemble si fort à la Nature, qu'on le prend pour la Nature mesme; & au contraire la Nature ne reüssit jamais mieux que quand l'Art est caché.

Nous voions un bel exemple de cette Transposition dans Herodote, où Denys Phocéen parle ainsi aux Ioniens. *En effet nos affaires sont reduites à la derniere extremité, Messieurs. Il faut necessairement que nous soions libres ou esclaves, & esclaves miserables. Si donc vous voulés eviter les malheurs qui vous menacent, il faut sans differer embrasser le travail & la fatigue, & acheter vostre liberté par la défaite de vos ennemis.* S'il eust voulu suivre l'ordre naturel, voici comme il eust parlé. *Messieurs, il est maintenant temps d'embrasser le travail & la fatigue : Car enfin nos affaires sont reduites à la derniere extremité, &c.* Premierement donc il transporte ce mot *Messieurs*, & ne l'insere qu'immediatement aprés leur avoir jetté la fraieur dans l'ame : comme si la grandeur du peril lui avoit fait oublier la civilité qu'on doit à ceux à qui l'on parle, en commençant un discours. Ensuite il renverse l'ordre des pensées. Car avant que de les exhorter au travail, qui est pourtant son but, il leur donne la raison qui les y doit porter : *En effet nos affaires sont reduites à la derniere extremité* ; afin qu'il ne semble pas que ce soit un discours estudié qu'il leur apporte : mais que c'est la passion qui le force de parler sur le champ. Thucydide a aussi des Hyperbates fort remarquables, & s'entend admirablement à transposer les choses qui semblent unies du lien le plus naturel, & qu'on diroit ne pouvoir estre separées.

Pour Demosthene, qui est d'ailleurs bien plus retenu que Thucydide, il ne l'est pas en cela, & jamais personne n'a plus aimé les Hyperbates. Car dans la passion qu'il a de faire paroître que tout ce qu'il dit est dit sur le champ, il traîne sans cesse l'Auditeur, par les dangereux détours de ses longues Transpositions. Assés souvent donc il suspend sa premiere pensée comme s'il affectoit tout exprés le desordre: & entremeslant au milieu de son discours plusieurs choses differentes qu'il va quelquefois chercher, mesme hors de son sujet, il met la fraieur dans l'ame de l'Auditeur qui croit que tout ce discours va tomber, & l'interesse malgré lui dans le peril où il pense voir l'Orateur. Puis tout d'un coup & lors qu'on ne s'y attendoit plus, disant à propos ce qu'il y avoit si long-temps qu'on cherchoit; par cette Transposition également adroite & dangereuse, il touche bien davantage que s'il eust gardé un ordre dans ses paroles, & il y a tant d'exemples de ce que je dis que je me dispenseray d'en rapporter.

CHAPITRE XIX.
Du Changement de Nombre.

IL n'en faut pas moins dire de ce qu'on appelle, Diversités de cas, Collections, Renversemens, Gradations, & de toutes ces autres Figures, qui estant comme vous sçavés, extremement fortes & vehementes, peuvent beaucoup servir par consequent à orner le discours, & contribuënt en toutes manieres au Grand & au Pathetique. Que dirai-je des Changemens de Cas, de Temps, de Personnes, de Nombre, & de Genre?

En effet qui ne void combien toutes ces choses sont propres à diversifier & à ranimer l'expression ? Par exemple pour ce qui regarde le Changement de Nombre ; ces Singuliers dont la terminaison est singuliere, mais qui ont pourtant, à les bien prendre, la force & la vertu des Pluriels.

Aussitost un grand Peuple accourant sur le port
Ils firent de leurs cris retentir les rivages.

Et ces Singuliers sont d'autant plus dignes de remarque, qu'il n'y a rien quelquefois de plus magnifique que les Pluriels. Car la multitude qu'ils renferment leur donne du son & de l'emphase. Tels sont ces Pluriels qui sortent de la bouche d'Oedipe dans Sophocle.

Hymen, funeste Hymen tu m'as donné la vie:
Mais dans ces mesmes flancs où je fus enfermé,
Tu fais rentrer ce sang dont tu m'avois formé.
Et par là tu produis & des Fils & des Peres,
Des Freres, des Maris, des Femmes & des Meres;
Et tout ce que du Sort la maligne fureur,
Fit jamais voir au jour & de honte & d'horreur.

Tous ces differens noms ne veulent dire qu'une seule personne ; c'est à sçavoir Oedipe d'une part, & sa mere Jocaste de l'autre. Cependant par le moien de ce Nombre ainsi répandu & multiplié en differens pluriels, il multiplie en quelque façon les infortunes d'Oedipe. C'est par un mesme pleonasme qu'un Poëte a dit:

On vid les Sarpedons & les Hectors paroistre.

Il en faut dire autant de ce passage de Platon à propos des Atheniens, que j'ay rapporté ailleurs. *Ce ne sont point des Pelops, des Cadmus, des Egyptes, des Danaus, ni des hommes nés barbares qui demeurent avec nous. Nous sommes tous Grecs, éloignés du commerce & de la frequentation des Nations estrangeres, qui habitons une mesme ville, &c.*

En effet tous ces Pluriels ainsi ramassés ensemble nous font concevoir une bien plus grande idée des choses. Mais il faut prendre garde à ne faire cela que bien à propos, & dans les endroits où il faut amplifier, ou multiplier, ou exagerer, & dans la passion; c'est à dire quand le sujet est susceptible d'une de ces choses ou de plusieurs. Car d'attacher par tout ces cymbales & ces sonnettes, cela sentiroit trop son Sophiste.

CHAPITRE XX.

Des Pluriels reduits en Singuliers.

ON peut aussi tout au contraire reduire les Pluriels en Singuliers, & cela a quelque chose de fort grand. *Tout le Peloponese*, dit Demosthene, *estoit alors divisé en factions.* Il en est de mesme de ce passage d'Herodote. *Phrynichus faisant representer sa Tragedie intitulée la Prise de Milet, tout le Theatre se fondit en larmes.* Car de ramasser ainsi plusieurs choses en une, cela donne plus de corps au discours. Au reste je tiens que pour l'ordinaire c'est une mesme raison qui fait valoir ces deux differentes Figures. En effet soit qu'en changeant les Singuliers, en Pluriels, d'une seule chose vous en fassiés plusieurs: soit qu'en ramassant des Pluriels dans un seul nom Singulier qui sonne agreablement à l'oreille, de plusieurs choses vous n'en fassiez qu'une; ce changement impreveu marque la passion.

CHAPITRE XXI.

Du Changement de Temps.

IL en est de mesme du Changement de Temps: lorsqu'on parle d'une chose passée, comme si elle se faisoit presentement: parce qu'alors ce n'est plus une narration que vous faites, c'est une action qui se passe à l'heure mesme. *Un Soldat*, dit Xenophon, *estant tombé sous le cheval de Cyrus, & estant foulé aux piés de ce cheval, il lui donne un coup d'espée dans le ventre. Le cheval blessé se démene & secouë son maître. Cyrus tombe.* Cette Figure est fort frequente dans Thucydide.

CHAPITRE XXII.

Du Changement de Personnes.

LE Changement de Personnes n'eſt pas moins pathetique. Car il fait que l'Auditeur aſſez ſouvent ſe croit voir lui meſme au milieu du peril.

Vous diriez à les voir pleins d'une ardeur ſi belle,
Qu'ils retrouvent toûjours une vigueur nouvelle,
Que rien ne les ſçauroit ni vaincre ni laſſer,
Et que leur long combat ne fait que commencer.

Et dans Aratus.

Ne t'embarque jamais durant ce triſte mois.

Cela ſe void encore dans Herodote. *A la ſortie de la Ville d'Elephantine,* dit cet Hiſtorien, *du coſté qui va en montant, vous rencontrés d'abord une colline, &c. Delà vous deſcendrez dans une plaine : Quand vous l'aurés traverſée, vous pouvés vous embarquer tout de nouveau, & en douze jours vous arriverés à une grande Ville qu'on appelle Meroé.* Voiez vous, mon cher Terentianus, comme il prend voſtre eſprit avec lui, & le conduit dans tous ces differens païs : vous faiſant plûtoſt voir qu'entendre. Toutes ces choſes ainſi pratiquées à propos arreſtent l'Auditeur, & lui tiennent l'eſprit attaché ſur l'action preſente. Principalement lorſqu'on ne s'adreſſe pas à pluſieurs en general, mais à un ſeul en particulier.

Tu ne ſçaurois connoiſtre au fort de la meſlée,
Quel parti ſuit le fils du courageux Tydée.

Car

Car en réveillant ainsi l'Auditeur par ces Apostrophes, vous le rendez plus emû, plus attentif, & plus plein de la chose dont vous parlés.

CHAPITRE XXIII.

Des Transitions impreveuës.

IL arrive aussi quelquefois qu'un Escrivain parlant de quelqu'un, tout d'un coup se met à sa place, & jouë son personnage : & cette Figure marque l'impetuosité de la Passion.

Mais Hector de ses cris remplissant le rivage,
Commande à ses soldats, de quitter le pillage :
De courir aux vaisseaux. Car, j'atteste les Dieux,
Que quiconque osera s'écarter à mes yeux,
Moi-mesme dans son sang j'iray laver sa honte.

Le Poëte retient la narration pour soi, comme celle qui lui est propre, & met tout d'un coup, & sans en avertir, cette menace précipitée dans la bouche de ce Guerrier boüillant & furieux. En effet son discours auroit langui s'il y eust entremeslé : *Hector dit alors de telles ou semblables paroles.* Au lieu que par cette Transition impreveuë il previent le Lecteur, & la Transition est faite avant qu'on s'en soit apperceu. Le veritable lieu donc où l'on doit user de cette Figure, c'est quand le temps presse & que l'occasion qui se presente ne permet pas de differer : lorsque sur le champ il faut passer d'une personne à une autre, comme

h

dans Hecatée. *Ce Heraut ayant assés pesé la consequence de toutes ces choses, il commande aux Descendans des Heraclides de se retirer. Je ne puis plus rien pour vous, non plus que si je n'estois point au monde. Vous estes perdus, & vous me forcerez bien-tost moi-mesme d'aller chercher une retraite chez quelque autre peuple.* Demosthene dans son Oraison contre Aristogiton a encore emploié cette Figure d'une maniere differente de celle-ci, mais extrémément forte & pathetique. *Et il ne se trouvera personne entre vous,* dit cet Orateur, *qui ait du ressentiment & de l'indignation de voir un impudent, un infame violer insolemment les choses les plus saintes? Un scelerat, dis-je, qui.... O le plus méchant de tous les Hommes! rien n'aura pû arrester ton audace effrenée? Je ne dis pas ces portes, je ne dis pas ces barreaux, qu'un autre pouvoit rompre comme toi.* Il laisse là sa pensée imparfaite, la colere le tenant comme suspendu & partagé sur un mot, entre deux differentes personnes. *Qui..O le plus méchant de tous les Hommes!* Et ensuite tournant tout d'un coup contre Aristogiton ce mesme discours qu'il sembloit avoir laissé là; il touche bien davantage, & fait une bien plus forte impression. Il en est de mesme de cet emportement de Penelope dans Homere, quand elle void entrer chez elle un Heraut de la part de ses Amans.

De mes fâcheux Amans ministre injurieux,
Heraut, que cherches-tu? Qui t'amene en ces lieux?
Y viens-tu de la part de cette Troupe avare
Ordonner qu'à l'instant le Festin se prepare?

Fasse le juste Ciel, avançant leur trépas,
Que ce repas pour eux soit le dernier repas.
Lâches, qui pleins d'orgueil & foibles de courage,
Consumés de son fils le fertile heritage,
Vos Peres autrefois ne vous ont-ils point dit
Quel Homme estoit Ulysse? &c.

CHAPITRE XXIV.

De la Periphrase.

IL n'y a personne, comme je croi, qui puisse douter que la Periphrase ne soit encore d'un grand usage dans le Sublime. Car, comme dans la Musique le son principal devient plus agréable à l'oreille, lors qu'il est accompagné de ces differentes parties qui lui répondent: De mesme la Periphrase tournant à l'entour du mot propre, forme souvent par rapport avec lui une consonance & une harmonie fort belle dans le discours. Sur tout lors qu'elle n'a rien de discordant ou d'enflé, mais que toutes choses y sont dans un juste temperament. Platon nous en fournit un bel exemple au commencement de son Oraison funebre. *Enfin*, dit-il, *nous leur avons rendu les derniers devoirs, & maintenant ils achevent ce fatal voyage, & ils s'en vont tous glorieux de la magnificence avec laquelle toute la ville en general, & leurs parens en particulier les ont reconduits hors de ce monde.* Premierement il appelle la Mort, *ce fatal voyage.* Ensuite il parle des derniers devoirs qu'on avoit rendu aux morts, comme d'une pompe publique que leur païs leur avoit préparée exprés, au sortir de cette vie. Dirons-nous que toutes ces choses ne contribuent que mediocrement à relever cette pensée? Avoüons plûtost, que par le moyen de cette Periphrase melodieusement répanduë dans le discours, d'une diction toute simple, il a fait une espece de concert & d'harmonie. De mesme Xenophon. *Vous regardés le travail comme le seul guide qui vous peut conduire à une vie heureuse & plaisante. Au reste vostre ame est ornée de la plus belle qualité que puissent jamais posseder des Hommes nés pour la guerre ; c'est qu'il n'y a rien qui vous touche plus sensiblement que la loüange.* Au lieu de dire: *Vous vous addonnez au travail*, il use de cette Circonlocution; *Vous regardez le travail, comme le seul guide qui vous peut conduire à une vie heureuse.* Et estendant ainsi toutes choses, il rend sa pensée plus grande, & releve beaucoup cet Eloge. Cette Periphrase d'Herodote me semble encore inimitable. *La Deesse Venus, pour chastier l'insolence des Scythes qui avoient pillé son Temple leur envoia la Maladie des femmes.* *

* Hemorroïdes.

Au reste, il n'y a rien dont l'usage s'estende plus loin que la Periphrase, pourveu qu'on ne la respande pas par tout sans choix & sans mesure. Car aussi-tost elle languit, & a je ne sçai quoi de niais & de grossier. Et c'est pourquoi Platon qui est toûjours figuré dans ses expressions, & quelquefois mesme un peu mal à propos, au jugement de quelques-uns, a esté raillé pour avoir dit dans sa Republique. *Il ne faut point souffrir que les richesses d'or & d'argent prennent pié, ni habitent dans une Ville.* S'il euſt vou-lu, pourſuivent-ils, interdire la poſſeſſion du beſtail; aſſeurement qu'il auroit dit par la meſme raiſon, *les richeſſes de bœufs & de moutons.*

Mais ce que nous avons dit en general ſuffit pour faire voir l'uſage des Figures, à l'égard du Grand & du Sublime. Car il eſt certain qu'elles rendent toutes le Diſcours plus animé & plus Pathetique : or le Pa-thetique participe du Sublime, autant que le Sublime participe du Beau & de l'Agreable.

CHAPITRE XXV.

Du Choix des Mots.

PUISQUE la Penſée & la Phraſe s'expliquent or-dinairement l'une par l'autre : Voions ſi nous n'a-vons point encore quelque choſe à remarquer dans cette partie du diſcours, qui regarde l'expreſſion. Or que le choix des grands mots & des termes propres, ſoit d'une merveilleuſe vertu pour attacher & pour é-mouvoir, c'eſt ce que perſonne n'ignore, & ſur quoi par conſequent il ſeroit inutile de s'arreſter. En effet il n'y a peut-eſtre rien d'où les Orateurs & tous les Eſ-crivains en general qui s'eſtudient au Sublime, tirent plus de grandeur, d'élegance, de netteté, de poids, de force, & de vigueur pour leurs Ouvrages, que du choix des paroles. C'eſt par elles que toutes ces beau-tez éclatent dans le diſcours, comme dans un riche tableau, & elles donnent aux choses une espece d'ame & de vie. Enfin les beaux mots sont, à vrai dire, la lumiere propre & naturelle de nos pensées. Il faut prendre garde nean-moins à ne pas faire parade partout d'une vaine enflûre de paroles. Car d'exprimer une chose basse en termes grands & magnifiques, c'est tout de mesme que si vous appliquiés un grand masque de Theatre sur le visage d'un petit enfant : si ce n'est à la verité dans la Poësie * * * * * * * * * * *

L'Auteur aprés avoir montré combien les grands mots sont impertinens dans le Stile simple, faisoit voir que les termes simples avoient place quelquefois dans le Stile noble. Voy les Remarques.

Cela se peut voir encore dans un passage de Theopompus que Cecilius blâme, je ne sçai pourquoi, & qui me semble au contraire fort à loüer pour sa justesse, & par ce qu'il dit beaucoup. *Philippe*, dit cet Historien, *boit sans peine les affronts que la necessité de ses affaires l'oblige de souffrir*. En effet un discours tout simple exprimera quelquefois mieux la chose que toute la pompe, & tout l'ornement, comme on le void tous les jours dans les affaires de la vie. Ajoûstés qu'une chose énoncée d'une façon ordinaire se fait aussi plus aisément croire. Ainsi en parlant d'un Homme qui, pour s'agrandir, souffre sans peine, & mesme avec plaisir des indignités, ces termes, *Boire les affronts*, me semblent signifier beaucoup. Il en est de mesme de cette expression d'Herodote. *Cleomene estant devenu furieux, il prit un coûteau dont il se hacha la chair en petits morceaux, & s'estant ainsi déchiqueté lui mesme, il mourut*. Et ailleurs *Pythés demeurant toûjours dans le vaisseau ne cessa point de combattre, qu'il n'eust esté haché en pieces*. Car ces expressions marquent un homme qui dit bonnement les choses, & qui n'y entend point de finesse, & renferment nean-moins en elles un sens qui n'a rien de grossier ni de trivial.

CHAPITRE XXVI.

Des Metaphores.

POUR ce qui est du nombre des Metaphores, Cecilius semble estre de l'avis de ceux qui n'en souffrent pas plus de deux ou trois tout au plus, pour exprimer une seule chose. Mais Demosthene nous doit encore ici servir de regle. Cet Orateur nous fait voir qu'il y a des occasions où l'on en peut employer plusieurs à la fois; quand les Passions, comme un torrent rapide, les entraînent avec elles necessairement, & en foule. *Ces Hommes malheureux,* dit-il quelque part, *ces lâches Flateurs, ces Furies de la Republique ont cruellement déchiré leur patrie. Ce sont eux qui dans la débauche ont autrefois vendu à Philippe nostre liberté, & qui la vendent encore aujourd'hui à Alexandre, qui mesurant, dis-je, tout leur bon-heur aux sales plaisirs de leur ventre, à leurs infames débordemens, ont renversé toutes les bornes de l'honneur, & détruit parmi nous, cette regle où les anciens Grecs faisoient consister toute leur félicité ; de ne souffrir point de maistre.* Par cette foule de Metaphores, l'Orateur décharge ouvertement sa colere contre ces Traistres. Nean-moins Aristote & Theophraste, pour excuser l'audace de ces Figures, pensent qu'il est bon d'y apporter ces adoucissemens. *Pour ainsi dire. Pour parler ainsi. Si j'ose me servir de ces termes. Pour m'expliquer un peu plus hardiment.* En effet, ajoustent-ils, l'excuse est un remede contre les hardiesses du discours, & je suis bien de leur avis. Mais je soûtiens pourtant toûjours ce que j'ai déja dit, que le remede le plus naturel contre l'abondance & la hardiesse soit des Metaphores, soit des autres Figures, c'est de ne les emploier qu'à propos, je veux dire, dans les grandes passions, & dans le Sublime. Car comme le Sublime & le Pathetique par leur violence & leur impetuosité emportent naturellement, & entraînent tout avec eux; ils demandent necessairement des expressions fortes, & ne laissent pas le temps à l'Auditeur de s'amuser à chicaner le nombre des Metaphores, parce qu'en ce moment il est épris d'une commune fureur avec celui qui parle.

Et mesmes pour les lieux communs & les descriptions, il n'y a rien quelquefois qui exprime mieux les choses qu'une foule de Metaphores continuées. C'est par elles que nous voions dans Xenophon une description si pompeuse de l'édifice du corps humain. Platon neanmoins en a fait la peinture d'une maniere encore plus divine. Ce dernier appelle la teste *une Citadelle*. Il dit que le cou est *un Isthme, qui a esté mis entre elle et la poitrine.* Que les Vertebres sont, *comme des gonds sur lesquels elle tourne.* Que la Volupté est *l'amorce de tous les malheurs qui arrivent aux Hommes.* Que la Langue est *le Juge des saveurs.* Que le Cœur
est

est la source des veines, la fontaine du sang qui delà se porte avec rapidité dans toutes les autres parties, & qu'il est placé dans une forteresse gardée de tous costés Il appelle les Pôres des Ruës estroites. Les Dieux, poursuit-il, voulant soûtenir le battement du cœur que la veuë inopinée des choses terribles, ou le mouvement de la colere qui est de feu, lui causent ordinairement; ils ont mis sous lui le poulmon dont la substance est molle, & n'a point de sang : mais ayant par-dedans de petits trous en forme d'éponge, il sert au Cœur comme d'oreiller, afin que quand la colere est enflammée, il ne soit point troublé dans ses fonctions. Il appelle la Partie concupiscible, *l'appartement de la Femme*, & la Partie irascible, *l'appartement de l'Homme*. Il dit que la Rate est *la Cuisine des Intestins, & qu'estant pleine des ordures du foye, elle s'enfle & devient bouffie*. Ensuite, continuë-t-il, *les Dieux couvrirent toutes ces parties de chair qui leur sert comme de rempart & de defense contre les injures du chaud & du froid, & contre tous les autres accidens*. Et elle est, ajoûte-t-il, *comme une laine molle & ramassée qui entoure doucement le corps*. Il dit que le Sang est *la pasture de la chair*. Et afin, poursuit-il, *que toutes les parties pûssent recevoir l'aliment; ils y ont creusé, comme dans un jardin, plusieurs canaux, afin que les ruisseaux des veines sortant du cœur, comme de leur source, pûssent couler dans ces estroits conduits du corps humain*. Au reste quand la mort arrive il dit, *que les organes se dénoüent comme les cordages d'un vaisseau, & qu'ils laissent aller l'ame en liberté*. Il y en a encore une infinité d'autres ensuite de la mesme force: mais ce que nous avons dit suffit pour faire voir, combien toutes ces Figures sont sublimes d'elles-mesmes: combien, dis-je, les Metaphores servent au Grand, & de quel usage elles peuvent estre dans les endroits pathetiques, & dans les descriptions.

Or que ces Figures ainsi que toutes les autres elegances du discours portent toûjours les choses dans l'excés; c'est ce que l'on remarque assez sans que je le dise. Et c'est pourquoy Platon mesme n'a pas esté peu blasmé, de ce que souvent, comme par une fureur de discours, il se laisse emporter à des Metaphores dures & excessives, & à une vaine pompe allegorique. *On ne concevra pas aisément*, dit-il en un endroit, *qu'il en est d'une ville comme d'un vase, où le vin qu'on verse, & qui est d'abord boüillant & furieux; tout d'un coup entrant en societé avec une autre Divinité sobre qui le chastie, devient doux & bon à boire.* D'appeller l'Eau *une Divinité sobre*, & de se servir du terme *de chastier* pour temperer: En un mot de s'estudier si fort à ces petites finesses, cela sent, disent-ils, son Poëte qui n'est pas lui-mesme trop sobre. Et c'est peut-estre ce qui a donné sujet à Cecilius de decider si hardiment dans ses Commentaires sur Lysias: que Lysias valoit mieux en tout que Platon, poussé par deux sentimens aussi peu raisonnables l'un que l'autre. Car bien qu'il aimast Lysias plus que soi-mesme, il haïssoit encore plus Platon qu'il n'aimoit Lysias: si bien que porté de ces deux mouvemens, & par un esprit de contradiction, il a avancé plusieurs choses de ces deux Autheurs, qui ne sont pas des decisions si souveraines qu'il s'imagine. De fait accusant Platon d'estre tombé en plusieurs endroits, il parle de l'autre comme d'un Autheur achevé, & qui n'a point de defauts; ce qui bien loin d'estre vrai, n'a pas mesme une ombre de vrai-semblance. Et d'ailleurs où trouverons nous un Escrivain qui ne pêche jamais, & où il n'y ait rien à reprendre?

CHAPITRE XXVII.

Si l'on doit préferer le Mediocre parfait au Sublime qui a quelques defauts.

PEUT-ESTRE ne sera-t-il pas hors de propos d'examiner ici cette question en general, sçavoir lequel vaut mieux, soit dans la Prose, soit dans la Poësie, d'un Sublime qui a quelques defauts, ou d'une Mediocrité parfaite & saine en toutes ses parties, qui ne tombe & ne se dement point : & ensuite lequel, à juger équitablement des choses, doit emporter le prix de deux Ouvrages, dont l'un a un plus grand nombre de beautez, mais l'autre va plus au Grand & au Sublime. Car ces questions estant naturelles à nostre Sujet, il faut necessairement les resoudre. Premierement donc, je tiens pour moi qu'une Grandeur au dessus de l'ordinaire n'a point naturellement la pureté du mediocre. En effet dans un dis-

i ij

cours si poli & si limé il faut craindre la bassesse : & il en est de mesme du Sublime que d'une richesse immense, où l'on ne peut pas prendre garde à tout de si prés, & où il faut, malgré qu'on en ait, negliger quelque chose. Au contraire il est presque impossible, pour l'ordinaire, qu'un esprit bas & mediocre fasse des fautes : Car comme il ne se hazarde & ne s'éleve jamais, il demeure toûjours en seureté, au lieu que le Grand de soi-mesme, & par sa propre grandeur, est glissant & dangereux. Je n'ignore pas pourtant ce qu'on me peut objecter d'ailleurs, que naturellement nous jugeons des Ouvrages des Hommes par ce qu'ils ont de pire, & que le souvenir des fautes qu'on y remarque dure toûjours, & ne s'efface jamais : au lieu que ce qui est beau passe viste, & s'écoule bien-tost de nostre esprit. Mais bien que j'aie remarqué plusieurs fautes dans Homere, & dans tous les plus celebres Auteurs, & que je sois peut-estre l'homme du monde à qui elles plaisent le moins; j'estime aprés tout, que ce sont des fautes dont ils ne se sont pas souciez, & qu'on ne peut appeller proprement fautes, mais qu'on doit simplement regarder comme des méprises & de petites negligences qui leur sont échappées : parce que leur esprit qui ne s'estudioit qu'au Grand, ne pouvoit pas s'arrester aux petites choses. En un mot, je maintiens que le Sublime, bien qu'il ne se soûtienne pas également par tout, quand ce ne seroit qu'à cause de sa grandeur, l'emporte sur tout le reste. Qu'ainsi ne soit, Apollonius, celui qui a composé le Poëme des Argofautes ne tombe jamais, & dans Theocrite, ofté quelques Ouvrages qui ne font pas de lui : il n'y a rien qui ne foit heureufement imaginé. Cependant aimerez-vous mieux eftre Apollonius ou Theocrite qu'Homere ? L'Erigone d'Eratofthene eft un Poëme où il n'y a rien à reprendre. Dirés-vous pour cela qu'Eratofthene eft plus grand Poëte qu'Archiloque, qui fe broüille à la verité, & manque d'ordre & d'œconomie en plufieurs endroits de fes Efcrits : mais qui ne tombe dans ce defaut qu'à caufe de cet efprit divin, dont il eft entraîné, & qu'il ne fçauroit regler comme il veut ? Et mefme pour le Lyrique, choifiriés-vous plûtoft d'eftre Bacchylide, que Pindare ? ou pour la Tragedie, Ion ce Poëte de Chio, que Sophocle ? En effet ceux là ne font jamais de faux pas, & n'ont rien qui ne foit écrit avec beaucoup d'élegance & d'agrêment. Il n'en eft pas ainfi de Pindare & de Sophocle : car au milieu de leur plus grande violence, durant qu'ils tonnent & foudroient, pour ainfi dire, fouvent leur ardeur vient mal à propos à s'efteindre, & ils tombent malheureufement. Et toute-fois y a-t-il un Homme de bon fens qui daignaft comparer tous les Ouvrages d'Ion enfemble, au feul Oedipe de Sophocle ?

CHAPITRE XXVIII.

Comparaison d'Hyperide & de Demosthene.

QUE si au reste l'on doit juger du merite d'un Ouvrage par le nombre plûtost que par la qualité & l'excellence de ses beautez; il s'ensuivra qu'Hyperide doit estre entierement preferé à Demosthene. En effet outre qu'il est plus harmonieux, il a bien plus de parties d'Orateur, qu'il possede presque toutes en un degré éminent, semblable à ces Athletes qui reusissent aux cinq sortes d'Exercices, & qui n'estant les premiers en pas un de ces Exercices, passent en tous l'ordinaire & le commun. En effet il a imité Demosthene en tout ce que Demosthene a de beau, excepté pourtant dans la composition & l'arrangement des paroles. Il joint à cela les douceurs & les graces de Lysias: il sçait adoucir, où il faut, la rudesse & la simplicité du discours, & ne dit pas toutes les choses d'un mesme air comme Demosthene: il excelle à peindre les mœurs, son stile a dans sa naïveté une certaine douceur agreable & fleurie.

Il y a dans ses Ouvrages un nombre infini de choses plaisamment dites. Sa maniere de rire & de se mocquer est fine, & a quelque chose de noble. Il a une facilité merveilleuse à manier l'ironie. Ses railleries ne sont point froides ni recherchées, comme celles de ces faux imitateurs du ſtile Attique, mais vives & preſſantes. Il eſt adroit à éluder les objections qu'on lui fait, & à les rendre ridicules en les amplifiant. Il a beaucoup de plaiſant & de comique, & eſt tout plein de jeux & de certaines pointes d'eſprit, qui frappent toûjours où il viſe. Au reſte il aſſaiſonne toutes ces choſes d'un tour & d'une grace inimitable. Il eſt né pour toucher & émouvoir la pitié. Il eſt eſtendu dans ſes narrations fabuleuſes. Il a une flexibilité admirable pour les digreſſions, il ſe deſtourne, il reprend haleine où il veut, comme on le peut voir dans ces Fables qu'il conte de Latone. Il a fait une Oraiſon funebre qui eſt eſcrite avec tant de pompe & d'ornement, que je ne ſçai ſi pas un autre l'a jamais égalé en cela.

Au contraire Demoſthene ne s'entend pas fort bien à peindre les mœurs. Il n'eſt point eſtendu dans ſon ſtile: Il a quelque choſe de dur, & n'a ni pompe ni oſtentation. En un mot il n'a preſque aucune des parties dont nous venons de parler. S'il s'efforce d'eſtre plaiſant, il ſe rend ridicule, plûtoſt qu'il ne fait rire, & s'éloigne d'autant plus du plaiſant qu'il tâche d'en approcher. Cependant par ce qu'à mon avis, toutes ces beautés qui ſont en foule dans Hyperide, n'ont rien de grand: qu'on y void, pour ainſi dire, un Orateur toûjours à jeun, & une langueur d'eſprit qui n'échauffe, qui ne remuë point l'ame: perſonne n'a jamais eſté fort tranſporté de la lecture de ſes Ouvrages. Au lieu que Demoſthene ayant ramaſſé en ſoy toutes les qualités d'un Orateur veritablement né au Sublime, & entierement perfectionné par l'eſtude, ce ton de majesté & de grandeur, ces mouvemens animés, cette fertilité, cette adresse, cette promptitude, &, ce qu'on doit sur tout estimer en lui, cette force & cette vehemence dont jamais personne n'a sceu approcher: Par toutes ces divines qualités, que je regarde en effet comme autant de rares presens qu'il avoit receus des Dieux, & qu'il ne m'est pas permis d'appeller des qualités humaines, il a effacé tout ce qu'il y a eu d'Orateurs celebres dans tous les siecles: les laissant comme abbattus & éblouïs, pour ainsi dire, de ses tonnerres & de ses éclairs. Car dans les parties où il excelle il est tellement élevé au dessus d'eux, qu'il repare entierement par là celles qui lui manquent. Et certainement il est plus aisé d'envisager fixement, & les yeux ouverts, les foudres qui tombent du Ciel, que de n'estre point émû des violentes Passions qui regnent en foule dans ses Ouvrages.

CHAPITRE XXIX.

De Platon, & de Lysias, & de l'excellence de l'esprit humain.

POUR ce qui est de Platon, comme j'ai dit, il y a bien de la difference. Car il surpasse Lysias non seulement par l'excellence, mais aussi par le nombre de ses beautés. Je dis plus, c'est que Platon est au dessus de Lysias, moins pour les qualités qui manquent à ce dernier, que pour les fautes dont il est rempli.

Qu'est-ce

Qu'eſt-ce donc qui a porté ces Eſprits divins à mépriſer cette exacte & ſcrupuleuſe delicateſſe, pour ne chercher que le Sublime dans leurs Eſcrits? En voici une raiſon. C'eſt que la Nature n'a point regardé l'Homme comme un animal de baſſe & de vile condition: mais elle lui a donné la vie, & l'a fait venir au monde comme dans une grande aſſemblée, pour eſtre ſpectateur de toutes les choſes qui s'y paſſent; elle l'a, disje, introduit dans cette lice, comme un courageux Athlete qui ne doit reſpirer que la gloire. C'eſt pourquoi elle a engendré d'abord en nos ames une paſſion invincible, pour tout ce qui nous paroiſt de plus grand & de plus divin. Auſſi voionsnous que le monde entier ne ſuffit pas à la vaſte eſtenduë de l'eſprit humain. Nos penſées vont ſouvent plus loin que les Cieux, & penetrent au delà de ces bornes qui environnent & qui terminent toutes choſes.

Et certainement ſi quelqu'un fait un peu de reflexion ſur un Homme dont la vie n'ait rien eu dans tout ſon cours, que de grand & d'illuſtre, il peut connoître par là, à quoy nous ſommes nez. Ainſi nous n'admirons pas naturellement de petits ruiſſeaux, bien que l'eau en ſoit claire & tranſparente, & utile meſme pour noſtre uſage: mais nous ſommes veritablement ſurpris quand nous regardons le Danube, le Nil, le Rhin, & l'Ocean ſur tout. Nous ne ſommes pas fort eſtonnés de voir une petite flamme que nous avons allumée, conſerver long-temps ſa lumiere pure: mais nous ſommes frappés d'admiration quand nous contemplons ces feux qui s'allument quelquefois dans le Ciel ; bien que pour l'ordinaire ils s'évanoüissent en naissant : & nous ne trouvons rien de plus estonnant dans la nature que ces fournaizes du mont Ætna qui quelquefois jette du profond de ses abismes,

Pind. Pyth. 1.   *Des pieres, des rochers, & des fleuves de flamme.*

De tout cela il faut conclure, que ce qui est utile & mesme necessaire aux Hommes souvent n'a rien de merveilleux, comme estant aisé à acquerir, mais que tout ce qui est extraordinaire est admirable & surprenant.

CHAPITRE XXX.

Que les fautes dans le Sublime se peuvent excuser.

A L'égard donc des grands Orateurs en qui le Sublime & le Merveilleux se rencontre joint avec l'Utile & le Necessaire, il faut avoüer, qu'encore que ceux dont nous parlions n'ayent point esté exempts de fautes, ils avoient nean-moins quelque chose de surnaturel & de divin. En effet d'exceller dans toutes les autres parties, cela n'a rien qui passe la portée de l'Homme : mais le Sublime nous esleve presque aussi haut que Dieu. Tout ce qu'on gagne à ne point faire de fautes, c'est qu'on ne peut estre repris : mais le Grand se fait admirer Que vous dirai-je enfin ? un seul de ces beaux traits & de ces pensées sublimes qui sont dans les Ouvrages de ces excellens Auteurs, peut payer tous leurs defauts. Je dis bien plus ; c'est que si quelqu'un ramassoit ensemble toutes les fautes qui sont dans Homere, dans Demosthene, dans Platon, & dans tous ces autres celebres Heros, elles ne feroient pas la moindre, ni la milliesme partie des bonnes choses qu'ils ont dites. C'est pourquoi l'Envie n'a pas empesché qu'on ne leur ait donné le prix dans tous les siecles, & personne jusqu'ici, n'a esté en estat de leur enlever ce prix, qu'ils conservent encore aujourd'hui, & que vrai-semblablement ils conserveront toûjours,

Tant qu'on verra les eaux dans les plaines courir,
Et les bois dépoüillés au Printemps refleurir.

On me dira peut-estre qu'un Colosse qui a quelques defauts n'est pas plus à estimer qu'une petite Statuë achevée, comme par exemple, le Soldat de Polyclete.* A cela je respons, que dans les Ouvrages de l'Art c'est le travail & l'achevement que l'on considere : au lieu que dans les Ouvrages de la Nature c'est le Sublime & le prodigieux. Or discourir c'est une operation naturelle à l'homme. Ajoutés que dans une Statuë on ne cherche que le rapport & la ressemblance : mais dans le Discours on veut, comme j'ai dit, le surnaturel & le divin. Toutefois, pour ne nous point éloigner de ce que nous avons establi d'abord, comme c'est le devoir de l'Art d'empescher que l'on ne tombe, & qu'il est bien difficile qu'une haute élevation à la longue se soûtienne, & garde toujours un ton égal, il faut que l'Art vienne au secours de la Nature : parce qu'en

* *Le Doryphore petite statuë de Polyclete.*

effet c'est leur parfaite alliance qui fait la souveraine perfection. Voilà ce que nous avons creu estre obligez de dire sur les Questions qui se sont presentées. Nous laissons pourtant à chacun son jugement libre & entier.

CHAPITRE XXXI.
Des Paraboles, des Comparaisons, & des Hyperboles.

POUR retourner à nostre Discours, les Paraboles & les Comparaisons approchent fort des Metaphores, & ne different d'elles qu'en un seul point *

* *Cet endroit est fort defectueux, & ce que l'Auteur avoit dit de ces Figures manque tout entier.*

Telle est cette Hyperbole. *Supposé que vostre esprit soit dans vostre Teste, & que vous ne le fouliez pas sous vos talons.* C'est pourquoi il faut bien prendre garde jusqu'où toutes ces Figures peuvent estre poussées : parce qu'assez souvent, pour vouloir porter trop haut une Hyperbole, on la détruit. C'est comme une corde d'arc qui pour estre trop tenduë se relâche : & cela fait quelquefois un effet tout contraire à celui que nous cherchons.

Ainsi Isocrate dans son Panegyrique, par une sotte ambition de nevouloir rien dire qu'avec emphase, est tombé, je ne sçai comment, dans une faute de petit Ecolier. Son dessein dans ce Panegyrique, c'est de faire voir que les Atheniens ont rendu plus de services à la

Grece, que ceux de Lacedemone : & voici par où il debute. *Puisque le Discours a naturellement la vertu de rendre les choses grandes, petites; & les petites, grandes: qu'il sçait donner les graces de la nouveauté aux choses les plus vieilles, & qu'il fait paroistre vieilles celles qui sont nouvellement faites.* Est-ce ainsi, dira quelqu'un, ô Isocrate, que vous allés changer toutes choses à l'égard des Lacedemoniens & des Atheniens? En faisant de cette sorte l'éloge du Discours, il fait proprement un Exorde pour exhorter ses Auditeurs à ne rien croire de ce qu'il leur va dire.

C'est pourquoi il faut supposer, à l'égard des Hyperboles, ce que nous avons dit pour toutes les Figures en general: que celles-là sont les meilleures qui sont entierement cachées, & qu'on ne prend point pour des Hyperboles. Pour cela donc, il faut avoir soin que ce soit toûjours la passion qui les fasse produire au milieu de quelque grande circonstance. Comme, par exemple, l'Hyperbole de Thucydide, à propos des Atheniens qui perirent dans la Sicile. *Les Siciliens estant descendus en ce lieu, ils y firent un grand carnage de ceux sur tout qui s'estoient jettés dans le fleuve. L'eau fut en un moment corrompuë du sang de ces miserables: & nean-moins toute bourbeuse & toute sanglante qu'elle estoit, ils se battoient pour en boire.* Il est assés peu croiable que des Hommes boivent du sang & de la bouë, & se battent mesme pour en boire: & toutefois la grandeur de la passion, au milieu de cette estrange circonstance, ne laisse pas de donner une apparence de raison à la chose. Il en est de mesme de ce que dit Herodote de ces Lacedemoniens qui combattirent au pas des Thermopyles. *Ils se defendirent encore quelque temps en ce Lieu avec les armes qui leur restoient, & avec les mains & les dents: jusqu'à ce que les Barbares tirant toûjours les eussent comme ensevelis sous leurs traits.* Que dites-vous de cette Hyperbole? Quelle apparence que des Hommes se defendent avec les mains & les dents contre des gens armés, & que tant de personnes soient ensevelies sous les traits de leurs Ennemis? Cela ne laisse pas nean-moins d'avoir de la vrai-semblance: parce que la chose ne semble pas recherchée pour l'Hyperbole; mais que l'Hyperbole semble naistre du sujet mesme. En effet, pour ne me point départir de ce que j'ai dit, un remede infaillible, pour empescher que les hardiesses ne choquent; c'est de ne les emploier que dans la passion, & aux endroits à peu prés qui semblent les demander. Cela est si vrai que dans le Comique on dit des choses qui sont absurdes d'elles-mesmes, & qui ne laissent pas toutefois de passer pour vrai-semblables, à cause qu'elles émeuvent la passion, je veux dire, qu'elles excitent à rire. En effet le Rire est une Passion de l'ame causée par le plaisir. Tel est ce trait d'un Poëte Comique: *Il possedoit une terre à la campagne, qui n'estoit pas plus grande qu'une Epistre de Lacedemonien.*

Au reste on se peut servir de l'Hyperbole aussi bien pour diminuer les choses, que pour les agrandir: Car l'Exageration est propre à ces deux differens effets: & le *Diasyrme*, qui est une espece d'Hyperbole, n'est, à le bien prendre, que l'exageration d'une chose basse & ridicule.

CHAPITRE XXXII

De l'Arrangement des Paroles.

DEs cinq Parties qui produisent le Grand, comme nous avons supposé d'abord, il reste encore la cinquiéme à examiner : c'est à sçavoir la Composition & l'Arrangement des paroles. Mais comme nous avons déja donné deux volumes de cette matiere, où nous avons suffisamment expliqué tout ce qu'une longue speculation nous en a pû apprendre : Nous nous contenterons de dire ici ce que nous jugeons absolument necessaire à nostre sujet; Comme, par exemple: que l'Harmonie n'est pas simplement un agrément que la Nature a mis dans la voix de l'Homme pour persuader & pour inspirer le plaisir: mais que dans les instrumens mesme inanimés, c'est un moien merveilleux pour eslever le courage & pour émouvoir les passions.

Et de vray, ne voions-nous pas que le son des flûtes émeut l'ame de ceux qui l'écoutent & les remplit de fureur, comme s'ils estoient hors d'eux-mesmes ? Que leur imprimant dans l'oreille le mouvement de sa cadence, il les contraint de la suivre, & d'y conformer en quelque sorte le mouvement de leur corps. Et non seulement le son des flustes, mais presque tout ce qu'il y a de differens sons au monde, comme par exemple, ceux de la Lyre, font cet effet. Car bien qu'ils ne signifient rien d'eux-mesmes : Nean-moins par ces changemens de tons qui s'entrechoquent les uns les autres, & par le meslange de leurs accords, souvent, comme nous voions, ils causent à l'ame un transport, & un ravissement admirable. Cependant ce ne sont que des images & de simples imitations de la voix, qui ne disent & ne persuadent rien, n'estant, s'il faut parler ainsi, que des sons bastards, & non point, comme j'ai dit, des effets de la nature de l'homme. Que ne dirons-nous donc point de la Composition, qui est en effet comme l'harmonie du discours dont l'usage est naturel à l'homme, qui ne frappe pas simplement l'oreille, mais l'esprit : qui remuë tout à la fois tant de differentes sortes de noms, de pensées, de choses, tant de beautés, & d'elegances avec lesquelles nostre ame a comme une espece de liaison & d'affinité : qui par le meslange & la diversité des sons insinuë dans les esprits, inspire à ceux qui écoutent les passions mesmes de l'Orateur, & qui bastit sur ce sublime amas de paroles, ce Grand & ce Merveilleux que nous cherchons ? Pouvons-nous, dis-je, nier qu'elle ne contribuë beaucoup à la grandeur, à la majesté, à la magnificence du discours, & à toutes ces autres beautés qu'elle renferme en soi, & qu'ayant un empire absolu sur les esprits, elle ne puisse en tout temps les ravir, & les enlever ? Il y auroit de la folie à douter d'une verité si universellement reconnuë, & l'experience en fait foi. *

L'Autheur pour donner ici un exemple de l'arrangement des paroles, raporte un passage de Demosthene. Mais comme ce qu'il en dit est entierement attaché à la Langue Grecque, je me suis contenté de le traduire dans les Remarques. Voy les Remarques.

Au reste il en est de mesme des Discours que des corps, qui doivent ordinairement leur principale excellence

excellence à l'assemblage, & à la juste proportion de leurs membres: De sorte mesme qu'encore qu'un membre separé de l'autre n'ait rien en soi de remarquable, tous ensemble ne laissent pas de faire un corps parfait. Ainsi les parties du Sublime estant divisées, le Sublime se dissipe entierement: au lieu que venant à ne former qu'un corps par l'assemblage qu'on en fait, & par cette liaison harmonieuse qui les joint, le seul tour de la Periode leur donne du son & de l'emphase. C'est pourquoi l'on peut comparer le Sublime dans les Periodes à un festin par escot auquel plusieurs ont contribué. Jusques-là qu'on void beaucoup de Poëtes & d'Escrivains qui n'estant point nés au Sublime, n'en ont jamais manqué nean-moins; bien que pour l'ordinaire ils se servissent de façons de parler basses, communes & fort peu elegantes. En effet ils se soûtiennent par ce seul arrangement de paroles qui leur enfle & grossit en quelque sorte la voix: Si-bien qu'on ne remarque point leur bassesse. Philiste est de ce nombre. Tel est aussi Aristophane en quelques endroits, & Euripide en plusieurs, comme nous l'avons déjà suffisamment montré. Ainsi quand Hercule dans cet Auteur aprés avoir tué ses enfans dit;

Tant de maux à la fois ont assiegé mon ame,
Que je n'y puis loger de nouvelles douleurs:

Cette pensée est fort triviale. Cependant il la rend noble par le moien de ce tour qui a quelque chose de musical & d'harmonieux: Et certainement, pour peu que vous renversiez l'ordre de sa Periode, vous verrez manifestement combien Euripide est plus heureux dans l'arrangement de ses paroles, que dans le sens de ses pensées. De mesme, dans sa Tragedie intitulée Dircé emportée par un Taureau.

Il tourne aux environs dans sa route incertaine:
Et courant en tous lieux où sa rage le meine,
Traîne aprés soi la femme, & l'arbre, & le rocher.

Cette pensée est fort noble à la verité: mais il faut avoüer que ce qui lui donne plus de force, c'est cette harmonie qui n'est point precipitée, ni emportée comme une masse pesante: mais dont les paroles se soûtiennent les unes les autres, & où il y a plusieurs pauses. En effet ces pauses sont comme autant de fondemens solides sur lesquels son discours s'appuie & s'esleve.

CHAPITRE XXXIII.

De la Mesure des Periodes.

AU contraire il n'y a rien qui rabaisse davantage le Sublime que ces nombres rompus, & qui se prononcent viste, tels que sont les Pyrriques, les Trochées & les Dichorées qui ne sont bons que pour la danse. En effet toutes ces sortes de piés & de mesures n'ont qu'une certaine mignardise & un petit agrement qui a toûjours le mesme tour, & qui n'émeut point l'ame. Ce que j'y trouve de pire; c'est que comme nous voions que naturellement ceux à qui l'on chante un air ne s'arreſtent point au ſens des paroles, & ſont entraînez par le chant: De meſme ces paroles meſurées n'inſpirent point à l'eſprit les paſſions qui doivent naiſtre du Diſcours, & impriment ſimplement dans l'oreille le mouvement de la cadence. Si-bien que comme l'Auditeur prevoit ordinairement cette cheute qui doit arriver, il va au devant de celui qui parle, & le previent, marquant, comme en une danſe, la cadence avant qu'elle arrive.

C'eſt encore un vice qui affoiblit beaucoup le diſcours, quand les Periodes ſont arrangées avec trop de ſoin, ou quand les membres en ſont trop courts, & ont trop de Syllabes breves, eſtant d'ailleurs comme joints & attachez enſemble avec des clous, aux endroits où ils ſe deſuniſſent. Il n'en faut pas moins dire des Periodes qui ſont trop coupées. Car il n'y a rien qui eſtropie davantage le Sublime, que de le vouloir comprendre dans un trop petit eſpace. Quand je defends neanmoins de trop couper ſes Periodes, je n'entens pas parler de celles qui ont leur juſte eſtenduë: mais de celles qui ſont trop petites, & comme mutilées. En effet de trop couper ſon ſtile, cela arreſte l'eſprit: au lieu que de le diviſer en Periodes, cela conduit le Lecteur. Mais le contraire en meſme temps apparoiſt des Periodes trop longues, & toutes ces paroles recherchées pour alonger mal à propos un Diſcours ſont mortes & languiſſantes.

CHAPITRE XXXIV.
De la bassesse des Termes.

UNE des choses encore qui avilit autant le Discours, c'est la bassesse des termes. Ainsi nous voyons dans Herodote une description de Tempeste, qui est divine pour le sens: mais il y a meslé des mots extremement bas; comme quand il dit: *La mer commençant à bruire.* Le mauvais son de ce mot *bruire* fait perdre à sa pensée une partie de ce qu'elle avoit de grand. *Le vent*, dit-il en un autre endroit, *les balotta fort, & ceux qui furent dispersés par la Tempeste firent une fin peu agreable.* Ce mot *balotter* est bas, & l'epithete de *peu agreable* n'est point propre pour exprimer un accident comme celuy-là.

Voy les Remarques.

De mesme l'Historien Theopompus a fait une peinture de la descente du Roy de Perse dans l'Egypte, qui est miraculeuse d'ailleurs: mais il a tout gasté par la bassesse des mots qu'il y mesle. *Y a-t-il une ville*, dit cet Historien, *& une nation dans l'Asie qui n'ait envoié des Ambassadeurs au Roi? Y a-t-il rien de beau & de precieux qui croisse, ou qui se fabrique en ces païs, dont on ne lui ait fait des presens? combien de tapis & de vestes magnifiques, les unes rouges, les autres blanches, & les autres historiées de couleurs? combien de Tentes dorées & garnies de toutes les choses necessaires pour la vie? combien de robes & de lists somptueux? combien de vases d'or & d'argent enrichis de pieres* *precieuses, ou artistement travaillés? Ajoûtés à cela un nombre infini d'armes estrangeres &) à la Grecque: une foule incroyable de bestes de voiture, & d'animaux destinés pour les Sacrifices : des boisseaux remplis de toutes les choses propres à réjoüir le goust: des armoires & des sacs pleins de papier, & de plusieurs autres ustenciles, & une si grande quantité de viandes salées de toutes sortes d'animaux, que ceux qui les voioient de loin pensoient que ce fussent des collines qui s'eslevassent de terre.*

De la plus haute eslevation il tombe dans la derniere bassesse, à l'endroit justement où il devoit le plus s'élever. Car meslant mal à propos dans la pompeuse description de cet appareil, des boisseaux, des ragoûts, & des sacs: il semble qu'il fasse la peinture d'une cuisine. Et comme si quelqu'un avoit toutes ces choses à arranger, & que parmi des tentes, & des vases d'or, au milieu de l'argent & des diamans, il mist en parade des sacs & des boisseaux ; cela feroit un vilain effet à la veuë. Il en est de mesme des mots bas dans le Discours, & ce sont comme autant de taches & de marques honteuses qui flétrissent l'expression. Il n'avoit qu'à détourner un peu la chose, & dire en general, à propos de ces montagnes de viandes salées, & du reste de cet appareil : qu'on envoya au Roi, des Chameaux & plusieurs bestes de voiture chargées de toutes les choses necessaires pour la bonne chere & pour le plaisir. Ou, des monceaux de viandes les plus exquises, & tout ce qu'on sçauroit s'imaginer de plus ragoustant & de plus delicieux. Ou, si vous voulez, tout ce que les Officiers de table & de cuisine pouvoient souhaiter de meilleur, pour la bouche de leur maistre. Car il ne faut pas d'un Discours fort eslevé passer à des choses basses & de nulle consideration, à moins qu'on y soit forcé par une necessité bien pressante. Il faut que les paroles répondent à la majesté des choses dont on traite: & il est bon en cela d'imiter la Nature, qui, en formant l'Homme, n'a point exposé à la veuë ces parties qu'il n'est pas honneste de nommer, & par où le corps se purge: mais, pour me servir des termes de Xenophon, *a caché, & destourné ces égousts le plus loin qu'il lui a esté possible: de peur que la beauté de l'animal n'en fust souillée.* Mais il n'est pas besoin d'examiner de si prés toutes les choses qui rabaissent le discours. En effet puisque nous avons montré ce qui sert à l'eslever & à l'ennoblir, il est aisé de juger qu'ordinairement le contraire est ce qui l'avilit & le fait ramper.

CHAPITRE XXXV.

Des Causes de la Décadence des Esprits.

IL ne reste plus, mon cher Terentianus, qu'une chose à examiner. C'est la question que me fit, il y a quelques jours, un Philosophe. Car il est bon de l'éclaircir, & je veux bien, pour vostre instruction particuliere, l'ajouster encore à ce Traité.

Je ne sçaurois assés m'estonner, me disoit ce Philosophe, non plus que beaucoup d'autres : d'où vient que dans nostre siecle il se trouve assés d'Orateurs qui sçavent manier un raisonnement, & qui ont mesme le Stile Oratoire : qu'il s'en void, dis-je, plusieurs qui ont de la vivacité, de la netteté, & sur tout de l'agrément dans leurs Discours : mais qu'il s'en rencontre si peu qui puissent s'eslever fort haut dans le Sublime. Tant la sterilité maintenant est grande parmi les esprits. N'est-ce point, poursuivoit-il, ce qu'on dit ordinairement ? que c'est le Gouvernement populaire qui nourrit & forme les grands genies : puis qu'enfin jusqu'ici tout ce qu'il y a presque eu d'Orateurs habiles ont fleuri, & sont morts avec lui ? En effet, adjoustoit-il, il n'y a peut-estre rien qui esleve davantage l'ame des grands Hommes que la liberté, ni qui excite, & réveille plus puissamment en nous ce sentiment naturel qui nous porte à l'émulation, & cette noble ardeur de se voir eslevé au dessus des autres. Adjoustez que les prix qui se proposent dans les Republiques aiguisent, pour ainsi dire, & achevent de polir l'esprit des Orateurs : leur faisant cultiver avec soin les talens qu'ils ont receus de la nature. Tellement qu'on void briller dans leurs Discours, la liberté de leur païs.

Mais nous, continuoit-il, qui avons appris dés nos premieres années à souffrir le joug d'une domination legitime : qui avons esté comme enveloppez par les coûtumes & les façons de faire de la Monarchie, lorsque nous avions encore l'imagination tendre, & capable de toutes sortes d'impressions, En un mot qui n'avons jamais gouſté de cette vive & feconde ſource de l'eloquence, je veux dire de la liberté : ce qui arrive ordinairement de nous, c'eſt que nous-nous rendons de grands & magnifiques flateurs. C'eſt pourquoi il eſtimoit, diſoit-il, qu'un homme meſme né dans la ſervitude eſtoit capable des autres Sciences : mais que nul Eſclave ne pouvoit jamais eſtre Orateur. Car un eſprit, continua-t-il, abattu & comme domté par l'accoûtumance au joug, n'oſeroit plus s'enhardir à rien : tout ce qu'il avoit de vigueur s'evapore de ſoi-meſme, & il demeure toûjours comme en priſon. En un mot pour me ſervir des termes d'Homere :

Le meſme jour qui met un homme libre aux fers,
Lui ravit la moitié de ſa vertu premiere.

De meſme donc que, ſi ce qu'on dit eſt vray, ces boëtes où l'on enferme les Pygmées vulgairement appellés Nains, les empeſchent non ſeulement de croiſtre : mais les rendent meſme plus petits, par le moien de cette bande dont on leur entoure le corps : Ainſi la ſervitude, je dis la ſervitude la plus juſtement eſtablie, eſt une eſpece de priſon, où l'ame décroiſt & ſe rappetiſſe en quelque ſorte. Je ſçay bien qu'il eſt fort aiſé à l'homme & que c'eſt ſon naturel de blâmer toûjours les choſes preſentes : mais prenés garde que *
Et certainement, pourſuivis-je, ſi les delices d'une trop longue paix ſont capables de corrompre les plus belles ames ; à plus forte raiſon cette guerre ſans fin qui trouble depuis ſi long-temps toute la terre eſt un puiſſant obſtacle à nos deſirs.

Adjoûtés

Adjoûtés à cela ces paffions qui affiegent continuellement noftre vie, & qui portent dans noftre ame la confufion & le defordre. En effet, continuay-je, c'eft le defir des richeffes, dont nous fommes tous malades par excés, c'eft l'amour des plaifirs qui à bien parler nous jette dans la fervitude, &, pour mieux dire, nous traîne dans le precipice, où tous nos talens font comme engloutis. Il n'y a point de paffion plus baffe que l'Avarice, il n'y a point de vice plus infame que la Volupté. Je ne voy donc pas comment ceux qui font fi grand cas des Richeffes, & qui s'en font comme une efpece de Divinité, pourroient eftre atteints de cette maladie, fans recevoir en mefme temps avec elle tous les maux dont elle eft naturellement accompagnée? Et certainement la Profufion & les autres mauvaifes habitudes fuivent de prés les Richeffes exceffives : elles marchent, pour ainfi dire, fur leurs pas, & par leur moien elles s'ouvrent les portes des villes & des maifons, elles y entrent, elles s'y eftabliffent. Mais à peine y ont-elles fejourné quelque temps, qu'elles y *font leur nid*, fuivant la penfée des Sages, & travaillent à fe multiplier. Voiés donc ce qu'elles y produifent. Elles y engendrent le Fafte & la Molleffe qui ne font point des enfans baftards : mais leurs vraies & legitimes productions. Que fi nous laiffons une fois croiftre en nous ces dignes enfans des Richeffes, ils y auront bien-toft fait efclore l'Infolence, le Defreglement, l'Effronterie, & tous ces autres impitoiables Tyrans de l'ame.

Si-toft donc qu'un homme oubliant le foin de la Vertu, n'a plus d'admiration que pour les choses frivoles & perissables : il faut de necessité que tout ce que nous avons dit arrive en lui : il ne sçauroit plus lever les yeux, pour regarder au dessus de soi, ni rien dire qui passe le commun : il se fait en peu de temps une corruption generale dans toute son ame. Tout ce qu'il avoit de noble & de grand se flestrit & se seche de soi-mesme, & n'attire plus que le mépris.

Et comme il n'est pas possible qu'un Juge qu'on a corrompu juge sainement & sans passion de ce qui est juste & honneste : parce qu'un esprit qui s'est laissé gagner aux presens ne connoist de juste & d'honneste, que ce qui lui est utile : Comment voudrions nous que dans ce temps où la corruption regne sur les mœurs & sur les esprits de tous les Hommes : où nous ne songeons qu'à attraper la succession de celui-ci ; qu'à tendre des pieges à cet autre, pour nous faire escrire dans son testament : qu'à tirer un infame gain de toutes choses, vendant pour cela jusqu'à nostre ame, miserables Esclaves de nos propres passions : Comment, dis-je, se pourroit-il faire que dans cette contagion generale, il se trouvast un homme sain de jugement, & libre de passion, qui n'estant point aveuglé, ni seduit par l'amour du gain ; pûst discerner ce qui est veritablement grand, & digne de la posterité ? En un mot estant tous faits de la maniere que j'ay dit, ne vaut-il pas mieux, qu'un autre nous commande, que de demeurer en nostre propre puissance : de peur que cette rage insatiable d'acquerir, comme un Furieux qui a rompu ses fers, & qui se jette sur ceux qui l'environnent, n'aille porter le feu aux quatre coins de la Terre? Enfin, luy dis-je, c'est l'amour du luxe qui est cause de cette faineantise où tous les Esprits, excepté un petit nombre, croupissent aujourd'hui. En effet si nous estudions quelquefois, on peut dire que c'est comme des gens qui relevent de maladie, pour le plaisir, & pour avoir lieu de nous vanter, & non point par une noble émulation, & pour en tirer quelque profit loüable & solide. Mais c'est assés parlé là-dessus. Passons maintenant aux Passions dont nous avons promis de faire un Traité à part. Car, à mon avis, elles ne font pas un des moindres ornemens du Discours, sur tout, pour ce qui regarde le Sublime.

FIN.

REMARQUES.

ON *cher Terentianus.*] Le Grec porte, *mon cher Poſthumius Terentianus* : mais j'ay retranché *Poſthumius*, le nom de *Terentianus* n'eſtant déja que trop long. Au reſte on ne ſçait pas trop bien qui eſtoit ce Terentianus. Ce qu'il y a de conſtant, c'eſt que c'eſtoit un Latin, comme ſon nom le fait aſſez connoiſtre, & comme Longin le témoigne lui-meſme dans le Chapitre 10.

Cecilius.) C'eſtoit un Rheteur Sicilien. Il vivoit ſous Auguſte & eſtoit contemporain de Denys d'Halycarnaſſe avec qui il fut lié meſme d'une amitié aſſez eſtroite.

Et dont les Orateurs.) Le Grec porte ἀνδράσι πολιτικοῖς, *viris Politicis* : c'eſt à dire les Orateurs, entant qu'ils ſont oppoſez aux Declamateurs & à ceux qui font des Diſcours de ſimple oſtentation. Ceux qui ont leu Hermogene, ſçavent ce que c'eſt que πολιτικὸς λόγος, qui veut proprement dire un ſtile d'uſage & propre aux affaires, à la difference du ſtile des Declamateurs, qui n'eſt qu'un ſtile d'apparat, où ſouvent l'on ſort de la Nature, pour ébloüir les yeux. L'Auteur donc par *viros Politicos* entend ceux qui mettent en pratique *ſermonem politicum*.

Inſtruit de toutes les belles connoiſſances.] Je n'ay point exprimé φίλτατον : parce qu'il me ſemble tout-à-fait inutile en cet endroit.

Et rempli toute la Poſterité du bruit de leur gloire.] Gerard Langbaine qui a fait de petites Notes tres-ſçavantes ſur Longin, pretend qu'il y a icy une faute, & qu'au lieu de περιέβαλον εὐκλείας τὸν αἰῶνα, il faut mettre περιέβαλον εὐκλείας. Ainſi dans ſon ſens, il faudroit traduire, *ont porté leur gloire au delà de leurs siecles.* Mais il se trompe : ὑπέρβαλον veut dire *ont embrassé, ont rempli toute la posterité de l'estenduë de leur gloire.* Et quand on voudroit mesme entendre ce passage à sa maniere, il ne faudroit point faire pour cela de correction : puisque ὑπέρβαλον signifie quelquefois ὑπερέβαλον, comme on le voit dans ce vers d'Homere Il. Ψ. Ἴστε γὰρ ὅσσον ἐμοὶ ἀρετῇ περιβάλλετον ἵπποι.

Il donne au Discours une certaine vigueur noble, &c. Je ne sçai pas pourquoi Monsieur le Febvre va employer des machines pour obscurcir cet endroit qui est fort clair de lui-mesme.

Il est pourtant aisé de reconnoistre] Il faut ajoûter, *qu'elle ne se laisse pas conduire au hazard &c.* ces paroles ayant esté oubliées dans l'impression.

Car comme les vaisseaux, &c. Il faut suppléer au Grec, ou sous-entendre πλοῖα, qui veut dire des vaisseaux de charge, καὶ ὡς ἐπικινδυνότερα καὶ τὰ πλοῖα, &c. & expliquer ἀνερμάτιστα, dans le sens de Monsieur le Febvre & de Suidas, des vaisseaux qui flottent manque de sable & de gravier dans le fond qui les soûtienne, & leur donne le poids qu'ils doivent avoir : Autrement il n'y a point de sens.

Nous en pouvons dire autant, &c.] J'ay suppleé la reddition de la comparaison, qui manque en cet endroit dans l'original.
*** *Telles sont ces pensées, &c.* Il y a icy une Lacune considerable. L'Auteur aprés avoir montré qu'on peut donner des regles du Sublime, commençoit à traiter des Vices qui lui sont opposés, & entre autres du Stile enflé qui n'est autre chose que le Sublime trop poussé. Il en faisoit voir l'extravagance par le passage d'un je ne sçay quel Poëte Tragique dont il reste encore ici quatre vers : mais comme ces vers estoient déja fort galimathias d'eux-mesmes, au rapport de Longin, ils le sont devenus encore bien davantage par la perte de ceux qui les precedoient. J'ai donc creu que le plus court estoit de les passer : n'y ayant dans ces quatre vers qu'un des trois mots que l'Auteur raille dans la suite. En voilà pourtant le sens confusément. C'est quelque Capanée qui parle dans une Tragedie. *Et qu'ils arrestent la flamme qui sort à longs flots de la fournaise. Car si je trouve le Maistre de la*

REMARQUES.

maison seul ; alors d'un seul torrent de flammes entortillé, j'embraserai la maison, & la reduirai toute en cendre. Mais cette noble Musique ne s'est pas encore fait ouïr.

Des sepulchres animés.] Hermogene va plus loin, & trouve celui qui a dit cette pensée digne des sepulchres dont il parle. Cependant je doute qu'elle depluſt aux Poëtes de noſtre siecle, & elle ne seroit pas en effet si condamnable dans les vers.

Ouvre une grande bouche pour soufler dans une petite fluſte.] J'ay traduit ainsi φορβειᾶς δάτωρ, afin de rendre la chose intelligible. Pour expliquer ce que veut dire φορβειά, il faut sçavoir que la fluſte chez les anciens eſtoit fort differente de la flûte d'aujourd'huy. Car comme elle eſtoit composée de plusieurs tuyaux inegaux, on en tiroit un son bien plus éclatant, & pareil au son de la trompette; *tubæque æmula*, dit Horace. Il faloit donc pour en joüer emploier une bien plus grande force d'haleine, & par consequent s'enfler extremement les joües, qui eſtoit une chose desagreable à la veuë. Ce fut en effet ce qui en dégoûta Minerve & Alcibiade. Pour obvier à cette difformité, ils imaginerent une espece de laniere ou couroye qui s'appliquoit sur la bouche, & se lioit derriere la teſte, ayant au milieu un petit trou par où l'on embouchoit la fluſte. Plutarque pretend que Marsias en fut l'inventeur. Ils appelloient cette laniere, φορβειάν ; & elle faisoit deux differens effets : car outre qu'en serrant les joües elle les empeſchoit de s'enfler, elle donnoit bien plus de force à l'haleine, qui eſtant repoussée sortoit avec beaucoup plus d'impetuosité & d'agrément. L'Auteur donc pour exprimer un Poëte enflé qui soufle & se démeine sans faire de bruit, le compare à un Homme qui joüe de la fluſte sans cette laniere. Mais comme cela n'a point de rapport à la fluſte d'aujourd'hui : puisqu'à peine on serre les levres quand on en joüe ; J'ai crû qu'il valoit mieux mettre une pensée equivalente : pourveu qu'elle ne s'éloignaſt point trop de la chose; afin que le Lecteur qui ne se soucie pas tant des antiquailles, puiſſe paſſer, sans eſtre obligé pour m'entendre d'avoir recours aux Remarques.

Voilà sans mentir, une comparaison admirable d'Alexandre le Grand avec un Rheteur.] Il y a dans le Grec *du Macedonien avec un Sophiste.* A l'égard *du Macedonien* il faloit que ce mot eust quelque grace en Grec, & qu'on appellast ainsi Alexandre par excellence, comme nous appellons Ciceron l'Orateur Romain. Mais le Macedonien en François pour Alexandre seroit ridicule. Pour le mot de Sophiste, il signifie bien plutost en Grec un Rheteur qu'un Sophiste, qui en François ne peut jamais estre pris en bonne part, & signifie toûjours un homme qui trompe par de fausses raisons, qui fait des Sophismes, *Cavillatorem* : au lieu qu'en Grec c'est souvent un nom honorable.

Que ces parties de l'œil. &c. Ce passage est corrompu dans tous les exemplaires que nous avons de Xenophon, où l'on a mis θαλαμοῖς pour ὀφθάλμοις ; faute d'avoir entendu l'équivoque de κόρη. Cela fait voir qu'il ne faut pas aisément changer le texte d'un Auteur.

Sans la revendiquer comme un vol.] C'est ainsi qu'il faut entendre ὡς φωρείν τινος ἐφαπτόμενος, & non pas, *sans lui en faire une espece de vol. Tamquam furtum quoddam attingens.* Car cela auroit bien moins de sel.

Le mal des yeux.] Ce sont des Ambassadeurs Persans qui le disent dans Herodote chés le Roi de Macedoine Amyntas. Cependant Plutarque l'attribuë à Alexandre le Grand, & le met au rang des Apophtegmes de ce Prince. Si cela est, il faloit qu'Alexandre l'eust pris à Herodote. Je suis pourtant du sentiment de Longin, & je trouve le mot froid dans la bouche mesme d'Alexandre.

En parlant des Aloides. Aloüs estoit fils de Titan & de la Terre. Sa femme s'appelloit Iphimedie, elle fut violée par Neptune dont elle eut deux enfans, Otus, & Ephialte, qui furent appellés Aloides ; à cause qu'ils furent nourris & élevés chés Aloüs, comme ses enfans. Virgile en a parlé dans le 6. de l'Eneide.

Hic & Aloidas geminos immania vidi
Corpora.

Voyés

REMARQUES.

Voyez par exemple &c.] Tout ceci jusqu'à *Cette grandeur qu'il lui donne &c.* est suppléé au texte Grec qui est defectueux en cét endroit.

Et combats contre nous &c.] Il y a dans Homere. *Et après cela fais nous perir si tu veux à la clarté des Cieux.* Mais cela auroit esté foible en nostre Langue, & n'auroit pas si bien mis en jour la remarque de Longin que, *Et combats contre nous, &c.* Adjoûtés que de dire à Jupiter, *combats contre nous*: c'est presque la mesme chose que *fais nous perir*: puisque dans un combat contre Jupiter, on ne sçauroit éviter de perir.

Et pasle,] Le Grec ajoûte, *comme l'herbe* ; mais cela ne se dit point en François.

Un frisson me saisit, &c. Il y a dans le Grec *une sueur froide*: mais le mot de *sueur* en François ne peut jamais estre agreable, & laisse une vilaine idée à l'esprit.

Où elle est entierement hors d'elle.] C'est ainsi que j'ay traduit Φοβεῖται, & c'est ainsi qu'il le faut entendre, comme je le prouverai aisément s'il est necessaire. Horace qui est amoureux des Hellenismes emploie le mot de *Metus*, en ce mesme sens dans l'Ode *Bacchum in remotis*: quand il dit, *Evoë recenti mens trepidat metu.* Car cela veut dire: *Je suis encore plein de la sainte horreur du Dieu qui m'a transporté.*

Il imprime jusques dans ses mots.] Il y a dans le Grec, *& joignant par force ensemble des prépositions qui naturellement n'entrent point dans une mesme composition*, ὑπ' ἐκ θανάτοιο: par cette violence qu'il leur fait, il donne à son vers le mouvement mesme de la tempeste, & exprime admirablement la passion. Car par la rudesse de ces Syllabes qui se heurtent l'une l'autre, il imprime jusques dans ses mots l'image du peril. ὑπ' ἐκ θανάτοιο φέρονται. Mais j'ay passé tout cela : parce qu'il est entierement attaché à la Langue Grecque.

Il estoit déja fort tard.] L'Auteur n'a pas rapporté tout le passage, parce qu'il est un peu long. Il est tiré de l'Oraison pour Ctesiphon. Le voici. *Il estoit déja fort tard, lorsqu'un Courier vint apporter au Prytanée la nouvelle, que la ville d'Elatée estoit prise. Les Magistrats qui soupoient dans ce moment, quittent*

auſſi-toſt la table : les uns vont dans la place publique. Ils en chaſ-
ſent les Marchands, & pour les obliger de ſe retirer, ils brûlent les
pieux des Boutiques où ils eſtaloient. Les autres envoient avertir les
Officiers de l'Armée : On fait venir le Heraut public. Toute la ville
eſt pleine de tumulte. Le lendemain dés le point du jour les Magiſtrats aſſemblent le Senat. Cependant, Meſſieurs, vous couriés de
toutes parts dans la place publique, & le Senat n'avoit pas encore
rien ordonné, que tout le peuple eſtoit déja aſſis. Dés que les Senateurs
furent entrés, les Magiſtrats firent leur rapport. On entend le Courier.
Il confirme la nouvelle. Alors le Heraut commence à crier. Quelqu'un veut-il haranguer le Peuple? mais perſonne ne lui reſpond. Il
a beau repeter la meſme choſe pluſieurs fois. Aucun ne ſe leve. Tous
les Officiers, tous les Orateurs eſtant preſens, aux yeux de la commune Patrie, dont on entendoit la voix crier. N'y a-t'il perſonne qui
ait un conſeil à me donner pour mon ſalut?

Ne ſert qu'à exaggerer.] Cét endroit eſt fort défectueux.
L'Auteur aprés avoir fait quelques remarques encore ſur
l'Amplification venoit enſuite à comparer deux Orateurs, dont
on ne peut pas deviner les noms : il reſte meſme dans le texte trois ou quatre lignes de cette comparaiſon que j'ay ſup-
primées dans la Traduction : parce que cela auroit embaraſ-
ſé le Lecteur, & auroit eſté inutile; puiſqu'on ne ſçait point
qui ſont ceux dont l'Auteur parle. Voici pourtant les paroles qui en reſtent : *Celui-ci eſt plus abondant & plus riche. On peut
comparer ſon Eloquence à une grande mer qui occupe beaucoup d'eſpace, & ſe reſpand en pluſieurs endroits. L'un à mon avis eſt plus
Pathetique ; & a bien plus de feu & d'éclat. L'autre demeurant
toûjours dans une certaine gravité pompeuſe n'eſt pas froid à la verité, mais n'a pas auſſi tant d'activité, ni de mouvement.* Le Traducteur Latin a creu que ces paroles regardoient Ciceron &
Demoſthene : mais il ſe trompe.

Si Ammonius n'en avoit déja rapporté pluſieurs.] Il y a dans le
Grec εἰ μὴ τὰ ἐπ' Ἰνδοὺς κỳ οἱ ϖεἰ Ἀμμώνιον. Mais cét endroit
vrai-ſemblablement eſt corrompu. Car quel rapport peuvent
avoir les Indiens au ſujet dont il s'agit?

Les yeux eſtincelans.] J'ay ajoûté ce vers que j'ay pris dans
le texte d'Homere.

REMARQUES.

Et du plus haut des Cieux.] Le Grec porte, *au dessus de la Canicule* : ὕπερθε νῶτα Σειρίου βεβὼς, ἵππευε. *Le Soleil à cheval monta au dessus de la Canicule.* Je ne voy pas pourquoy Rutgersius, ni le Febvre veulent changer cét endroit : puisqu'il est fort clair, & ne veut dire autre chose, sinon que le Soleil monta au dessus de la Canicule ; c'est à dire dans le centre du Ciel, où les Astrologues tiennent que cét Astre est placé, & comme j'ay mis, *au plus haut des Cieux* ; pour voir marcher Phaëton ; & que de là il lui crioit encore. *Va par là, revien, destourne,* &c.

Et dans la chaleur.] Le Grec ajoûte. *Il y a encore un autre moien ; car on le peut voir dans ce passage d'Herodote, qui est extremément sublime.* Mais je n'ai pas creu devoir mettre ces paroles à cét endroit qui est fort defectueux : puisqu'elles ne forment aucun sens, & ne serviroient qu'à embarasser le Lecteur.

Il n'y a rien encore qui donne plus de mouvement au discours, que d'en oster les liaisons.] J'ay suppléé cela au texte : parce que le sens y conduit de soi-mesme.

Nous avons dans le fond.] Tous les exemplaires de Longin mettent ici des étoiles, comme si l'endroit estoit defectueux ; mais ils se trompent. La remarque de Longin est fort juste, & ne regarde que ces deux periodes sans conjonction : *Nous avons par ton ordre, &c.* & ensuite : *Nous avons dans le fond, &c.*

Et le force de parler.] La restitution de Monsieur le Febvre est fort bonne, συνδιωκούσης & non pas συνδιοικούσης. J'en avois fait la remarque auparavant lui.

Aussi-tost un grand Peuple, &c.] Quoi qu'en veüille dire Monsieur le Febvre, il y a ici deux vers & la Remarque de Langbaine est fort juste. Car je ne voy pas pourquoi en mettant θῦνον il est absolument necessaire de mettre καὶ.

Le Theatre se fondit en larmes.] Il y a dans le Grec οἱ θεώμενοι. C'est une faute. Il faut mettre comme il y a dans Herodote, θέητρον. Autrement Longin n'auroit sçeu ce qu'il vouloit dire.

De ces differentes parties qui lui répondent. C'est ainsi qu'il faut entendre παραφώνων. Ces mots φθόγγοι παράφωνοι ne voulant dire autre chose que les parties faites sur le sujet, & il n'y a rien qui convienne mieux à la Periphrase, qui n'est autre chose qu'un assemblage de mots qui respondent differemment au mot propre, & par le moien desquels, comme l'Auteur le dit dans la suite, d'une Diction toute simple on fait une espece de concert & d'harmonie. Voila le sens le plus naturel qu'on puisse donner à ce passage. Car je ne suis pas de l'avis de ces Modernes qui ne veulent pas que dans la Musique des Anciens, dont on nous raconte des effets si prodigieux, il y ait eu des Parties, puisque sans parties il ne peut y avoir d'harmonie. Je m'en rapporte pourtant aux Sçavans en Musique : & je n'ay pas assés de connoissance de cet Art, pour decider souverainement là dessus.

Qui s'estudient au Sublime.] Il y a dans le Grec, κατ' ἄκρον ἐπιτήδευμα. Il faut lire ἐπιτηδεύουσι. Autrement il y auroit de la confusion.

Cela se peut voir encore dans un passage, &c] Il y a avant ceci dans le Grec, ὑπλικώτατον ἢ γόνιμον τὸδ' Ἀνακρέοντος ἔκετι θρηικίης ἐπιστρέφομαι Mais je n'ay point exprimé ces paroles où il y a asseurément de l'erreur; le mot ὑπλικώτατον n'estant point Grec : & du reste, que peuvent dire ces mots, *Cette fecondité d'Anacreon ? Je ne me soucie plus de la Thracienne.*

Qui ont vendu à Philippe nostre liberté.] Il y a dans le Grec προπεπωκότες, comme qui diroit, *ont beu nostre liberté à la santé de Philippe.* Chacun sçait ce que veut dire προπίνειν en Grec, mais on ne le peut pas exprimer par un mot François.

Osté quelques Ouvrages qui ne sont pas de lui. C'est ainsi que j'ay rendu πλὴν ὀλίγων τῶν ἔξωθεν. On pourroit neanmoins le rendre encore dans un autre sens, en cette sorte. *Osté quelques endroits où il sort un peu de l'Eglogue.* Car on appelle λόγους ἔξωθεν, les discours qui sortent du sujet. Le Lecteur peut choisir de ces deux sens, ou imaginer mesme, s'il veut, quelque chose de mieux, mais pour moi, voila ce que je puis imaginer de plus raisonnable sur ces paroles.

Au lieu que Demosthene.] Je n'ay point exprimé ἔνθεν & ἔνθενδε : de peur de trop embarasser la periode.

Ils se deffendirent encore quelque temps.] Ce passage est fort clair. Cependant c'est une chose surprenante qu'il n'ait esté entendu ni de Laurent Valle qui a traduit Herodote, ni des Traducteurs de Longin, ni de ceux qui ont fait des Notes sur cét Auteur. Tout cela, faute d'avoir pris garde que le verbe κατάχέω veut quelquefois dire enterrer. Il faut voir les tortures que se donne Monsieur le Febvre, pour restituer ce passage, auquel, aprés bien du changement, il ne sçauroit encore trouver de sens. Je ne m'arresterai point à refuter son interpretation. Le sens que j'ay trouvé est si clair & si infaillible qu'il dit tout.

Qui n'estoit pas plus grande qu'une Epistre de Lacedemonien. J'ay suivi la restitution de Casaubon.

N'est pas simplement un agrément que la Nature a mis dans la voix de l'homme. Les Traducteurs n'ont point conceu ce passage, qui seurement doit estre entendu dans mon sens, comme la suite du Chapitre le fait assés connoistre.

Pour élever le courage & pour émouvoir les passions.] Il y a dans le Grec μεθ' ἐλευθερίας καὶ πάθους : c'est ainsi qu'il faut lire, & non point ἔτι ἐλευθερίας, &c. Ces paroles veulent dire : *Qu'il est merveilleux de voir des instrumens inanimés avoir en eux un charme, pour émouvoir les passions & pour inspirer la noblesse de courage.* Car c'est ainsi qu'il faut entendre ἐλευθερία. En effet il est certain que la trompette, qui est un instrument, sert à réveiller le courage dans la guerre : J'ay ajoûté le mot *d'inanimés*, pour éclaircir la pensée de l'Auteur, qui est un peu obscure en cet endroit.

Et l'experience en fait foi.] L'Auteur justifie ici sa pensée par une periode de Demosthene dont il fait voir l'harmonie & la beauté. Mais comme ce qu'il en dit est entierement attaché à la Langue Grecque : J'ay creu qu'il valoit mieux le passer dans la Traduction & le renvoier aux Remarques, pour ne point effrayer ceux qui ne sçavent point le Grec. En voici donc l'explication. *Ainsi cette pensée que Demosthene ajoûte, aprés la lecture de son Decret, paroist fort sublime & est en effet merveilleuse. Ce Decret, dit-il, a fait évanoüir le peril qui environnoit cette ville, comme un nuage qui se dissippe de lui-mesme.* τοῦτο τὸ ψήφισμα τὸν τότε τῇ πόλει περιστάντα κίνδυνον παρελθεῖν, ἐποίησεν, ὥσπερ νέφος. Mais il faut avoüer que l'harmonie de la periode ne cede point à la beauté de la pensée. Car elle est presque toute composée de Dactyles qui sont les piés les plus nobles & les plus propres au Sublime: & c'est pourquoy le vers Heroïque, qui est le plus beau de tous les vers, en est composé. En effet, si vous ostés un mot de sa place, comme si vous mettés τοῦτο τὸ ψήφισμα ὥσπερ νέφος ἐποίησε τὸν τότε κίνδυνον παρελθεῖν, ou si vous en retranchés une seule syllabe, comme ἐποίησε παρελθεῖν ὡς νέφος. vous connoistrés aisément, combien l'harmonie contribuë au Sublime. En effet ces paroles, ὥσπερ νέφος, s'appuiant sur la premiere syllabe qui est longue, se prononcent à quatre reprises: De sorte que, si vous en ostés une syllabe ; ce retranchement fait que la periode est tronquée. Que si au contraire vous en ajoutés une ; comme παρελθεῖν ἐποίησεν ὥσπερτε νέφος, c'est bien le mesme sens : mais ce n'est plus la mesme cadence : parce que la periode s'arrestant trop long-temps sur les dernieres syllabes : le Sublime qui estoit serré auparavant se relasche & s'affoiblit. Au reste j'ay suivi dans ces derniers mots l'explication de Monsieur le Febvre, & j'ajoûte comme luy, τε à ὥσπερ.

La mer commençant à bruire.] Il y a dans le Grec *commençant à boüillonner* ζεούσης: Mais le mot de *boüillonner* n'a point de mauvais son en nostre Langue & est au contraire agréable à l'oreille. Je me suis donc servi du mot *bruire* qui est bas & qui exprime le bruit que fait l'eau quand elle commence à boüillonner.

Mais prenez garde que.] Il y a beaucoup de choses qui manquent en cet endroit. Aprés plusieurs autres raisons de la décadence des esprits, qu'apportoit ce Philosophe introduit ici par Longin ; Nostre Auteur vrai-semblablement reprenoit la parole & en establissoit de nouveles causes ; c'est à sçavoir la guerre qui estoit alors par toute la Terre, & l'amour du luxe, comme la suite le fait assés connoistre.

FIN.

TABLE DES MATIERES DU TRAITE' DU SUBLIME:

A.

Dmirer. Ce que l'on admire & ce que l'on n'admire pas, & pourquoi, *page* 73. 74
Ajax, & son courage, 22
Alexandre le Grand comparé à un Rheteur, 10
La réponse d'Alexandre aux offres de Darius, 19
Amour. Les fureurs de l'Amour exprimées par Sapho, 25. 2
Amphicrate. Quel jugement il faut faire de cet Auteur, 8
Amplification. A quoi elle est utile, & en combien d'especes elle se peut diviser, 29. Ce que c'est qu'Amplification & par où elle differe du Grand & du Sublime, 30.31. Voyez *Preuve.*
Apollon. La Prestresse d'Apollon sur le trepié, 33
Apostrophe en forme de serment, 42. 45
Aratus. Il veut encherir sur Homere, 28
Archiloque, grand imitateur d'Homere, 33

Arrangement. Voyez *Composition.*
L'Arrangement des paroles est l'une des parties qui produisent le Grand, 79. 80. *& suiv.*
Art. A quoi il se faut estudier quand on traite d'un Art. 4. Combien l'Art est necessaire à la nature, 7.75.76
Quelle est la perfection de l'Art, 50
Avarice. La plus basse des passions, 89

B.

Ien. Quel est le plus grand bien qui puisse arriver dans la vie, 7. Du mesme endroit que vient le bien, assez souvent vient aussi le mal, 13.
Biens. Ce n'est pas un petit avantage que de les méprifer, 14

C.

Allisthene blasmé, & pourquoi, 7
Cas. Voyez *Changement.*

TABLE DES MATIERES

Cecilius. Son traité du Sublime, & la bassesse de son stile, 3.&4.

Changement. Du changement de cas, de temps, de personnes, de nombres, & de genres, 52. 53. & suiv.

Ciceron. Differences entre Ciceron & Demosthene, à l'égard du Sublime, 30. 31

Circonstance. Rien n'arrive au monde qui ne soit toûjours accompagné de certaines Circonstances, 25. De la Sublimité qui se tire des Circonstances, là mes.

Clitarque. Cet Auteur n'a que du vent & de l'écorce, 8

Composition. Voyez *Arrangement*, *Disposition*.

Composition des paroles dans toute leur magnificence & leur dignité, 26

Corps. Description pompeuse de l'édifice du corps humain, 64. 65. à qui les corps doivent leur principale excellence, 80. 81

Corruption universelle, 90

Cyprés. Monumens de cyprés, 12

D.

Decadence. Les causes de la decadence des Esprits, 78. 98. & suiv.

Demande. Que les demandes ou interrogations donnent beaucoup de mouvement, d'action & de force au discours, 46

Demosthene. Differences entre Demosthene & Ciceron à l'égard du Sublime & du Grand, 30. 31
Artifice de Demosthene dans l'une de ses harangues, 40. 41. & suiv.
Demosthene frequent en hyperbates, 51. 52. Voyez *Hyperides*.

Denys le Tyran chassé de son Royaume, 11

Description. Les figures de Description & de Repetition meslées ensemble dans un passage de Demosthene, 48

Diasyrme. Ce que c'est, 78

Dieux. Voie pour se rendre semblable aux Dieux, 4

Discours. Justesse qui est difficile à remarquer dans le Discours, 5. Combien la prudence y est necessaire, 7. Ce que c'est que bien juger du fort & du foible d'un discours, 13. Ce qui releve un discours, 17. 18

Discours élevez, & qui les peut faire, 19

Disposition. Qu'il est difficile de remarquer dans un Ouvrage la beauté de l'œconomie & de la Disposition, 5

Doryphore. Voyez *Polyclete.*

E.

Elevation d'esprit naturelle & ses avantages, 18

Eloquence. Il n'y a rien de plus difficile à éviter dans l'Eloquence que l'Enflure, 8

Enflure. Qu'elle est difficile à éviter en matiere d'Eloquence, 8
Combien elle est vicieuse dans le Discours, là mesme.
Enflure plus digne de mépris que d'admiration, 14

Eschyle. Ses hardiesses & ses imaginations tout à fait nobles & heroïques, 37. 38

Esclave. Qu'un Esclave ne peut jamais devenir Orateur, & pourquoi, 88

Esprit. L'Esprit de l'homme souvent n'a pas moins besoin de bride que d'éperon, 7. Voyez *Methode.* Elevation d'esprit qui fait penser heureusement les choses, 16
Quel est le propre d'un grand Esprit, 23
De l'excellence de l'esprit humain, 72. 73. Les causes de la decadence des esprits. Voyez *Decadence.*

Eüripide. Heureux à exprimer l'amour & la fureur, 36. 38
Euripide plus heureux dans l'arangement de ses paroles, que dans le sens de ses pensées, 82

Exageration. Elle est propre à deux differens effets, 78

Expression. Noblesse de l'Expression & ses deux parties, 16. 61

F.

Fautes des grands Auteurs, & comment il en faut juger, 68. 69. que les fautes dans le Sublime se peuvent excuser, 74. 75

Femme. Les belles femmes appellées le mal des yeux, 12

Fiction. Voyez *Image.*

Fierté noble & genereuse dans laquelle il faut entretenir l'esprit, 18

Figures de pensée & de diction, 16 les Figures ne font pas une des moindres parties du Sublime, lorsqu'on leur donne le tour qu'elles doivent avoir 41. & *suivans.* Que les Figures ont besoin du Sublime pour les soutenir, 44
Il n'y a point de figure plus excellente que celle qui est tout-à-fait cachée, & quel est le moien de l'empescher de paroistre, 45
Les Figures meslées ensemble dans un discours se communiquent les unes aux autres, de la force des graces & de l'ornement, 48

Fureur hors de saison, defaut opposé au Grand, 9

G.

Genie. Que les Genies naturellement les plus eslevez tombent quelquefois dans la badinerie, 24

Genre. Voyez *Changement.*

Gorgias raillé, & pourquoi, 8

Gouvernement. Difference du Gouvernement populaire & du Monarchique, 87

Grand. Voyez *Sublime.* Combien il est recherché en toutes choses, 8 une chose n'a rien de Grand quand le mépris que l'on en fait tient du Grand, 14

H.

Harmonie. Ce que c'est, & à quoi elle est utile, 79. 80

Hegesias. Voyez *Amphicrate.*

Herodote. Quelque chose de ridicule dans Herodote, 12
Il est grand imitateur d'Homere, 33. 51. 62

Homere. En quoi il a principalement excellé, 19. & *suiv.* plus foible dans l'Odyssée que dans l'Iliade, 22
Homere comparé au Soleil quand il se couche, 23
Vieillesse d'Homere, 24. 25

TABLE DES MATIERES

Homere adroit à oster où il faut les liaisons du discours, 48

Homere l'admiration de tous les siecles, 34. 35

Homme. Voyez *Corps. Esprit. Nature.*

Hydropique. Il n'y a rien de plus sec qu'un Hydropique, 8

Hyperbate. Ce que c'est qu'Hyperbate, & comment il s'en faut servir, 50. *& suivans.* Voyez *Transposition.*

Hyperbole remarquable. 76. quelles sont les meilleures, 77. à quoi on s'en peut servir, 78

Hyperide. Son artifice dans l'une de ses Harangues. 40

Comparaison d'Hyperide & de Demosthene, 70. 71. *& suivans.*

I.

Jalousie utile aux mortels, 33. 34

Image. Ce que c'est que les Images dans le discours. 35. Elles ont tout un autre usage dans la Rhetorique que parmi les Poëtes, 36. 39

Imitation. L'Imitation & l'emulation des Poëtes & des Escrivains illustres, est un chemin qui peut conduire au Sublime, 32. 33.

Imiter. La maniere d'imiter les Autheurs illustres, 34. 35

Impudence. En quelle partie de l'homme elle paroist particulierement, 11

Interrogation. Voyez *Demande.*

Invention. Il est difficile de remarquer la finesse de l'Invention dans un Ouvrage, 5

Isocrate tombe dans une faute de petit Escolier, 76

Jupiter nourri comme un pigeonneau, 24

L.

Lecteur. Le profit des Lecteurs est le but où doit tendre tout homme qui veut escrire, 4

Liaison. Que le retranchement des liaisons dans un discours, lui donne beaucoup plus de mouvement, 47. 49

Lysias. Voyez *Platon.* Les douceurs & les graces de Lysias, 70. 72

M.

Matris. Voyez *Amphicrate.*

Mediocre. Le Mediocre parfait comparé avec le Sublime qui a quelques defauts, & si l'un doit estre preferé à l'autre. 67. *& suivans.*

Messene. Ville assiegée pendant trente ans, 10

Metaphore. Si l'on peut employer plusieurs Metaphores à la fois. 63. 64. *& suiv.*

Methode. Que l'esprit a besoin d'une Methode pour lui enseigner à ne dire que ce qu'il faut, & à le dire en son lieu, 6. *& 7*

Monarchie. Voyez *Gouvernement.*

Mot. De quelle consequence est le choix des Mots dans les Ouvrages, 61. 62. de la bassesse des Mots, 84. *& suiv.*

Moïse. Comment il a exprimé la grandeur de Dieu. 23

N.

Naim. Voyez *Pigmées.*
Nature. Qu'elle ne se montre jamais plus libre que dans les discours Sublimes & Pathetiques, 6. Sans l'Art elle est une aveugle qui ne sçait où elle va, 7. 50. Voyez *Art.*
Combien la Nature a consideré l'homme, 73
La nature doit estre imitée dans le discours, 86
Necessaire. Voyez *Admirer.*
Nombre. Voyez *Changement.*
Nouveauté. Elle est la manie des Escrivains d'aujourd'hui 13

O.

Odyssée. Elle n'est à proprement parler que l'Epilogue de l'Iliade, 23
Oeconomie. Voyez *Disposition.*
Orateur. Ce qu'il faut considerer dans les Orateurs à l'égard du Sublime, 14. 17. La premiere qualité d'un Orateur, 18
Orateurs en qui le Sublime & le merveilleux se rencontre joint avec l'utile & le necessaire, 74
Ordre merveilleux dans un desordre, 49

P.

Panegyrique. Il n'entre point pour l'ordinaire de passions dans le Panegyrique, 17
Parler. Sans la faculté de bien parler le reste n'est rien dans le Sublime, 16

Parole. Voyez *Composition.*
Passions qui n'ont rien de grand, & qui ont mesme quelque chose de bas à l'égard du discours, 17
Pathetique. Ce que l'on doit entendre par le Pathetique dans le discours, 16. Si le Pathetique & le sublime ne vont jamais l'un sans l'autre, 17. Voyez *Poëte.*
Le Pathetique ne fait jamais plus d'effet dans le discours que lors qu'il semble que l'Orateur ne le recherche pas, 47
Le Pathetique participe du Sublime, autant que le Sublime participe du Beau & de l'Agreable, 61
Peinture. Voyez *Image.* Ce qui se presente d'abord à la veuë dans la Peinture, 45
Penelope & ses Amans, 24
Pensée. La Pensée & la Phrase s'expliquent ordinairement l'une pour l'autre, 61
Periode. Voyez *Arrangement.* De la mesure des Periodes, 82. & *suivant.*
Periphrase. Que la Periphrase est d'un grand usage dans le Sublime, 59. Exemples de la Periphrase. *Là mesme.* Il n'y a rien dont l'usage s'estende plus loin que la Periphrase 60
Personnes. Du changement de personnes, 56. 57. Voyez *Changement.*
Persuasion. En quoi elle est opposée au Sublime, 5
Phaeton. Discours du Soleil à Phaeton en lui mettant entre les mains les resnes de ses chevaux, 37

TABLE DES MATIERES

Phrase. Voyez *Pensée.*
Platon. Disciple de Socrate, 11.12 Son stile & ses instructions pour parvenir au Sublime, 32. grand imitateur d'Homere, 33
Platon comparé avec Lysias, 66. 72. 73
Pluriels reduits en singuliers, 54. Voyez *Changement.*
Poëte. Ce qu'il faut considerer dans les Poëtes à l'égard du Sublime, 14
Que les Poëtes & les Escrivains celebres s'amusent ordinairement à peindre les mœurs quand leur esprit manque de vigueur pour le Pathetique, 25
Polyclete & sa statuë, 7
Posterité. Combien l'on doit considerer le jugement de la posterité dans ses Ouvrages, 35
Present. L'homme enclin à blasmer les choses presentes, 88
Preuve. En quoi la Preuve differe de l'Amplification, 30
Puerilité. Ce que c'est que Puerilité, 9
Pygmées enfermez dans des boëtes, 88

R.

Repetition. Les figures de Repetition & de description meslées ensemble dans un passage de Demosthene, 48
Réponse. Voyez *Demande.*
Rhetorique. Quel est l'usage des Images dans la Rhetorique, 36 39
Richesses. De combien de maux elles sont la source & l'origine, 89
Passions. Voyez *Servitude.*

S.

Sapho, & son adresse à exprimer les fureurs de l'amour, 25. 26
Serment appellé Apostrophe, 42. 45
Servitude, Espece de prison, 88. la Servitude des Passions, 89
Son. L'effet des sons de la fluste & des autres instrumens de musiques, 79. *& suivans.*
Songes de Jupiter mesme, 24
Sophocle. Excellent à peindre les choses, 38
Statuë. Difference entre la Statuë & le Discours, 75
Stesichore, grand imitateur d'Homere, 33
Stile. Quel est le defaut du Stile enflé, 9. 10. Origine du stile froid. 13
Sublime. Les grands avantages & les effets relevez du Sublime, 5. enquoi il est opposé à la persuasion. *Là mesme.* S'il y a un Art particulier du Sublime, 6. des trois vices qui luy sont opposez. *La mesme, & suivans.* le Sublime comparé à un Vaisseau en danger de perir, 7. Le moien d'éviter les vices qui se glissent quelquefois dans le Sublime. 13
Le moien en general pour connoistre le Sublime. 14
propre du Sublime. *Là mesme.*
La marque infaillible du Sublime, 17. cinq sources principales du Sublime 16. Si le Sublime & le Pathetique ne vont jamais l'un sans l'autre, 17. Du Sublime dans les pensées, 18. Voyez *Circonstances. Amplification.* En quoi consiste le Sublime, 30. Voyez *Figure.* Grandeur &

DU TRAITÉ DU SUBLIME.

effet du Sublime, 45. 46. Voyez *Periphrase. Mediocre. Esprit.* Que le Sublime éleve presque auſſi haut que Dieu, 74. Le Sublime dans les Periodes comparé à un Feſtin par eſcot, 81

T.

Tableau. Voyez *Peinture.*
Tempeſte. Deſcription d'une Tempeſte par l'Auteur du Poëme des Arimaſpiens, & par Homere, 27. 28. 84
Temps. Du changement des temps, 55. Voyez *Changemens.*
Terme, Voyez *Mot.*
Theopompus. Paſſage de Theopompus blaſmé par Cecilius, 62
La peinture qu'il a faite de la deſcente du Roy de Perſe dans l'Egypte, & ce qui eſt à y remarquer, 84. 85. 86
Thucydide. Les Hyperbates de Thucydide, 51
Timée. Quoi qu'habile homme d'ailleurs, ſujet au froid & au puerile, 10
Ton, Voyez *Son.*
Tragedie. Défaut inſupportable dans la Tragedie, 7
Tranſitions impreveuës, 57. 58
Tranſpoſition remarquable dans Herodote, 51

V.

Vertu. Combien cauſe de maux l'abandonnement de la Vertu, 89. 90
Ulyſſe, & ſa diſette pendant dix jours, 24
Volupté. Elle eſt le plus infame de tous les vices, 89
Utile. Voyez *Admirer.*

X.

Xenophon, Heros de l'antiquité, diſciple de Socrate. 11. Sa pompeuſe deſcription de l'édifice du corps humain, 64

FIN.

PRIVILEGE DV ROY.

LOUIS PAR LA GRACE DE DIEU Roy de France et de Navarre. A nos Amez & Feaux les Gens tenans nos Cours de Parlement, Baillifs, Seneschaux, Prevosts, leurs Lieutenans, & tous autres nos Officiers qu'il appartiendra; Salut: Nostre cher & bien Amé le Sieur D*** nous a tres-humblement remonstré qu'il auroit fait divers Ouvrages; sçavoir *l'Art Poëtique en vers, un Poëme intitulé le Lutrin, plusieurs Dialogues, Discours & Epistres en vers, & la Traduction de Longin*, lesquels il desireroit faire imprimer, & reimprimer une seconde fois ses Satyres dont le privilege est expiré, s'il nous plaisoit lui accorder nos Lettres de permission sur ce necessaires : A ces causes, desirant favorablement traiter ledit Sieur D*** & donner au Public par la lecture de ses Ouvrages la mesme satisfaction que Nous en avons receue; Nous lui avons permis & permettons par ces presentes signées de nostre main de faire imprimer lesdits Ouvrages; sçavoir l'Art Poëtique en vers, un Poëme intitulé le Lutrin, plusieurs Dialogues, Discours & Epistres en vers, & la traduction de Longin, ensemble de faire reimprimer ses Satyres, le tout par tels Imprimeurs qu'il voudra choisir, & en tels volumes & caracteres que bon lui semblera, les exposer ou faire exposer en vente & distribuer au public durant le temps & espace de dix années, à commencer du jour que chacun desdits Ouvrages sera achevé d'imprimer : Deffendons à tous Imprimeurs, Libraires & autres de quelque qualité qu'ils soient, d'imprimer ou faire imprimer, ni mettre en vente lesdits Ouvrages sans le consentement dudit Sieur D*** ou de ceux qui auront droit de lui, à peine de confiscation des Exemplaires & de cinq mil livres d'amende au profit de l'Exposant ; à la charge de mettre deux Exemplaires de chacun desdits Ouvrages dans nostre Bibliotheque publique, & un en celle de nostre tres-cher & feal Chevalier Chancelier de France le sieur Daligre, avant que de les exposer en vente. Si vous mandons que du contenu en ces presentes vous fassiez joüir & user ledit Sieur D*** pleinement & paisiblement en mettant au commencement ou à la fin de chacun des Exemplaires copie ou l'extrait des presentes. Car tel est nostre plaisir. Donné à Versailles le vingt-huitiesme jours de Mars, l'an de grace mil six cens soixante & quatorze, & de nostre Regne le trente-uniesme. Signé LOUIS; *Et plus bas,* Par le Roi, COLBERT: Et scelé du grand sceau de cire jaune.

Registré sur le Livre de la Communauté des Libraires & Imprimeurs de Paris, le 12. *Juin* 1674. *suivant l'Arrest du Parlement du* 8. *Avril* 1653, *& celui du Conseil Privé du Roy, du* 27. *Février* 1665.

Signé, D. THIERRY, *Syndic.*

Ledit Sieur D*** a cedé le droit du Privilege cy-dessus à DENYS THIERRY, à la charge d'y associer LOUIS BILLAINE, CLAUDE BARBIN, & la Veuve LA COSTE, pour en joüir conformément à la cession qu'il lui a en fait, à Paris le 7. jour de Juillet 1674.

Achevé d'imprimer pour la premiere fois, le 10. *Juillet* 1674.

A PARIS,

De l'Imprimerie De DENYS THIERRY, ruë Saint Jacques, à l'Enseigne de la Ville de Paris.

M. DC. LXXIV.

Boileau-Despréaux, N.

Oeuvres diverses
du Sieur D***
[...]
D. Thierry, 1674

Ye 1492

www.ingramcontent.com/pod-product-compliance
Lightning Source LLC
Chambersburg PA
CBHW071510160426
43196CB00010B/1476